通往投降之路

三個男人與二戰終結的倒數計時

ROAD TO SURRENDER

THREE MEN AND THE COUNTDOWN TO THE END OF WORLD WAR II

EVAN THOMAS
伊凡·湯瑪斯

黎曉東—譯

目次

第二部

導論

困境

The Dilemma

圖1　往東京途中飛越富士山的B-29轟炸機群。

一九四五年八月，當美國在廣島和長崎投下原子彈逼日本投降後，原本要參與進攻日本的士兵、水手和飛行員的反應一如所料。他們歡呼，他們手舞足蹈。有些人高興到流淚，有些人呆坐著不敢置信。一位曾在歐洲受過傷，現在又要率領一排士兵進攻東京近郊海灘的步兵軍官回憶說，他當時在想：「我們能活下去了。我們終於能長大成人了。」[1]

近年來，有些研究二次大戰的學者主張，沒有必要對日本投下原子彈，或者只要投一顆就夠了，或者美國只需找個荒島展示原子彈的威力，日本就會投降。這些看法廣為大眾接受。[2]當我在寫這本書時，就有朋友問我：**真的有必要投下兩顆原子彈嗎**？有一些書籍和研究認為，在一九四五年八月時，日本本來就要投降，美國投下原子彈的真正目的是要在冷戰初期嚇唬俄國，這種看法充斥在學校和大學校園裡。

但事實並非如此。一九四五年八月九日早上，當美國投下原子彈、**俄國也對日本宣戰之後**，日本當時實際的統治機構，由六位領導人組成的「最高戰爭指導會議」還對投降與否僵持不下，票數是三比三。權力最大的陸軍省代表堅持要繼續打下去。在接下來五天中，軍事政變差點讓日本陷入混亂，並再浴血奮戰數個月。在最後一夜，政變者控制了皇宮，在宮中搜尋天皇將在次日中午要播放的宣布投降錄音盤（還好，錄音盤藏在宮女的房間）。東京已被美國的燃燒彈摧毀泰半，在悶熱漆黑中充滿了陰謀詭計，而負責做決定的領導人還在自欺欺人。

與此同時，華府的決策者多半並非在考量原子彈會對蘇聯產生什麼作用。他們希望原子彈能敲醒日本。事實上，他們正在認真考慮要再投一顆。華府領導人有些不切實際的幻想，但他們必須面對殘酷的現實。他們面對的困境就和戰爭本身一樣古老而荒謬：為了拯救生命，就必須奪取生命——也許是幾十萬條生命。[3]

這本書要寫的是這場歷史上最慘烈的戰爭如何終結（或很可能終結不了）的故事。我們要問的是，那些正派但不完美的決策者，是如何決定要動用殺傷力如此驚人的新武器呢？他們又是如何決策要丟幾顆原子彈、何時丟、在哪丟、為什麼目的而丟？在我看來，他們所經歷的焦慮緊張很難用「決策」這個詞來形容。[4]他們是否像有些學者所言，是處於「心理麻木」[5]的狀態呢？有少數人，例如第二十一轟炸機司令部指揮官李梅少將（Curtis LeMay），的確像是（或裝作是）無動於衷或鐵石心腸。李梅曾說：「如果你殺掉他們夠多，他們就不會再打了。」[6]他的B–29轟炸機曾在一九四五年三月一夜之間，就燒死八萬五千名東京居民。但其他人確實陷入苦惱，甚至煎熬，儘管他們都儘量不表露出來。責任感、憐憫心、權宜方便、急於結束長達四年的戰爭，種種因素都在拉扯著他們。

這些人當時面對的問題是，日本就是不肯投降，而這個問題不僅龐大、棘手，還幾乎無解。在一九四五年夏天，日本帝國敗象已露。日本的船艦被擊沉、城市被焚毀、人民處於飢餓邊緣。但日軍領導人仍然統率著五百萬大軍和僅配備乾草叉及鐮刀的民兵，似乎寧願集體自殺，來個玉石俱焚。想用入侵和占領領土的方法來擊敗他們，肯定將導致史上最慘烈的傷亡，但是日本人，或至少是日軍領導人，正在叫囂美國人來打一仗。

盟軍已集結好入侵大軍，包括至少十二艘醫療船，[7]但由於預估死傷人數實在太驚人，就連最剛硬的陸軍總參謀長馬歇爾將軍（George Marshall）都要屬下重新估算。[8]向日本投下原子彈已是定數，但日本會不會投降則仍未可知。原子彈會殺死約二十萬人，但如果日本繼續打下去，在亞洲和日本本土可能會再多死數百萬人。

投下原子彈二週後，盟軍在東京灣的戰艦上舉行了盛大的受降儀式，美國戰鬥機一波接一波飛越上空。但我好奇的是：當儀式結束、歡呼聲停止時，這些決策者到底有什麼感受？他們幾乎從未向同時代的人透露和說明過，其背後究竟隱藏著多複雜的情緒？

他們偶爾才會吐露真情。一九四五年十一月，在洛斯阿拉莫斯祕密實驗室領導研發原子彈的科學家奧本海默（Robert Oppenheimer），在橢圓形辦公室對杜魯門總統哭著說：「總統先生，我感到自己滿手血腥！」[9]根據杜魯門的描述，他冷淡地打發掉奧本海默，並下令不可再帶這個「愛哭的科學家」來見他。杜魯門在講這個故事時甚至模仿奧本海默緊握雙手的模樣。「我告訴他，滿手鮮血的人是我，讓我來煩惱吧。」杜魯門說。

在往後幾年，杜魯門常說投下原子彈是他的決策，而且是他單獨決策。但實情並非這麼簡單。領導原子彈「曼哈頓計畫」的格羅夫斯少將（Leslie Groves）曾嘲笑杜魯門「像小孩坐著雪橇」[10]在滑下坡，根本就控制不了在杜魯門接任前就已啟動且無法停止的事情。格羅夫斯這樣嘲諷杜魯門並不公平。身為最高統帥，杜魯門的確掌握大局。雖然他有時態度含糊或睜一隻眼閉一隻眼，但他和那些同樣是政治人物的偉大總統並沒有多大不同，尤其是他的前任小羅斯福。不過，在美國（及其盟國）和日本如何結束二次大戰的這段故事中，杜魯門確實不是主角。

這段故事應該從羅斯福和杜魯門的戰爭部長史汀生（Henry Stimson）開始講起，他是監督製造原子彈並最後授權動用的人。[11]今天的人多已忘記史汀生這號人物。他在一九四五年是位相當老派的維多利亞時代人物，有他的時代和階級盲點以及種族偏見。他年老多病，經常休假，在這場慘烈的戰爭中似乎置身事外。但在他漫長公職生涯的最後階段，他試圖在強權國家的諸端矛盾之間求取平衡。他主張美國身為世界最強大國家，應該要有一套哲學：美國的對外政策應該揉合「現實主義」和「理想主義」，應該在人性、道德價值與冷靜追求國家利益之間求取平衡。

這種平衡很難取得和維持，有時根本不可能。一九四五年夏天，史汀生幾乎為此喪命。史汀生在第一顆原子彈落下於廣島，現場（或者說是廣島的殘骸）第一批的照片呈給杜魯門那天早上，他發生輕微心肌梗塞。一個月後，他把首份核武控制計畫上呈給總統，又發生嚴重心肌梗塞。他的身體很虛弱，他的日記也顯示他在精神上備受煎熬。

史汀生簽署了投下原子彈的命令，發送給在「沒落行動」（Operation Downfall，對日本本土的最後進攻）中指揮戰略轟炸的陸軍航空隊司令史帕茨將軍（Carl Spaatz）。艾森豪將軍（Dwight Eisenhower）曾說過，為人低調到近乎內向的史帕茨是「我所知道最棒的空軍指揮官」。[12]在歐洲，史帕茨投下了成千上萬噸炸彈，不只殺掉好幾萬平民，也犧牲掉好幾千名士兵和飛行員，包括許多美國人在內。他低調、盡職且迅速地下達和執行這些死亡命令。但他對自己所做的事並非無動於衷。

一九四五年八月十一日，在廣島和長崎皆被原子彈摧毀後，史帕茨在他的司令部撰寫日記（他似乎是有意在對自己的歷史評價或上帝做告白）：「當我在華府首次被告知有原子彈時，我並不贊成，正如我從來都不贊成殺光所有居民來摧毀城市。」但當日本仍然堅拒投降，他建議要對已經被燃燒彈燒得差不多的東京投下第三顆原子彈。事實上，在八月十四日下午（日本時間八月十五日）得知日本投降前幾個小時，杜魯門還告訴盟邦英國說他不得不投下第三顆原子彈，目標是東京。

史汀生和史帕茨都是盡忠職守之人，兩人都對要用殘忍手段達成正當目的感到不安。在本書中，我將引用這些人的日記和文件（有一些由他們家人提供），盡可能按照時序以現在式詳述事發經過。不過，我並不認為這些紀錄可以精確描繪出他們的心理狀態。畢竟，日記這種東西通常是寫給後人看的，只能顯示寫日記的人「希望」自己怎樣被評價

（上面引述的史帕茨在八月十一日的日記就是一個例子）。但在一些關鍵時刻，史汀生和史帕茨的日記和信件，非常明確透露出這些表面上充滿自信的人所遭遇的內心衝突。

當然，美國人這一邊只是故事的一半，可能還不是最重要的一半。日本人那一邊又如何？兩顆原子彈都沒能讓他們投降，那最後又是為什麼投降呢？超過七十五年之後，裕仁天皇依舊是謎樣的人物，被視他如神明的朝臣隱藏在帷幕中。[13]裕仁崇敬先祖，但他實際上只是一個凡人，他害怕美國的B-29轟炸機，也害怕桀驁不馴的軍方。

在危急存亡的一九四五年春夏之際，幸好有一位驕傲、勇敢、頑強的外務大臣東鄉茂德挺身而出，讓日本最高決策機構「最高戰爭指導會議」接受投降。[14]我將根據他孫子提供的日記來講述他的故事。

雖然史汀生和史帕茨從未見過東鄉，也很可能對他一無所知，但這三人聯手阻止了一場人類史上最慘重的災難。他們贏得驚險萬分。

第一部

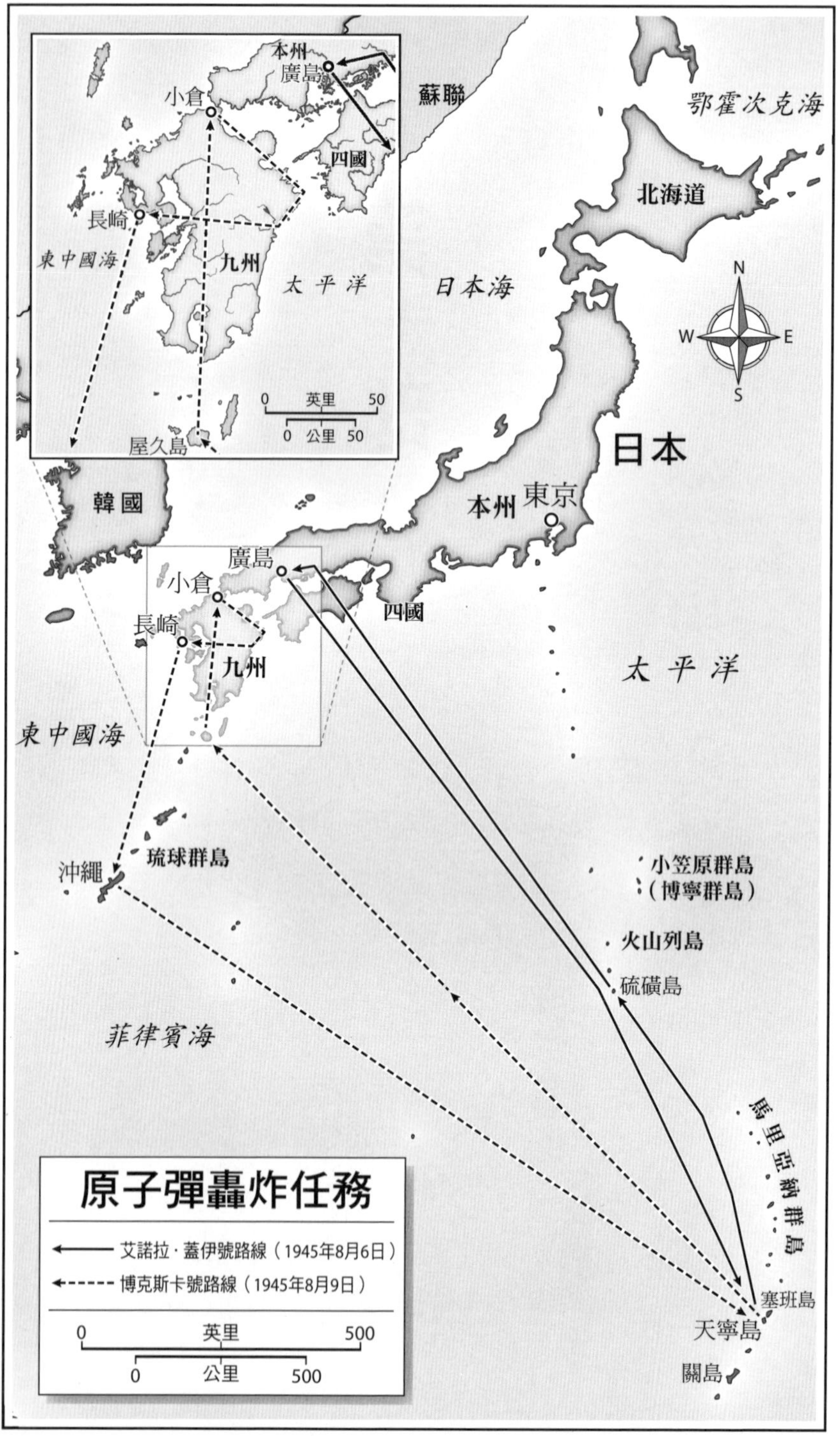
原子彈轟炸任務
艾諾拉．蓋伊號路線（1945年8月6日）
博克斯卡號路線（1945年8月9日）
0 英里 500
0 公里 500
本州
廣島
小倉
四國
長崎
東中國海
九州
太平洋
屋久島
0 英里 50
0 公里 50
蘇聯
鄂霍次克海
北海道
日本海
N
W
E
S
日本
韓國
本州
東京
廣島
小倉
四國
長崎
九州
太平洋
東中國海
琉球群島
沖繩
小笠原群島
（博寧群島）
火山列島
硫磺島
菲律賓海
馬里亞納群島
塞班島
天寧島
關島

1.

輾轉難眠

Sleepless

「可怕的東西」、「恐怖的東西」、「駭人的東西」

圖2　戰爭部長史汀生與夫人梅寶鶼鰈情深逾五十年。

華府，一九四五年三月

戰爭部長史汀生以為人正派出名。[1]他曾說自己在一九〇〇年代初，在紐約當律師時「絕不和華爾街那幫人來往」、「絕不用別人那套伎倆」。[2]他會拒絕跟那些他認為可能犯罪的客戶往來，不管這些客戶願意付多少律師費。他曾對一組試圖非法繞過反托拉斯法的企業投資客說：「我可以聽到你身後監獄大門關上的聲音。」史汀生重視廉潔和公職甚於金錢。但即便如此，他還是很富有。

史汀生是十九世紀的紳士，但他打的是二十世紀的全球戰爭。他極有自信。他既是虔誠的基督徒，也是強權政治的積極參與者。當兩者發生衝突時，他也絕對不會表露出來。他靠有錢客戶致富後，在老羅福斯總統時代擔任檢察官打擊托拉斯，在柯立芝總統時代擔任殖民地官員[3]和談判官員，在胡佛總統時代擔任國務卿，並分別在塔夫脫總統和小羅斯福總統時代擔任戰爭部長。

在華府，史汀生住在寬敞、明亮、但並不別致的伍德利莊園，此處位於岩溪公園①的小山丘上，離白宮只有幾公里。在一九二九年被胡佛總統任命為國務卿時，史汀生花了八十萬美元買下伍德利莊園，[4]這在當時是一筆不小的錢。②他能買得起是因為他在一位聰明的堂兄建議下，在十月股市大崩盤前就把手上估值過高的股票賣掉，大賺了一筆。

史汀生看上伍德利莊園的部分原因是它有馬廄。他年輕時喜歡挑戰騎乘烈馬，與獵犬一道馳騁。現在他已七十七歲，還會騎著一匹田納西走馬進入公園，在晚上小跑二、三十公里。這是趟「舒爽的一騎」，他在日記中寫道。

一九四五年三月一日晚上，史汀生在伍德利莊園的挑高式臥室中無法入眠。[5]雖然他本來不想，但還是服下鎮靜劑。他不喝酒，喜歡用按時運動來治療各種毛病，不管是真實的病還是想像的病，諸如腳痛、臀部痠痛、胃抽痛、牙痛等等。除了馬廄，伍德利莊園還有甲板網球場，③當史汀生在晚上筋疲力盡回家，還有地方玩草地滾球。

多年來，史汀生都沒睡過好覺，有習慣性失眠。珍珠港事變那天他鎮日昏沉，[6]在國防部的戰爭會議中也會忍不住打瞌睡。如今，在為人類史上最強大的武器努力四年之後，他的眼神已充滿疲憊。

他留著中分的短劉海，穿著老式西裝，扣子扣到最高，看來就像一位老土的校長。他

---

① 編按：岩溪公園（Rock Creek Park）位於美國華府，一座由美國國家公園管理局管理的自然公園。

② 作者注：這筆錢在二〇二三年約值一千三百萬到一千四百萬美元。

③ 編按：甲板網球（Deck tennis），源自船員在船隻甲板上的運動，是一種網球和投環遊戲的混合體，用環而不用球。現已被正名為環形網球（Tennikoit）。

的身形總是保持筆直，好像在立正警戒。從某種意義來說，他幾乎一輩子都在保持警惕。

史汀生八歲喪母。[7]他的父親是紐約一家醫院的醫生，悲傷地只能埋首於工作。史汀生被送去和祖父母及未婚姑姑同住。十三歲時，他被送去麻州安多佛的菲利普學院讀寄宿學校。[8]

安多佛學校創立於一八八〇年代，一點也不貴族。男孩們得要清理自己的廢水，宿舍裡臭氣沖天。橄欖球是新近流行的運動，但史汀生骨架子小又不高。他更喜歡用獵槍在周圍的樹林裡獵殺小動物。長大後，他追逐更大的獵物，有時甚至獨自去獵灰熊。[9]

＊＊

現在是華府冬春之交的沉悶季節。史汀生服用的安眠藥不起作用，在伍德利莊園的床上翻來覆去。第二天三月二日稍晚時分，史汀生在日記中寫道：「昨晚度過了一個糟糕的夜晚，需要服用鎮靜劑，結果讓我在白天變得非常遲鈍易怒。我和麥克洛伊談到要把我想和總統討論的事項，以及我想做的事情寫成簡短聲明，但我腦袋很鈍，很難寫得出來。」

麥克洛伊就是約翰．麥克洛伊（John McCloy），是史汀生的助理。史汀生喜歡用哈佛法學院的有為青年（他最早的助理之一是費利克斯．法蘭克福特〔Felix Frankfurter〕，後來當上最高法院法官，兩人一直都是好友）。麥克洛伊對華府的一切似乎無所不知，全都記在一本黃色本子裡。史汀生很喜歡麥克洛伊和他的妻子愛倫。他們經常和史汀生及其夫人梅寶打甲板網球或草地滾球，晚上再一起吃飯喝茶。

第二天中午，史汀生要和羅斯福總統討論俄國問題。他想信任俄國人，但又放心不下。俄國人在這場戰爭中是美國的盟友，但他不希望在下次戰爭中變成敵人。④史汀生有個座右銘，他說是在耶魯大學的祕密會社中學來的，那就是「要讓一個人值得信任，你得先信任他。」[10]但世界大戰的現實挑戰了這個信念。他在一九三〇年代初擔任胡佛總統的國務卿時，曾下令停止美國破解外國電報密碼，因為他不贊成「偷看人家的信」。[11]但十年後的現在，這位戰爭部長每天都會收到破解的日本和德國的密電摘要，代號ＭＡＧＩＣ和ＵＬＴＲＡ。⑤[12]在一九三〇年於倫敦詹姆士宮舉行的國際裁軍會議上，史汀生曾呼籲各

④作者注：自從希特勒在一九四一年六月背棄與莫斯科的和平條約入侵俄國後，俄國就在和德國作戰。克里姆林宮在一九四一年四月和日本簽署中立條約，一九四五年四月時，俄國宣布該條約將在一年後失效。到了二月的雅爾達會議上，在討論戰後國際秩序時，俄國答應盟國會更快向日本宣戰，也就是在德國投降後的三個月內。

⑤作者注：ＭＡＧＩＣ是指被破解的日本外交電報。ＵＬＴＲＡ是來自歐洲和太平洋地區三十個國家的密電，包括美國的盟邦。

大國禁用潛艇這種卑鄙的戰爭工具，但現在，潛艇已成為美國的重要武器。[13]

現在，史汀生懷疑美國能不能信任俄國？如果要按照他的理念重建戰後的歐洲，成為一個自由、法治、市場開放和自由貿易的歐洲，那俄國人就必須合作才行。但史汀生逐漸了解蘇聯是一個極端偏執的警察國家，從美國駐莫斯科大使哈里曼（Averell Harriman）那裡更加讓他體認到這一點。史汀生在他的現實主義（他對權力作為工具的直覺掌握）和他的理想主義（他希望俄國人值得信任，無論這種希望多麼微弱）之間左右為難。

紅軍在一九四五年冬末攻入德國占領的東歐地區，拿下了德國人監禁美國士兵和飛行員的戰俘營。這些人必須送回美國。但不知什麼原因，俄國人不准運送藥物和補給品的美國飛機降落在蘇聯的「解放區」。史汀生想要羅斯福總統發電報給克里姆林宮領袖史達林，要求立刻改正這種行為。

三月三日星期六下午十二點三十分，史汀生進入橢圓形辦公室，把要發給史達林的電報草稿和背景文件呈給羅斯福總統。當總統真的讀了這些文件，史汀生很是驚喜。「他讀得非常仔細，一頁一頁地看，他很少這麼做。」他在當天晚上用錄音機記錄說。兩人在過去四年中經常會面。戰爭部長很難讓羅斯福總統專注在一個主題上，因為羅斯福講話總愛跳來跳去。史汀生曾嘆道，要讓羅斯福下決定，就像「在空屋中追逐游移的光線」。[14]他可能是唯一敢當面叫羅斯福不要對他撒謊的內閣閣員。史汀生至少掛過羅斯福一次電話。

但史汀生很欣賞羅斯福的寬廣遠見、他要讓專制政權從世上消失的決心、他愛開玩笑的幽默感。有一回，史汀生提到有些事對戰爭有必要，但未必合法，而羅斯福逗他說：「嘿，你這個老派共和黨律師。」[15]他們是在討論如何繞過國會協助英國對抗納粹。

當天晚上，史汀生在日記中為他的老朋友擔憂。「總統看來很瘦，有點疲憊。他不像平常看來那麼有活力。我有點擔心，因為他的表情不對，看起來老很多。」此時的羅斯福只剩下六個星期可活。

＊＊

「梅寶有點感冒，所以我們沒去教堂，她整個早上躺在床上。」史汀生在次日三月四日星期天寫道。當天下午，他「繞著教堂」散步了三公里多。那是在華府的國家座堂，有蔥鬱的花園和聖公會式的新哥德尖塔，從幾公里外便可得見。「我發現爬坡比以前困難了，我明白自己已經超重和超齡。」（他也患有當時並不知道的心臟病。）「當我回到伍德利，愛倫⑥和兩個孩子都在，傑克很快也到了，我們一起喝茶。今天晚上我要和梅寶單獨

⑥編按：前述助理麥克洛伊的妻子。

在一起。」

史汀生的日記經常以「我和梅寶單獨吃飯」結尾。他不愛去那些在華府辦的晚宴派對或男士限定的威士忌與撲克牌之夜。他深愛結褵超過五十年的妻子。史汀生在念耶魯的時候，在一個英國惠斯特牌⑦聚會中愛上美麗、天真、可愛的梅寶·懷特，在紐哈芬一個教堂裡向她表白。她也深愛著他，陪他長途騎馬（她是側鞍騎乘）、四處打獵、遠赴尼加拉瓜和菲律賓當外交官。兩人在晚上經常為對方朗誦詩歌。

但梅寶患有十九世紀的人所講的「神經衰弱」，一點緊張和小毛病就要在床上躺好幾天。史汀生答應父親要把他和梅寶的婚事至少保密五年，此事讓梅寶相當受傷。[16]史汀生的父親嫌梅寶出身不好，在紐約沒有社會地位，也沒有嫁妝。

史汀生永遠以責任為重。一九一〇年，他的朋友老羅斯福力勸他參選紐約州長（這次參選規劃不周，沒有當選），記者開始管史汀生叫「冰棍」。就連他的朋友都笑他是「有兩條腿的新英格蘭良心」。[17]他從父親那裡學到儘量不動感情。「我要出門幾天。」他的父親常含混地說，不告訴兒子他要去妻子的墓前，而史汀生一直都很想念母親。史汀生討厭肢體接觸，不需要父親的擁抱。[18]但他曾對一位四十年的老朋友放下心防說，他一直活在父親的陰影下，也一直把母親的死怪在父親頭上。[19]

痛苦會讓人產生同情心。在他筆直的身軀背後（他的姪女曾說「他從不彎腰駝背」）

[20]隱藏著對他人苦痛的同情，即使是那些不值得同情的人。財政部長摩根索（Henry Morgenthau）曾提出要把德國「農村化」，也就是要把德國工業全部剷除，但史汀生強烈反對，不只是因為這會阻礙戰後歐洲復興，還因為德國會變成只剩下飢餓農民的荒地。他在日記中寫道：「非常奇特的是，負責作戰殺敵的人是我，唯一憐憫對方的人居然也是我。」他向朋友兼同事陸軍總參謀長馬歇爾將軍說起此事。「馬歇爾和我一起大笑。」史汀生寫道。

這種笑可能只是兩個天生矜持的男人之間的乾笑，但即便如此，兩人確實交情匪淺。馬歇爾和史汀生惺惺相惜[21]——這對戰事是好事，如果軍職和文職首長互看不順眼將會是災難。⑧他們在戰爭部的辦公室左右相鄰，兩人約定好門要永遠打開。[22]史汀生非常佩服馬歇爾那傳奇般的自制能力。（馬歇爾曾說：「我毫無感情，除了對馬歇爾夫人之外。」）

史汀生和馬歇爾都不會與人爭吵，不擺架子，也不會斥責別人。史汀生有時會過於固

---

⑦ 編按：惠斯特牌（Whist），十八至十九世紀間流行的英國傳統紙牌遊戲。

⑧ 作者注：史汀生也曾從軍，從國民兵中士幹起（他之所以從軍，部分原因是他很懊悔錯失了美西戰爭）。當美國參與一次大戰，他以五十歲的年紀加入美國陸軍。他在法國帶領一支砲兵部隊，一嘗戰場滋味，此後很喜歡人家叫他「上校」。

執，馬歇爾覺得有必要勸他不要對總統說教——每當戰爭部長力爭一個問題時，總統就會雙眼發呆。但遇到有關生死的決策時，兩人都絲毫不帶感情。他們在這個位子上就是不可以。

有人覺得和史汀生談話好像在聽上帝佈道，但他也有柔軟可親的一面。史汀生和梅寶想生小孩但生不出來，原因顯然是史汀生在結婚前得過腮腺炎而導致不孕。夫妻倆用照顧姪子、姪女和麥克洛伊這樣的年輕助理來彌補這一點。他喜歡找他們來家裡，逗弄他們的小孩，給他們自由和責任，信任他們。

史汀生對他們寵愛有加。他們不害怕史汀生黑白分明的脾氣，還會笑他有時為小事生氣——戰爭部長會因為不知怎麼用「喇叭箱」（電話話筒）而突然發脾氣。一起吃晚餐時，麥克洛伊和洛維特（Robert Lovett，史汀生稱他們倆叫「撒旦的小惡魔們」）[23]會模仿他為了小事發脾氣的模樣。梅寶會故作驚訝。史汀生會大笑，笑到連眼淚都流出來。史汀生相當寵信麥克洛伊和洛維特，他們甚至會恃寵而驕。[24]

✶✶

三月五日星期一早上，疲憊的史汀生到馬歇爾將軍的辦公室參加例行的作戰與情報參謀會議。歐洲前線傳來好消息，艾森豪的部隊即將跨過萊茵河，俄軍正從東面逼進柏林。史汀生通常只是坐著聽報告。他最近工作繁重，每兩三天才能參加一次晨會。但今天早上，當聽到俄軍進入東德將經過德勒斯登時，戰爭部長突然插話。他早上才讀到《紐約時報》一篇文章，談到盟軍在二月中對這座古老而美麗的城市（擁有「易北河畔的佛羅倫斯」的美稱）進行大轟炸，殺害了幾千名德國百姓。[25]該文引述一位德國人的說法：「今天的德勒斯登已成過去。」

史汀生要求調查。他在作戰與情報會議上表示，德勒斯登是薩克森邦的首都，而薩克森是「德國最不普魯士化的地區」。[26]史汀生在當晚的日記中寫道：「來自德國的消息顯示，（這場災難）光看就令人驚駭，可能根本沒必要。」他還寫道：「我們要小心不能將它摧毀過度，以後還要用這部分地區來作為新德國的中心。」

他的疑問涉及到美國陸軍航空隊一直在糾結的轟炸平民問題。

在戰爭初期，政治人物都譴責德國轟炸歐洲城市是法西斯野蠻主義，美軍承諾只會對軍事和工業目標做「精準轟炸」（precision bombing）。但英國人為了報復德國空軍對英國城市的大規模轟炸，很快就放棄了根本沒有效果的精準轟炸。在外號「轟炸機哈里斯」的哈里斯將軍（Arthur Harris）指揮下，英國皇家空軍轟炸機司令部改採「區域轟炸」（area bombing），也就是轟炸城市中心，其目的是讓平民「去住房化」（dehousing，這是一種委婉的說法）以摧毀德國人的士氣。[27]

但美國人自豪其道德價值和科技能力，決心採用精準轟炸。他們以為透過「諾頓轟炸瞄準器」（Norden Bombsight），就可以如設計者所言把炸彈精準投進「醃菜桶」裡，或至少落在目標周圍。這在堪薩斯靶場晴朗無風的大白天也許做得到，但在天氣惡劣、布滿高射砲火和戰機的歐洲上空，轟炸機鮮少能投彈到鐵路機廠和軍火工廠等原定目標，而是投到周遭的民房。「精準轟炸」其實就等於「區域轟炸」。美國人只能宣稱他們真心想炸的是軍事或工業目標，不是平民目標。⑨

* *

史汀生要求調查德勒斯登大轟炸的第二天，馬歇爾將軍送來陸軍航空隊的報告。這個回答等於是沒有回答。德勒斯登是重要目標，是「鐵路網樞紐及重要工業城市」。英國在二月十三日「對精確標示的目標開火」。美國飛機在第二天以較少架次接著轟炸，目標是鐵路調車場，但無法精確瞄準。英軍採取「探路者方法」，⑩丟下信號彈和紅色煙火蠟燭標示出目標，然後一波又一波轟炸機接力而上，丟下高爆彈和燃燒彈。德勒斯登毫無空防，「探路者方法」的密集轟炸方式讓全城陷入大火，到處都是難民。對德勒斯登的轟炸結果尚無法觀測，因為風勢造成大量濃煙。

史汀生手寫一張字條回覆：「我懷疑這種報告有什麼說服力。英國確實在二月十三日轟炸了這座城市。雖然我們說要轟炸軍事目標，但結果並非如此。我認為應該把這座城市詳細拍攝下來，事實要為人所知。」美國戰略空軍歐洲總部又花了三個星期才提出一份沒有結論的報告。史汀生被告知說，英國皇家空軍和美國第八航空隊都有丟下燃燒彈和高爆彈，但英軍多丟了將近五倍。「由於在接連兩波攻擊之間沒有拍下照片，無法辨識是哪支空軍造成多大傷害。」

如果不是年紀大了，史汀生可能會再追查德勒斯登在二月這兩個晝夜間究竟發生了什麼事。他在當檢察官時以對真相窮追不捨出名。擔任戰爭部長後，至少在初期，他在五角大廈也是出名的「深入基層」，藉由親信幕僚跳過官僚體系，對基層情況瞭如指掌。[28]

---

⑨ 作者注：英國人認為精準轟炸在一九四〇年代初在技術上是不可能的，這一點是對的，他們想做區域轟炸並不只是為了報復。正如美國陸軍戰爭學院長期研究戰略轟炸的專家比德爾（Tami Biddle）所指出，美國人用「精準轟炸」這個詞其實是善意的誤導，它真正的意思是在適當條件下（天氣晴朗、沒有高射砲）轟炸合理的限定範圍。

⑩ 編按：為了提高轟炸的精準度，英軍建立了一支「探路者部隊」（Pathfinder Force），透過多種以先遣飛機標記目標區域的方法（如投放照明彈、標記彈），來強化轟炸效率。

不過，他在航空隊的親信幕僚洛維特雖然盡職又能幹，卻並不總是對老闆坦白一切。洛維特是主管航空隊的戰爭助理部長。他禿頭、眼神慵懶、外表英俊、幽默中帶點譏嘲，曾當過華爾街投資銀行家，文雅老練，善於和紐約客與百老匯製作人打交道。他也是空權的熱烈鼓吹者。他在一次大戰時受訓成為海軍飛行員，把耶魯大學祕密社團那一套帶入軍中。洛維特指揮的轟炸機群叫做「耶魯部隊」。[29]他是率先理解到戰略轟炸價值的少數人之一，也就是不必轟炸海中的潛艦，而是轟炸基地中的許多艘潛艦。在珍珠港事件之前，他就嘗試說服汽車業的朋友把生產線改為製造戰機，要製造成千上萬台。「我曾以銀行為業，現在改成製造飛機。」他說。

史汀生仰賴洛維特來了解航空隊的狀況。[30]一九四四年五月三日，他說洛維特經常提供「非常持平且深入的分析」。一個月後，他又說洛維特「精明而持平」。但隨著戰事進行且諸多問題叢生，勞累不堪的戰爭部長不得不愈來愈倚賴他的助手，而且他沒法記住洛維特告訴他的事。「要和洛維特談話，我好久沒見到他了。」他在一九四四年十一月末寫道，「他給過我一份航空隊狀況的簡報。我現在記不得內容了，但我知道這是我們很快就要面對的重要事情。」

洛維特相信轟炸可以摧毀平民的士氣。[31]他是自成一格的道德主義者，堅信要對德國人以牙還牙。他和陸軍航空隊司令阿諾德（Henry Arnold）緊密合作，而阿諾德認為洛維特有一種「不可見的力量」。一九四五年一月，阿諾德在三年內發生第四次心肌梗塞，洛維特就以文職身分逐步接管阿諾德在航空隊的業務。[32]洛維特對德勒斯登大轟炸的看法並沒有留下正式紀錄。但他和史汀生的看法極可能不同，這就能解釋為什麼戰爭部長在轟炸過後三個月才在《紐約時報》看到德勒斯登的報導。

✶✶

一九四五年三月的前兩個星期，史汀生在思考是否要動用更強大、更具殺傷力的武器。他心煩意亂，陰暗潮溼的天氣就像他的心情，「令人厭惡。」他寫道。三月五日，在馬歇爾辦公室那場作戰和情報會議上為了德勒斯登發脾氣後，他需要小睡一下。他在那天下午寫道：「我打電話給邦迪（Harvey Bundy），他一直想來跟我談S－1的事情。」

邦迪是史汀生的得力助手，是出身耶魯和哈佛法學院的律師，為人謹慎聰明。「S－1」是原子彈計畫的代號（美國人稱其為「曼哈頓工程計畫」，英國人稱其為「合金管工程」）。[33]研發原子彈的科學家則稱其為「小工具」。史汀生在日記中叫它是「可怕的東西」、「恐怖的東西」、「駭人的東西」、「壞東西」、「毒辣的東西」。[34]

戰爭部長是在一九四一年十一月首次得知S－1，在珍珠港事件發生之前不久。[35]一段時間以來，許多國家的科學家已經在暗中研究，如何分裂原子以在瞬間釋放出大量能量，從而製造出足以毀滅一座城市的炸彈。猶太科學家逃離希特勒統治的德國後，把原子專業帶到英國和美國（可以說，當德國在一九三三年四月七日禁止猶太人擔任公職後，希特勒就輸掉了二次大戰）。在猶豫一陣子之後，羅斯福政府在高度保密的情況下接手了計畫（英國本已啟動該項計畫，但資源不足）。只有美國人有足夠的決心和資源造出原子彈。

在一九四一年時，美國人害怕德國可能先造出原子彈。但直到一九四四年末，負責研發原子彈的那些人才發現德國其實遠遠落後。一九四五年初，納粹科學家已研發出射程可打到紐約的飛彈，但由於希特勒厭惡「猶太科學」，這些飛彈並沒有原子彈頭。但此時的德國已非主要目標。一九四三年五月，一個由科學家和軍官組成的「目標委員會」初步決定將日本設定為第一顆原子彈要攻擊的目標——可能是日本某港口的艦隊。[36]這些科學家擔心，如果丟到德國的是顆啞彈，納粹可能用「反向工程」製造出「小工具」，但他們並不擔心日本科學家有此能力。

戰爭部長負責監督S-1工程，角色有點像公司董事長。他在一九四三到一九四四年的主要角色是向國會要錢，但不能透露太多計畫內容。[37]到了一九四五年三月初，他得知原子彈已接近完成，動用的時刻即將到來。在和小心謹慎的邦迪一番「極為詳細和徹底的討論」後，史汀生在三月五日晚上的日記中寫下：

> 我們將要做出非常重大的決定。時間已刻不容緩，情勢將迫使我們公開此事。我們要思考的是最根本的人性、道德和政治的問題，這是我擔任戰爭部長以來最困難也最重大的決定，因為此事觸及到比當前的政治原則更深層的東西。[38]

史汀生在日記中沒有寫到他和邦迪討論了什麼，但邦迪的筆記本有寫到：戰後要成立國際軍備控制機構來管理原子彈。令人驚訝的是，兩人並沒有談到在這場戰爭中要不要動用原子彈，而是把焦點放在如何避免在下一場戰爭中，有更多和更強大的原子彈。

在和邦迪的討論中，史汀生提出要由布魯克斯（Phillips Brooks）這樣的人來主持戰後的國際軍備控制機構。[39]布魯克斯是十九世紀末的聖公會牧師和麻州主教。後人只記得布魯克斯主教的聖誕讚美詩〈哦，伯利恆小鎮〉，但他其實是「健碩基督教運動」⑪的鼓吹者，在他當主教的「鍍金時代」，他這種道德鬥士的講道內容經常會登上報紙頭條。

根據邦迪的筆記，史汀生告訴邦迪說，這個國家和全世界需要基督教思想的精神復興。唯有透過信念，人類方有自制力去掌控如此致命的武器。

⑪ 編按：健碩基督教（Muscular Christianity）運動思潮，十九世紀英國興起的宗教與運動融合思潮，強調體能鍛鍊與基督徒品格培養，後傳至美國並影響YMCA等組織，推動體育宣教與社會改革。

史汀生長久以來的存在焦慮是，人類科技為惡的能力會超過為善的能力。[40]他希望人類能更有道德，有一天能臻於道德完美，但他害怕科學的誘惑會壓倒道德。尤其是，他害怕這一場戰爭所激起的情緒會導致下一場更可怕的戰爭。

史汀生毫不懷疑美國將在「這場」戰爭中動用原子彈。美國民眾對德勒斯登大轟炸沒有什麼反應。除了有幾篇報紙專欄和幾場講道有提到之外，民眾對盟軍在這個曾經美麗的歷史古城燒死大量平民反應冷淡。美國人想懲罰肆虐歐洲的德國人，更想報復偷襲珍珠港的日本人。美國報紙上經常報導日軍把美國戰俘和亞洲平民餓死、強姦和砍頭的殘忍故事。[41]

美國人最想要的就是結束戰爭，讓丈夫和兒子能夠回家。一九四五年三月時，戰爭已進入疲乏期，國會議員受到企業領袖和說客的壓力，大家都在抱怨物資配給管制。[42]史汀生擔心美國人將不再願意做更多犧牲來結束戰爭。

在一九四五年冬，美軍還面臨兵力短缺的問題。戰爭還遠遠看不到盡頭：德軍是在撤退，但還是用飛彈、噴射機和傳說中的「死光」等祕密武器對盟軍造成威脅。日本本土幾乎沒有受到美軍攻擊，更別說征服。參謀首長聯席會議推算盟軍還要六個月才能打敗德國，還要一年才能拖垮日本。兵源不夠，不足以補充各部隊。但到了三月時，國會還是不願通過強制徵兵法案。史汀生對這些議員很失望，但議員們只是反映選民的意見：選民已經受夠了戰爭，想趕快勝利。歐洲戰場的老兵若獲得足夠「點數」就可退伍，而從歐洲調回來的士兵幾乎都不想再到太平洋打一場更可怕的戰爭。

史汀生知道美國人會願意用原子彈來結束戰爭。羅斯福總統和邱吉爾首相已經簽署同意書，原子彈「可能」會「經過深思熟慮後」用來「對付日本」。

負責製造S-1的人責任重大。炸彈在七月試爆成功後，史汀生告訴邦迪和麥克洛伊說：「我負責花二十億在這項原子工程上。現在成功了，我不會被送進萊文沃思堡監獄了。」[43]（他在說笑，但心情並不輕鬆）政府高層從來沒有討論過「不要」使用原子彈。[44]大家都知道為了保住成千上萬士兵的性命，美國民眾願意使用原子彈，不管多不人道。動用「小工具」被視為理所當然，就算一定會殺死許許多多日本百姓。

在他留下的文字紀錄中，包括他的日記，史汀生從沒有質疑過大家私底下的共識。但這並不表示他沒有擔心過他所謂「可怕的東西」、「恐怖的東西」、「駭人的東西」，尤其在夜深人靜時。後來有人問麥克洛伊他的老闆到底是怎麼想的，麥克洛伊回答說：「他祈禱。」[45]

＊＊

三月八日晚上，史汀生在他那雅致而簡樸、掛滿獵來鹿頭的餐廳用餐。他的精神好了些。他和梅寶總是準時進餐，不喝餐前酒。但是，「就在我們吃完晚餐時，梅寶突然倒在桌子那頭不省人事，讓我驚恐萬分。」驚慌的史汀生在第二天寫道。七十七歲的史汀生跳起來把梅寶扶到沙發上，趕緊叫來醫生。梅寶很快就醒過來，「但那五到十分鐘真令人絕望。」史汀生說。

梅寶並沒有怎麼樣，可能只是感冒脫水。她的身體很快就恢復，還在晚餐時與丈夫一起朗讀詩歌。然而，夫妻一方承受另一方壓力的情況並不少見，事實上，臨床上有一種神祕的概念叫「投射認同」（projective identification），人有時候會在精神上把自己的憂慮和痛苦轉移給另一個人，這是人類心理面對深層內在衝突時的一種自我保護機制。（一九六七年，當國防部長麥納馬拉〔Robert McNamara〕在越戰泥淖中苦苦掙扎時，他的妻子瑪吉和兒子克雷格都患上胃潰瘍。麥納馬拉後來難過地說：「他們得到我的潰瘍。」[46]）

* *

三月九日，當史汀生用錄音機記下梅寶那件「令人絕望」的事，大批B-29轟炸機正從太平洋馬里亞納群島的關島和天寧島飛往東京。一九四四年夏天，美國陸戰隊經過一場惡戰從日軍手中奪下馬里亞納群島，海軍工程隊開始興建世界上最大的機場，作為轟炸日本的發射基地。航程二千二百公里，來回一趟十二小時。

好幾個月以來，陸軍航空隊都在嘗試對日本飛機工廠做「精準轟炸」，但幾乎都炸不準。日本比德國還要多雲霧。B-29轟炸機是能爬升到九千公尺高空的驚人飛行機器，遠在日本戰機射程之外，但會遇到「高空噴射氣流」這種過去不為人所知的氣象狀況。時速二百一十公里到三百七十公里的強風會阻擋往西飛的飛機，並讓往東飛的飛機偏離目標。

絕望之下，第二十一轟炸機司令部指揮官李梅少將嘗試新戰略。他讓轟炸機以低空飛行在夜間出擊，這樣比較容易躲過高射砲火，日軍戰機也比較少。新奇但難用的「諾頓轟炸瞄準器」在夜晚毫無用武之地，精準轟炸也就不必再談。李梅採用「凝固汽油彈」這種裝有果凍狀汽油的改良型燃燒彈，刻意要在地面引發熊熊大火。[47]他知道日本城市多為木造房屋，容易起火。在三月九日到十日間，B-29轟炸機掀起滔天巨焰，燒掉日本首都四十一平方公里。飛機上的人都可以聞到烤肉的味道。最後估算，有八萬五千名以上東京居民死於大火。根據「美國戰略轟炸調查」，B-29轟炸機及其凝固汽油彈所引發的大火，在六小時內殺掉的人數比歷史上任何一場戰爭都多。

三月十日，美國各大報都以頭版報導東京的災損程度（死亡人數還不清楚）。《紐約時報》說：「B-29對日本首都丟下超過一千噸燃燒彈。驚人大火迅速席捲人口稠密的敵方大都市。」

三月十三日，東京大火三天之後，倍感壓力的史汀生在日記中寫道：「我在家和梅寶用完午餐，下午和剛從南方回來的洛維特聊得很愉快。我還小玩了一場甲板網球——君子交流，有益身心。」

戰爭助理部長洛維特在佛羅里達與陸軍航空隊司令阿諾德會面，阿諾德剛剛才從三年內的第四次心肌梗塞恢復過來。東京大轟炸顯示美國陸軍航空隊有重大戰略轉變。在德勒斯登之後，史汀生曾公開表示美國不會對城市進行恐怖轟炸，但現在卻正在這樣做，或近乎這樣做。[48]

臉色陰沉的李梅向來被公認是無情的殺手（這並不公允），尤其是他後來在擔任戰略轟炸機司令時，講話經常冷酷無情（他曾威脅要把北越「炸回到石器時代」）。他從來不笑（事實上他是沒辦法笑，「貝爾氏麻痺症」〔Bells palsy〕讓他臉部僵硬），很適合成為漫畫人物。但他並不輕忽飛行員的性命。

他用燃燒彈轟炸東京並非直接受命於阿諾德或任何華府高層，但他也不是獨斷獨行。上級告知這位沉默寡言、愛叼雪茄的將軍，如果他無法取得成績（以摧毀目標的空拍照片來衡量），他就會像前任漢塞爾將軍（Haywood Hansell）一樣被撤換。「精準轟炸」無效，他必須另謀他法，而燃燒彈做得到。事實上，航空隊曾在猶他州達格威試驗場設立一座日本式村莊來演練將其燒毀。航空隊後來解釋說，李梅並不是針對平民，轟炸機是針對那些散布在平民居住區的小型工廠，但這只是將英國皇家空軍在歐洲所幹的「區域轟炸」合理化而已。

不過，就算洛維特和史汀生有在三月十三日討論到轟炸東京這件事，史汀生也沒有寫到。在接下來兩個月中，他沒有在日記中寫到任何有關轟炸平民的事情。

* *

史汀生很需要休息。在整場戰爭中，他每個週末都要和梅寶搭陸軍DC-3飛機飛到他在長島北灘的海霍德莊園。[49]海霍德寬敞而舒適，但史汀生在他私人出版的回憶錄中表示，它不是附近「黃金海岸」的強盜大亨莊園那種宏偉的仿城堡式建築（史汀生的莊園與位於牡蠣灣附近薩加莫爾山的老羅斯福故居近在咫尺）。史汀生會在天氣晴朗時眺望南部（大西洋）和北部（長島海峽）的湛藍海洋，這有助他恢復元氣。他告訴梅寶，他一踏上海霍德的馬道和綠樹成蔭的草坪，就覺得全身舒暢。

但他需要比週末小憩更長久的假期。邁阿密的巴爾帝摩酒店是陸軍的度假村，戰爭部長當然可以去住。史汀生在三月十八日的日記中寫道：「今天早上，經過一個輾轉反側、相當煎熬的夜晚，梅寶幫我做了決定，她認為我們應該去邁阿密，不要去海霍德，因為我不可能放鬆，沒辦法得到我顯然需要的絕對休息。所以我們決定明天去邁阿密，這樣決定後就感到一陣輕鬆。」

十天後，他再次在日記中寫道：「天氣很好，休息得很充分，但我們都太累了，我們要好一陣子才能擺脫目前情勢下的抑鬱心情。」他每天下海游泳兩次。他去釣深海魚，釣到一條鰹魚。他還去參訪陸軍航空隊的一個「再分派中心」，在那裡，曾在歐洲作戰的人員被重新分派到太平洋作戰部隊。

三月二十八日，史汀生又寫到這次旅程，他稱讚軍官們「貼心照料」重回戰場的飛行員。「我在那裡遇到的每個人……都非常感激。」他寫道。

他寫這段話時，美軍在前兩天才剛贏得硫磺島戰役。這場戰役打了五個星期，美國海軍陸戰隊戰死近七千人，日軍全部陣亡二萬人，這才拿下只有南塔克特島六分之一大小的硫磺島（美國要用此島作為對日轟炸的空軍基地）。邁阿密的「再分派中心」正在派員去幅員更大的日本本土，去攻打數量更多的狂熱日本士兵。

大戰結束兩年以後，史汀生在哈維・邦迪的兒子麥喬治・邦迪（McGeorge Bundy）協助下撰寫回憶錄，書名是《在和平與戰時服務》（*On Active Service in Peace and War*）。這本書主要由麥喬治主筆，以第三人稱的角度描繪史汀生，內容豐富且具高度文學性。它呈現出當史汀生在伍德利莊園、海霍德別墅、邁阿密酒店的房間輾轉難眠時，是如何思考原子彈這回事，以及他在一九四五年春到邁阿密「再分派中心」時的真正感受：

> 在三月時，他（史汀生）去到佛羅里達的航空隊再分派中心。[50] 他和那些已在歐洲打過仗，現在要去太平洋的士兵們談話。他的感受很深。這些士兵的疲憊程度是光讀報告無法了解的。他們要去太平洋，他們也會英勇作戰，但這次會面後，史汀生比以往更清楚了解到，任何要對這些美國子弟負責的人，其首要責任就是盡快結束戰爭。放棄或未能有效使用任何能使他們免於更多犧牲的武器，都是不負責任的行為，應受到嚴厲的懲罰。史汀生可以引用莎士比亞的話（但他的結局是生而不是死）來描述他的感受：「他憎恨那些寧願拖長戰爭折磨的人。」

然而，要用原子彈來對付平民聚集的城市，同樣是一種可怕的責任。

2.

目標選擇

Target Practice

「可能是科學怪人，也可能是世界和平的工具。」

圖3　核物理學家奧本海默是推動原子彈的天才，他的上司格羅夫斯將軍不懈地推動曼哈頓計畫。

華府，一九四五年四月至六月

羅斯福去世了。一九四五年四月十五日是個溫暖的春日，史汀生在紐約海德公園的羅斯福故居花園中，凝視著已故總統的棺木。戰爭部長聽著〈先祖的信念〉、〈永恆天父，大能救贖〉等聖詩，心中百感交集。身穿灰色制服的西點軍校學生組成方陣，肅穆地行進而過。史汀生舟車勞頓地從華府來到哈德遜河谷參加羅斯福的喪禮。他離開華府時天氣悶熱，也害怕自己會失眠，但他還是驅車北上。這不只是因為職務。雖然他認為羅斯福「狡猾」，但還是懷念他的心胸寬大和見多識廣。

史汀生和新總統並不熟，他也出現在喪禮，低著頭，手握著帽子。四月十三日是杜魯門就任第一天。杜魯門在兩天前召開首次戰爭會議，史汀生在會後的日記中寫道：「他看來很願意且急於學習，全力以赴。」

史汀生和馬歇爾將軍及其他軍方高層到白宮向新總統簡報。簡報完畢後，戰爭部長留下來和總統私下談話。他對總統說，他要告知他有一種「力量不可思議的新炸藥」。史汀生並沒有詳細說明，但杜魯門已感到非常沉重。正如史汀生所言，他「從毫無作用的位子，到現在要掌握如此多的訊息。」杜魯門也沒有裝模做樣。「各位，」他在四月十二日羅斯福去世那天宣誓就職時對記者說，「如果你們有在祈禱，現在就為我祈禱吧。」[1]

史汀生耐心等待，讓杜魯門先適應新職位。四月二十四日，他呈上一張便箋給總統。

親愛的總統先生：

我認為我應該盡快和你討論一件高度機密的事，此事非常重要。我在你就任時曾向你稍微提過，但後來就沒有再提，因為你最近壓力太大。

四月二十五日中午，史汀生從側門進入橢圓形辦公室（為了避開接待室中的記者），和新的「總統先生」正式會面。

杜魯門和史汀生以禮相待，但也互有疑慮。[2]杜魯門是民粹派民主黨人，熱烈支持新政。[3]史汀生是上流階級的共和黨人，反對新政。杜魯門不會忘記帶著貴族口音的史汀生是華爾街律師；史汀生則知道穿著時髦西裝和雙色鞋子的杜魯門是「彭德加斯特的參議員」，意指腐敗的堪薩斯市彭德加斯特黨機器。兩人都想放下疑慮，但不是立刻就能做到。一年前，杜魯門的參議院委員會在調查政府採購時觸及到絕密的曼哈頓計畫，史汀生出手制止。史汀生後來在日記中寫道，杜魯門是「令人討厭、非常不值得信任的人。他說話圓滑，做事卑鄙。」[4]

史汀生一如既往站得筆直，伸手到公事包拿出一份備忘錄交給杜魯門。這份備忘錄早上才剛完成，用字遣詞刻意要營造震撼效果：

在四個月內，我們即將完成人類歷史上最可怕的武器，用一顆炸彈就能摧毀整座城市。

備忘錄還談到史汀生思考了好幾個星期的問題，亦即，如果原子彈這種新科技不能加以控制，文明就有被摧毀的危險。美國現在能夠壟斷，但不會長久，比較不審慎的國家（他特別指蘇聯）會造出自己的原子彈。「當前世界的道德進步狀態及其科技發展最終將被這種武器擺布。」備忘錄警告說。

杜魯門是很聰明的政治人物。他和善地說，他記得戰爭部長曾制止他的參議院委員會調查這項極機密的計畫。現在，他說，他知道為什麼了。「他非常能接受。」史汀生在當晚寫道。

當天中午在橢圓形辦公室，對總統講完宏觀的哲學問題後，史汀生又拿出第二份文件給杜魯門，該文件詳述了曼哈頓計畫。此時，一位身穿陸軍將軍制服的壯漢走進房間。此人是過去三年間負責曼哈頓計畫的格羅夫斯。

格羅夫斯是從地下道進入白宮的，單獨在接待室等了一個小時。杜魯門開始讀第二份文件。這份文件很長，又滿是技術詞彙，杜魯門停了下來，說他沒法一下子吸收這麼多。史汀生和格羅夫斯勸他繼續讀完。「這是一項大計畫。」格羅夫斯說。

經過約四十五分鐘後，杜魯門說他完全同意這個計畫的必要性。史汀生詢問是否能組成一個政府高層委員會來探討原子彈的未來這個重大議題，杜魯門同意了。

✶✶

格羅夫斯並不習慣久等，就算是在等總統。[5]美國陸軍的格羅夫斯將軍對自己有絕對自信。在戰爭剛開打時，他負責建造五角大廈。他習慣發號施令，自信心爆滿到接近自大。他唯一的弱點是嗜吃巧克力成癮，穿起制服過於緊繃。史汀生很難入眠，格羅夫斯卻是一沾枕頭就呼呼大睡。格羅夫斯討厭「長頭髮」的科學家和「毛病多」的學者，但他挑選了一位傑出物理教授奧本海默來管理洛斯阿拉莫斯實驗室，儘管他懷疑奧本海默在內心深處是個共產黨（他不是，但他經常和共產黨員及其「同路人」來往，包括他的情婦。他的情婦被格羅夫斯派人跟蹤）。格羅夫斯外表粗獷，但在人際關係上相當精明。他深知奧本海默極為自負，一心想造出原子彈震驚世界。

格羅夫斯將軍要向史汀生報告，但戰爭部長大致上都充分授權給他。格羅夫斯敬佩史汀生是個正派紳士，雖然有點過時，史汀生則對格羅夫斯的精力旺盛和辦事效率讚許有加。①在華府憲法大道上的戰爭部辦公室中，曼哈頓計畫的主事者祕密調度著全美各地的實驗室和工廠。格羅夫斯樂於讓史汀生組一個委員會去思考核子武器的未來，而他有自己的委員會，一個「目標委員會」，負責提出和決定（如果格羅夫斯能為所欲為）要把原子彈丟到哪些城市。至少要丟兩顆，第一顆是向日本人證明美國人有原子彈，第二顆是讓日本人知道美國有不只一顆。

格羅夫斯的「目標委員會」由其副手法雷爾准將（Thomas Farrell）召集，成員是較低階的陸軍航空隊軍官和洛斯阿拉莫斯的科學家。四月二十七日，委員會召開第一次會議，也就是史汀生和格羅夫斯面見杜魯門的兩天後。（「我不在乎什麼委員會，」格羅夫斯說，「只要委員是我挑的就好。」）

原來的設想是在水下引爆原子彈來擊沉日本海軍艦艇（等於是巨型深水炸彈），但後來認為行不通，遂改為高空引爆，但投彈高度必須非常高——要達到九千公尺，否則B－29轟炸機投彈後會來不及脫離爆炸範圍。根據軍械專家估算，原子彈對地堡和工廠等混凝土強化結構並不特別有效，但對一般建築物尤其是木造房屋有極大破壞力。所以，最佳目標不是軍事基地或工業重地，而是日本大城市。

一些洛斯阿拉莫斯的科學家無法接受要摧毀住滿平民百姓的城市。「有些軟弱的人對這顆炸彈的恐怖殺傷力感到害怕。」洛斯阿拉莫斯的首席軍械官帕森斯上尉（William Parsons）在一九四四年九月寫信給格羅夫斯說。這些「軟弱的人」主張用「展示」的方法，也就是找個沙漠或太平洋小島，邀請敵人來觀看引爆。但這種展示只會「虎頭蛇尾」，帕森斯寫給格羅夫斯說。「連爆炸彈坑都不夠大。」只會燃起大火，但不會在地面上炸出大洞。

格羅夫斯和「目標委員會」對此表示贊同。[6] 一九四五年四月二十七日，他們決定目標必須是「其直徑四點八公里內沒有人口密集區的大型都會地區」。但這有一個難題。從九千公尺高空投彈絕對不會精確，航空隊很清楚這一點，因為B-29轟炸機在投彈時會受到強烈的高空噴射氣流干擾。於是在五月十日至十一日在洛斯阿拉莫斯奧本海默辦公室舉行的第二次會議上，「目標委員會」決定不能只瞄準純粹的軍事或工業目標。委員會的結

① 作者注：格羅夫斯試著用一張簡單的原子結構圖向史汀生解釋何謂原子能。史汀生一開始很生氣：「不用教我了。你說的我一個字都聽不懂。」格羅夫斯小心翼翼地試著說下去。「看一分鐘就好。這是氦。」史汀生眼前一亮。「哦，氦，」史汀生說，「那是太陽神（編按：氦〔helium〕的命名源自太陽神海利歐斯〔Helios〕）的意思，對嗎？」「是的，先生。」格羅夫斯說。「噢，」史汀生說，「我了解氦了。」格羅夫斯後來回憶：「從那時起，他就願意聽了，但此前他完全封閉自己的思想。當我找到一個希臘的類比時，他就準備好了。」[7]

論是：「任何小型或純粹的軍事目標都應該位於更大的爆炸範圍之內，以免因為炸彈投放失準而讓武器失去效力。」也就是說，炸彈應該要瞄準市中心。

科學家們知道原子彈會造成大範圍輻射，半徑也許可達五百多公尺，而且輻射有致命性。事實上，當兩位德國流亡科學家佩雷爾斯（Rudolf Peirels）和弗里希（Otto Frisch）首次想到要分裂原子來實現爆炸時，他們就曾寫道：「由於放射性物質會隨風飄散，炸彈可能無法在不造成大量平民死亡的情況下使用。」[8]既然對城市使用這種武器是「不適合的」，這些科學家建議可以把原子彈當成「對付海軍基地的深水炸彈」，但這個正是被洛斯阿拉莫斯的原子彈製造團隊提出、接著又否決的想法。「目標委員會」開會時很少討論到輻射的問題。這些選定目標的人並不了解輻射落塵的長期影響，他們只關心爆炸本身，不關心後遺症（純輻射炸彈，也就是用常規炸彈來釋放放射性物質的「髒彈」，在此前已被排除）。

史汀生對這些毫不知情。他沒有看過「目標委員會」的會議紀錄，也沒有人向他報告過輻射線。

這並非是刻意要將他蒙在鼓裡的陰謀。沒有錯，格羅夫斯是超會搞資訊隔離以求保密的官僚天才，所有資訊都掌控在他一人之手。然而，哈佛大學校長康南特②是總統的重要科學顧問，他經常到洛斯阿拉莫斯，他和實驗室主管奧本海默都知道輻射線的基本原理。

但康南特和奧本海默都想向世界展示這種武器的威力，而且都不想讓它和毒氣相提並論（毒氣在一戰中惡名昭彰，二戰中雙方都避而不用）。對他們來說，這些事情還是不說為妙。

✶✶

一九四五年五月八日星期二，第三帝國殘餘勢力在德國向盟軍投降。史汀生去教會參加感恩節彌撒。「人們神情肅穆，但團結而堅強，」他在日記中寫道，「這種聚會正好適合今天這種場合。」

第二天，五月九日，史汀生在五角大廈寬敞的辦公室會見三位參議員，他們剛去過德國參觀布亨瓦德、達浩和諾德豪森集中營。史汀生記錄道，這三位都認為，「此一所謂的暴行乃是德國政府蓄意且有計畫地用謀殺、飢餓和其他殺人手段來大量消滅他們所厭惡的俄國人、波蘭人、猶太人和其他種族的人。」史汀生的用語頗為冷漠（「所謂的暴行」），

② 作者注：康南特（James Conant）是知名化學家，格羅夫斯得透過他來居中協調洛斯阿拉莫斯的科學家，因為這些科學家不信任軍人。康南特的哈佛大學校長身分也很有用。「沒錯，」格羅夫斯後來在口述歷史訪問時說，「他們都很想在戰後去哈佛大學當教授。」9

但大規模殺人的種種證據確實讓人怵目驚心。③

史汀生覺得精神很不好，他認為是過度疲勞的關係。他遵照醫囑接受檢查，但人們在一九四五年時對心臟病所知不多。醫生告訴他必須充分休息。史汀生和梅寶決定到海霍德度假一到二週。

但在那之前，史汀生要先去和杜魯門總統討論對日本作戰。五月十七日，他上呈一份備忘錄給總統：

> 基於我向您提過的理由，我深切以為我們的航空隊還是應該遵守在歐洲執行得很好的「精準轟炸」。我接到的報告說這是可以辦到而且是適當的。美國按規則行事和奉行人道主義的名聲是未來世界和平的最大資產。我相信在動用任何新武器時，也應該同樣適用不針對平民的規則。

史汀生立意良善，但他寫這些話就算不是被誤導，至少也是不了解情況，甚至還有刻意不去了解之嫌。他寫這份備忘錄是在格羅夫斯的「目標委員會」已決定要把原子彈用在市中心的六天以後。而好幾個星期以來，李梅的第二十航空隊所屬的第二十一轟炸機司令部一直在用燃燒彈攻擊日本城市，原因正是李梅一開始嘗試過的精準轟炸行不通。史汀生只是從報紙得知轟炸的消息，而他錯誤地以為這種無差別轟炸很快就會停止。在當年春天左右，不曉得確切是什麼時候，史汀生曾得到戰爭助理部長洛維特的保證說，陸軍航空隊此後「只會對日本進行精準轟炸」。但洛維特就算有心，也根本無法遵守承諾。

洛維特已經讀過李梅有關第二十航空隊的完整「作戰紀錄」，詳述了對東京和其他四座城市的大轟炸。他是在四月二十七日收到這份報告。「很精采的紀錄，我很高興能看到。」[10]洛維特致函司令部參謀長諾斯塔德准將（Lauris Norstad）說（李梅在三月時暫停轟炸，因為燃燒彈已用盡）。[11]四月二十五日，李梅致函諾斯塔德說，他開始相信可以光用轟炸就打敗日本，不需要陸軍或海軍發動代價高昂的進攻。而這正是洛維特這位信仰空權的戰爭助理部長所愛聽到的。

洛維特想在戰後讓陸軍航空隊獨立成軍，與陸軍及海軍平起平坐。他和航空隊其他高層都很不滿自己只是陸軍的支援部隊。洛維特和《時代雜誌》及《生活雜誌》老闆亨利・魯斯（Henry Luce）合作，發行航空隊的內部刊物《衝擊雜誌》（*Impact*），[12]刊出由《時

---

③ 作者注：戰爭部早就知道有集中營，但在一九四四年刻意不轟炸它們。[13]當時是認為轟炸這些營區只有象徵意義，會轉移掉其他重要目標的資源。下這個決定的主要人物是助理部長麥克洛伊，但正如歷史學家貝斯克羅斯（Michael Beschloss）所指出，羅斯福總統有暗中支持麥克羅伊，史汀生可能也是。

代雜誌》及《生活雜誌》攝影師所拍攝的照片，誇耀航空隊轟炸機是如何摧毀羅馬和其他歐洲大城市而不傷及教堂和文化古蹟。洛維特和航空隊高層尤其想打動戰爭部長史汀生這位最重要的讀者。史汀生在一九四二年和一九四三年看到這些精準轟炸的照片，在日記中大讚「了不起」和「奇蹟」。[14]一九四五年二月五日，史帕茨將軍寄給史汀生一本照片集，「用照片的形式來報告過去一年來所執行的一些戰略轟炸行動」。史汀生在二月十三日回信說，他「對於轟炸的精準和效果印象深刻」。這天正好是史帕茨的轟炸機群對德勒斯登投彈的前一天。他們想瞄準鐵路調車場，但其實根本沒有把握。

**

史汀生在海霍德休息，恢復精神。「我在前幾天除了睡覺和散步之外，幾乎什麼都不幹，也沒有去騎馬。然後我一天騎兩三次，以不傷到腿部為優先。」史汀生在五月二十七日假期快結束時寫道。他在第二天又寫道：

> 我們在星期一飛回華府，上午十一點左右抵達。不知道為什麼，我覺得精神很不好，只能和邦迪、哈里森和馬歇爾討論S-1的事情。我決定接下來幾個月要把這個

議題當成最重要的工作，儘量不去管部門內的日常事務。

在海霍德休假期間，史汀生與麥克洛伊保持電話聯繫，要他開始撰寫總統在動用第一顆原子彈後的對外聲明稿。「他肩負美國道德立場的重擔。」麥克洛伊在日記中寫道。[15]麥克洛伊與史汀生在長島的鄰居亞瑟．佩奇（Arthur Page，電信業巨頭AT&T的公關部長），在五月二十五日撰寫好總統聲明的大綱，這份大綱反映出史汀生的道德考量。它強調，美國將「選擇海軍基地這種軍事目標」，以避免「大規模殺害平民」。

五月二十九日上午，史汀生走進辦公室，他還在擔憂殺害平民的事。[16]他昨晚難得睡了好覺，覺得「精神抖擻」，但他在讀報時大為震驚——助理部長洛維特承諾航空隊「只會」對日本進行精準轟炸，現在是怎麼回事？報紙頭條說，李梅將軍的B-29轟炸機群載滿凝固汽油彈飛到東京，燒掉將近五十平方公里的土地。報紙沒有報導的是，東京這一次死的人比較少，這回死了幾千人，而三月時死了八萬五千人，因為許多居民都已逃離東京。燃燒彈引發的大火蔓延到皇宮，許多建築物被燒焦，無法居住。「部長，」麥克洛伊當晚在日記中寫道，「提到東京大火以及到底要怎麼使用更強的炸彈。」也就是原子彈。

馬歇爾將軍從隔壁辦公室過來參與討論，提出他的意見。麥克洛伊寫道：

馬歇爾將軍說，他認為這些武器可以先用在純軍事目標，例如大型海軍基地，如果效果不夠，那就應該鎖定大片工業區，但要先警告那裡的居民撤離——要告訴日本人我們將摧毀這些中心……我們的警告必須盡可能清楚明確。[17]我們必須透過這種警告方式來抵銷使用這種武器所可能招致的責難。

馬歇爾並不知道自己已落後於格羅夫斯將軍的「目標委員會」，他們已經決定要轟炸城市中心。和史汀生一樣，總參謀長馬歇爾也想轟炸海軍基地這種純軍事目標。假如有必要用原子彈摧毀大片工業區的話，總參謀長希望能先警告平民離開。馬歇爾和史汀生一樣擔心美國的道德地位。

次日五月三十日早上，《時代雜誌》刊出第二篇報導。李梅接受記者訪問，把東京變成焦土的照片拿給記者。《時代雜誌》的封面頭條是「李梅表示東京已被夷平」。[18]這位第二十一轟炸機司令部指揮官似乎毫不在意平民死傷慘重和天皇是死是活（日本媒體報導天皇無恙）。報紙指出，「李梅將軍今晚清楚表明，雖然據他所知炸到皇宮純屬意外，但他也不會在意。」

史汀生覺得他被蒙蔽了，急著找陸軍航空隊司令阿諾德將軍質問，為什麼航空隊會違反洛維特助理部長「只有」精準轟炸的承諾。但他要先確定「目標委員會」有沒有遵守他在五月十七日給杜魯門總統的備忘錄所說的，原子彈的目標名單應該適用「不針對平民的規則」。

但在前一天，「目標委員會」在格羅夫斯的辦公室開會時已經決定好目標名單。委員會主要關心的是展示新炸彈的威力。這項任務有一定的急迫性。李梅的轟炸機一個接一個地燒毀日本城市，「目標委員會」的成員不得不擔心，當S-1準備就緒時，日本也沒有城市可以轟炸了。東京已經燒過頭，不是一個好目標。事實上，格羅夫斯已經要求航空隊要保留一些城市別用燃燒彈攻擊，實際上就是要把它們留給原子彈。

在「預擬」名單中有三個城市沒有被轟炸過：京都、廣島、新潟，它們都有軍事基地和工業區。委員會並沒有擇定炸彈的「瞄準點」，這要「等天氣條件確定」再來決定。但「目標委員會」定出的指導原則清楚顯示，雖然委員會成員並沒有放棄要炸軍事或工業目標，但絕對不允許把炸彈扔偏。炸彈「不能」對準工業區投彈，因為在這三個城市中，「這些區域都很小、分布在城市邊緣且高度分散。」[19]「第一顆裝置」應該投在「選定城市的市中心」。京都、廣島和新潟都是人口稠密的大都會，大部分是木造建築。

✶
✶

五月三十日早上九點二十分，格羅夫斯將軍被要求「立刻」到戰爭部長辦公室報告。史汀生在等他。他想知道的是：格羅夫斯是否已選定好目標？

格羅夫斯想拖延。是的，他已經準備好一份報告，但他原想在第二天先呈給馬歇爾。「嗯，你的報告已經寫好了，不是嗎？」史汀生詰問道。[20]根據格羅夫斯後來所回憶的這段對話來看，當天早上的史汀生不是一個睡不飽的老人，而是變回從前那位檢察官。

格羅夫斯有點嚇到，又猶豫了一會兒。「我還沒有讀過，史汀生先生。我想先確定沒有問題。」

史汀生：「嗯，我想看看。」

格羅夫斯：「報告放在河對岸，要拿到沒那麼快。」

史汀生：「我整天都可以等，我知道你的辦公室手腳很快。桌上有電話。你拿起電話打給你辦公室，叫他們把報告送過來。」

格羅夫斯打了電話，兩人默不作聲地坐著等候。格羅夫斯試著問了一句：這份報告是不是該先給馬歇爾將軍過目？

史汀生那沙啞的貴族腔調突然拔高。「這一次我要做最後決定。沒有人能叫我怎麼做。在這件事情我才是核心，你還是把報告拿過來吧。」

有著一張胖臉和小鬍子的格羅夫斯將軍只能呆坐著。兩人繼續等候。史汀生直接詢問格羅夫斯計畫要炸哪些城市。格羅夫斯回答說，京都是完美的目標，因為它有一百萬人口，「將讓人無法質疑炸彈的威力」。[21]

史汀生立刻說：「我不要炸京都。」京都是日本舊首都。戰爭部長在一九二〇年代末和梅寶去過京都，當時他是菲律賓總督。他知道京都是座美麗的城市，有許多廟宇和神社，是日本的文化中心。

史汀生向格羅夫斯仔細說明京都是無價之寶。當「目標委員會」把報告交上來時，史汀生心意已決。格羅夫斯就算上訴到馬歇爾那裡也無法翻盤。

格羅夫斯後來在專訪中是這樣說的：

> 他讀過（報告）以後，走到他和馬歇爾將軍辦公室中間的門，把門打開後說：「馬歇爾將軍，如果你不忙，我希望你來一下。」然後部長就狠狠把我出賣了，他劈頭就對馬歇爾將軍說：「馬歇爾，格羅夫斯剛把目標選址的報告交給我。」接著又說：「我不喜歡。我不要用在京都。」

格羅夫斯提出的三個目標，史汀生一個都沒有同意。格羅夫斯失望地回到辦公室，寫信給第二十航空隊參謀長諾斯塔德將軍（他還兼任陸軍航空隊計畫助理參謀長）：「請你轉告阿諾德將軍，今天早上戰爭部長和總參謀長沒有批准我們選定的目標，尤其是京都。」[22]諾斯塔德向他的上司、陸軍航空隊司令阿諾德將軍報告：「格羅夫斯將軍為第五〇九混合飛行大隊建議的目標被否決了，否決的人應該是戰爭部長。」

史汀生覺得精神大振。「這是美麗晴朗的一天，很棒，這在五月的華府相當少見。」他在日記中寫道。他讓自己小小享受勝利一番。

✶✶

次日，即五月三十一日，史汀生在日記中寫道：「我用狂睡一整夜來慶祝非常成功的一天。」他很早就進到五角大廈，因為今天有一項重要行程。他要和「臨時委員會」開會，這個委員會是由他召集組成的機密高層小組，就原子彈的使用及其未來向總統提供建議（史汀生很有智慧地把委員會的名稱取得很低調，因為他知道核子政策的最後決定權在國會）。除了國務院、海軍部和戰爭部的高層代表，史汀生還邀請了頂尖科學家，包括他所說的「三位諾貝爾獎得主」。[23]

對一個性格如此內斂的人來說，史汀生對這個委員會的講話稿寫得極富情緒。在標題S－1下方，他親筆寫下：

它的量體與特性，
我們不認為它只是一個新武器，
人類與宇宙關係的革命性發現，如同萬有引力、哥白尼理論的重大歷史里程碑。
但是，
就其對人類生活的影響力而言，它會無限制地增大。
可能會摧毀，也可能改善國際文明；
可能是科學怪人，也可能是世界和平的工具。

史汀生想打動這些科學家，「我們要用政治家的眼光來看待這件事，」他在當晚的日記中寫道，「而不是不擇手段要打贏戰爭的士兵。」

至少有一位重要科學家支持他。聽完史汀生的開場白後，奧本海默看出史汀生有認識到原子科學「乃是人類生活的大變局」，正如奧本海默後來回憶所說。奧本海默長年在偏遠的新墨西哥州與好辯的物理學家們打交道。他菸不離手，身形瘦弱，但他是個引人注目、幾乎令人一見難忘的人物。他聲音低沉，極富魅力，處在一群神情嚴肅的中年男子當中討論世界的未來（或末日）。聽到史汀生提到原子彈必須交給國際上一群開明的智者來控管，熱情而富有遠見的奧本海默鬆了口氣。「他相信有所謂政治家。他一遍又一遍使用這個詞。」奧本海默後來回憶道。

「臨時委員會」是在史汀生辦公室隔壁的深木色會議室開會，奧本海默在會中描述了未來的原子時代。已經造好的兩顆原子彈（被稱作胖子和小男孩）約有二千噸到二萬噸黃色炸藥的爆炸力。但這兩顆只是原型。未來還會有被稱為「熱核炸彈」的氫彈，以核融合來放大核分裂的威力，爆炸威力可達一千萬噸到一億噸黃色炸藥。

在場的還有伯恩斯（James Byrnes）。[24]這位來自南卡羅來納州、身材矮小、精明的愛爾蘭人是杜魯門總統在「臨時委員會」的個人代表。作為前參議員和前最高法院法官，他即將被任命為國務卿。伯恩斯後來回憶道，他「徹底被嚇到」。和其他人一樣，他想知道：競爭對手，也就是俄國，還要多久才能追上？答案是大約六年。

馬歇爾將軍表示，如果要對這種武器進行國際控管，也許現在就該與俄國分享資訊。馬歇爾詢問，如果邀請兩名俄國科學家來見證定於七月初或七月中的炸彈試爆是否恰當。

伯恩斯堅決反對。他說，史達林一定會要求就原子彈來合作，而這是不可接受的。克里姆林宮不可信任，畢竟，俄國已在波蘭建立傀儡政府，違反雅爾達會議時要讓剛脫離納粹統治的波蘭實行民主的承諾。會議中人都曉得，伯恩斯講的話就代表總統。會議的正式紀錄是：

伯恩斯先生表示，最佳方案是盡快推進生產和研究，並盡可能改善我們和俄國的政治關係。這個意見獲得在場所有人同意。

伯恩斯沒有解釋要如何在不分享原子彈祕密的前提下改善和俄國的政治關係，在場也沒有人提問。而實際上，俄國正透過安插在洛斯阿拉莫斯的間諜竊取原子彈的祕密。此事還沒有人知道，但軍備競賽已經開始。

✶✶

午餐時，會議成員分成兩桌，各自交談。史汀生大談他如何憂心大量平民傷亡，如何拯救沉淪的世界，奧本海默再一次深受感動。幾年後，奧本海默回憶起史汀生在「臨時委員會」那次午餐時所講的話，他說史汀生強調：

戰爭讓人喪失了良心和同情心……我們用自滿、冷漠與沉默的態度來看待大規模轟炸歐洲及日本。他對轟炸漢堡、德勒斯登和東京並不感到高興……史汀生上校覺得我們已沉淪到極點，需要新的生命和新的呼吸才能療傷止痛。[25]

午餐時，有人提議可以在投到城市之前，先在偏遠小島或荒漠展示原子彈的威力。這個想法很快就被否定了。如果轟炸機被伏擊怎麼辦？如果是啞彈怎麼辦？如果日本人把美國戰俘帶到試爆地點去怎麼辦？如果日本人根本不覺得了不起又怎麼辦？

有人問奧本海默，如果這樣做，日本人會看到什麼呢？「會看到巨大的核子煙火在高空爆炸，但沒有破壞到什麼。」他說。

有趣的是，奧本海默似乎認為自己的成果不會有什麼大用。在「臨時委員會」開會的前一天，奧本海默遇見匈牙利裔的物理學家西拉德（Leo Szilard），他是率先發現原子分裂威力的科學家之一。西拉德於一九三三年逃離德國，幫助同盟國製造原子彈來打敗納粹。但他後來對原子彈改變了想法，曾到華府懇求杜魯門不要動用。西拉德後來回憶說：

> 我告訴奧本海默，對日本城市動用原子彈會鑄成大錯。奧本海默並不認同。他講的話讓我大為驚訝，「原子彈是個屁。」「這是什麼意思？」我問他。「嗯，這是個沒有軍事價值的武器。它會產生大爆炸，而且是非常大的爆炸，但這種武器在戰爭中沒有用。」

我們不曉得奧本海默這番話是什麼意思，也許連他自己都不曉得。他並不是很了解自己發明的東西。午餐後，「臨時委員會」轉而討論如何對日本使用這種武器。有人問奧本海默，原子彈在城市上空爆炸會殺死多少人。大概二萬人，奧本海默說。他是用猜的，但他在委員會中被視為專家（事實上，沒有人真的知道原子彈的威力。有人認為只是空包彈，有人認為會點燃整個宇宙）。

史汀生說京都是「絕對不能轟炸的城市」。他強調，「目標是造成軍事損失，而不是殺害平民。」整個會議接下來都在討論這個話題。有人說原子彈的破壞力不會超過李梅的B-29轟炸機隊一個晚上的燃燒彈攻擊。而「軍事目標」的定義究竟為何？包不包括工廠？包不包括散布在住宅區的工廠？會議紀錄的總結是：

> 在多番討論各種類型的目標及其效果之後，部長下結論說（大家都贊同），我們不能向日本人發出任何警告，我們不能針對平民區，但我們應該讓盡可能多的居民留下深刻印象。在康南特博士（總統的科學顧問，參與曼哈頓計畫甚深）建議下，部長同意最佳目標應該是雇有許多工人，且周遭為工人住宅區的重要軍火工廠。

後來的歷史學家批判這種說法根本模稜兩可，不過是一群人在面對總體戰的道德困境：如何以殺害生命來拯救生命，一時拼湊出來的含糊共識。[26]

在討論選擇目標時，奧本海默發言相當謹慎。他有說過「爆炸的中子效應將對至少半徑五百多公尺範圍內的生命造成危害」，但沒有提到輻射落塵或輻射線的長期影響。奧本海默自己是贊成動用原子彈的。他相信在這次戰爭中動用原子彈，就可以終結所有的戰爭。戰爭會恐怖到讓人類不得不禁止戰爭。

＊＊

格羅夫斯將軍也被邀請「列席」會議。他保持沉默。他並沒有指出九千公尺高空的轟炸機根本無法準確擊中「重要軍火工廠」。格羅夫斯是老練的軍事官僚，他在等待時機。他心中已選好地點：廣島。這個地點符合所有對軍事目標的定義，至少按格羅夫斯自己的看法是如此。史汀生確實曾否決掉廣島和另外兩個城市——新潟及「尤其是」京都，格羅夫斯認為這是出於他個人感情因素。但決策可以隨時間改變。廣島是著名的「軍事城市」，日文叫做「軍都」。防衛日本最南端九州的陸軍總部就在廣島，而九州也是盟軍要入侵日本的預定登陸地點。廣島有港口也有工廠，工廠分布在城市邊緣地區，離市中心有幾公里。這些工廠很難攻擊，且都以強化混凝土建造。比較有把握的瞄準點是廣島市中心的一座橋，這裡的容錯範圍比較大，容易在轟炸視距內看見，其周遭皆為木造房屋。

廣島可以完美展示原子彈的威力，周圍的山丘能阻擋並反彈衝擊波，為爆炸製造「聚焦效應」。但格羅夫斯仍不放棄他的頭號選擇——京都。這座舊首都是有一百萬人的大城市。格羅夫斯想摧毀它的理由正好是史汀生想保護它的理由——鏟除日本的文化中心。

＊＊

第二天，六月一日，史汀生就轟炸平民一事當面質問阿諾德將軍。部長在當晚的日記中寫道：

> 我找來阿諾德將軍討論B－29轟炸機對日本的轟炸。我告訴他洛維特曾承諾我只會對日本進行精準轟炸，但昨天報紙上（事實上是前天，五月三十日）說的東京轟炸完全不是這麼回事。我要知道事實是什麼。他告訴我航空隊遇到的難題是，日本和德國不同，工廠並沒有集中在一起，而是四處散布，鄰近周遭都是工人住宅區。所以實際上不可能在破壞日本軍火生產的同時不殺傷比在歐洲更多的平民。然而，他說他們有盡可能降低破壞。我告訴他有一個城市未經我許可絕對不可轟炸，那就是京都。

阿諾德是在搪塞史汀生。日本確實有些工廠位於住宅區。在日本投降後，李梅說當他走在日本的焦土上時，看到住宅區的灰燼中夾雜著金屬鑽頭和車床鐵架。但日本在一九四五年時的家庭工廠已經不多，阿諾德的辯護理由只是為了掩蓋真正的原因：要對工廠和工業目標做精準轟炸是根本做不到的。李梅在三月決定用燃燒彈轟炸城市也是出於同樣原因。所謂一定要用燃燒彈來摧毀工廠只是「很薄弱的藉口」，直率的李梅後來曾不經意吐露。④[28]雖然航空隊後來配備了比較先進的雷達，試圖重回精準轟炸路線，但到戰爭結束時，李梅一共燒掉了超過六十座城市。

史汀生並不知道轟炸行動的來龍去脈，因為阿諾德（還有史汀生最信任的助手洛維特）並沒有告訴他。史汀生也許是年紀太大或太疲倦了，已經沒辦法像年輕時當檢察官或甚至在戰爭初期那樣去努力追問「真相」。管理戰爭部的重責大任、在資訊不充分的情況下不斷做出定人生死的抉擇、在權力的叢林中行進、「對上帝和國家」的終生重擔，這些都已讓史汀生疲憊不堪。

但也許在他內心深處，他根本就不想知道。

✶✶

五天後的六月六日，是一九四四年盟軍登陸諾曼第的「D日」一週年，史汀生打電話到白宮找杜魯門，要談S-1的事情。杜魯門說伯恩斯已經把「臨時委員會」的工作向他報告過了，伯恩斯「非常滿意」。[29]這意思是說杜魯門也一樣滿意。史汀生遂談到令他煎熬已久的議題。史汀生在當晚記錄下這段談話：

> 我告訴他我在忙著思考我們對日作戰的方式，我告訴他我努力要航空隊採取精準轟炸，但因為日本人把工廠分散，所以無法避免用區域轟炸。我告訴他我對這種戰法很不安，這有兩個理由：第一，我不想讓美國落得比希特勒還殘暴的惡名；第二，我怕在我們準備好之前，航空隊就把日本徹底轟炸到讓新武器毫無用武之地。他笑著說他了解。

杜魯門想必笑得並不由衷。在日記中，史汀生沒有說他在討論S-1時有沒有跟著杜魯門一起笑，但戰爭部長心裡一定很清楚，保留一個村莊只是為了留待日後將其摧毀，這

④作者注：歷史學者一直譴責李梅為了擊潰日本的士氣而轟炸平民。最近的研究則指出李梅是想摧毀日本經濟，不是想殺害或恐嚇平民，只是他不得不燒掉工人的住宅以製造足以吞噬目標城市內的工廠、電廠和倉庫的大火。用最直接的話來說，他沒有針對平民，只是平民擋了他的路。

實在相當諷刺。[30]

這兩人都是很會運用權力的現實主義者。杜魯門在政治生涯早期是堪薩斯市黨機器老大彭德加斯特（Tom Pendergast）的重要手下，以縣「法官」（行政長官）的身分大搞私人恩庇主義。[31]雖然他的品格算正直，他銀行戶頭裡為數不多的金錢可資證明。但當黨機器中的其他人中飽私囊時，杜魯門法官有時就需要睜一隻眼閉一隻眼。

史汀生個人相當廉潔，但他的理想主義卻伴隨著一絲無情甚至冷酷。他喜歡單刀直入，喜歡以壓倒性的力量掌握主動、快速達到結果。作為一名獵人，他要殺掉獵物，而不是傷害獵物。在塔夫脫總統任內第一次擔任戰爭部長時，史汀生曾表示：「我喜歡用大砲，不是小槍。如果我要出手，我就要重拳出擊。」他本身也是研究美國內戰的業餘歷史學家，他指責聯邦軍指揮官米德將軍（George Meade）在蓋茨堡獲勝後讓羅伯特·李（Robert E. Lee）的南方邦聯軍溜之大吉。史汀生很高興他的好友巴頓（George Patton）沒犯同樣錯誤，指揮第三軍把德軍從法國徹底趕走（巴頓曾向史汀生租過伍德利莊園的馬廄養他的馬球小馬）。

史汀生和杜魯門都要結束戰爭，這只有三個選項：入侵日本，犧牲許多美軍的生命；繼續轟炸日本，並用海上封鎖餓死日本人民；投下原子彈。

除非，可以說服日本在被滅亡之前投降。

「我們的要求過去是，現在仍然是無條件投降！」[33]杜魯門總統在國會發表首次演說時敲著講台大聲說道。這是在四月十六日，即羅斯福去世四天之後。議員們大呼贊同。

六月的民調顯示，大多數美國人都要日本和德國一樣無條件投降（但同時也希望能讓他們的兒子和丈夫盡快安全回家）。[34]約有三分之一的美國人想要吊死日本天皇，而剩下大多數都想把裕仁關進大牢，最好終生監禁。

副國務卿格魯（Joseph Grew）很理解美國民眾的憤怒之情。格魯是位衣冠楚楚的波士頓菁英和職業外交官，他在伯恩斯就任之前暫時代理國務院。但格魯擔心一般美國民眾並不了解要日本投降有多困難。格魯擔任美國駐日大使長達九年。他知道日本官員不准使用「投降」這個詞。事實上，日本人宣稱日本在二千六百年的歷史上「從未投降過」。[35]⑤天皇被奉為神明，日本士兵都誓言為天皇戰鬥至死。日本士兵很少投降成為戰俘。

格魯擔心除非天皇本人下令，日本士兵會拒絕投降。五月底，格魯看到B-29的燃燒

---

⑤作者注：「從不投降」是現代才發明的宣傳。在日本戰國時期，投降是司空見慣的事。而現代日本是在西元七〇〇年之後才出現的。

彈燒毀東京皇宮許多建築物的新聞報導。他有一種緊迫感，必須趕在裕仁天皇被陸軍航空隊有意或無意殺死之前讓日本投降才行。沒有天皇的命令，日本強硬派可能永遠不會放棄。

最好的方法，格魯相信，就是放棄要求無條件投降，並對日本提出條件。主要條件就是如果日本投降，便可以維持天皇制度。

格魯向史汀生提出他的看法，史汀生很認真聽完。副國務卿覺得他在戰爭部找到盟友了。他們兩人有很多相似之處。格魯念格羅頓學校和哈佛大學，史汀生念安多佛學校和耶魯大學，兩人同屬一個紳士狩獵俱樂部——布恩和克羅克特俱樂部（Boone and Crockett Club）。[36]兩人都在年輕時受老羅斯福之邀出任公職。史汀生也在日本當過外交官，在一九二〇年代末和一九三〇年代初出席和平會議談判，他相信在日本貴族中存在一批自由派和溫和派的「隱藏階級」。如果能把他們從軍國主義者手中解放出來，這些政治家就可以在戰後重建日本。史汀生和格魯都認為，有需要給日本溫和派一個投降的好理由，那就是維持天皇制度。

但是有一個問題。格魯是外交官，天性喜歡安撫人，甚至太急著安撫人，一些國務院同事甚至管他叫「綏靖王子」。[37]史汀生就比較冷漠。在五月底和六月初的會議上，史汀生告訴格魯，美國現在不應該提出任何條件。美軍肯定會贏得沖繩島戰役，但日本人正因激烈抵抗而士氣高昂，史汀生認為現在示弱是錯誤的。

✶✶

在一戰時，杜魯門也和史汀生一樣自願從軍到法國打仗。杜魯門上尉經歷過的戰鬥比史汀生上校更多。[38]他多次與砲兵部隊在前線面對德軍砲火。杜魯門見識過人的驚慌，也見識過人的勇敢，見識過屍體堆積如山。

超過二十五年後，一九四五年七月，也就是杜魯門當總統的第三個月，他被美軍在沖繩島戰役死傷超過五萬人給嚇到了。五角大廈現在提出「沒落行動」要進攻日本。按照計畫，第一波兩棲登陸（規模比D日更大）要在十一月一日圍困九州，第二波更大規模軍隊要在三月一日登陸日本人口最多的本州，占領東京所在的關東平原。杜魯門知道捍衛日本本土的有至死方休的士兵，有神風特攻隊自殺飛機，還有手拿乾草叉的女人和小孩。正如他所說，日本之戰，「將把沖繩島戰役從日本的一端搬到另一端。」[39]

六月初，杜魯門收到前總統胡佛來信，說他曾和五角大廈一位消息人士談話。這位和胡佛談話的不具名上校預測說，入侵日本將造成五十萬名美軍陣亡。杜魯門對這個數字非常震驚。

六月十八日，他召集軍方高層到白宮想知道事實為何。[40]海軍和航空隊傾向用封鎖來扼死日本。他們想避免直接入侵，畢竟海軍在沖繩曾遭遇過二千架神風特攻隊飛機，但將領們認為，也許有必要拿下最南端的九州當作巨型航空母艦。屬於陸軍的馬歇爾將軍則認為封鎖加轟炸的戰略會拖太久。馬歇爾擔心美國人厭戰情緒愈來愈高，會在沒完成目標前就放棄打仗。正如水手愛用船，飛行員愛用飛機，陸軍出身的馬歇爾也愛用軍靴踏上陸地。他強調，美軍部隊必須大規模登陸征服日本。

馬歇爾並不是不在意犧牲人命，也不是不在乎重寫或丟棄戰爭規則而失去道德立場。但平常很守規則的馬歇爾此時要測試極限。在五月，陸軍總參謀長在盛怒之下宣布，可能有必要將日本士兵「浸入」芥子毒氣中，將他們從藏身處趕出來。馬歇爾雖未到心力交瘁的程度，但已有厭戰之情。兩天前，李梅才從關島總部飛到華府，向他力陳可以用常規空中轟炸來打敗日本。這場簡報讓馬歇爾昏昏欲睡。

馬歇爾知道杜魯門擔心美軍死傷人數過高，遂刻意低報數字。雖然總參謀長以誠實正直聞名，他卻和進攻部隊總指揮官麥克阿瑟（Douglas MacArthur，馬歇爾很不喜歡這個自大狂）串謀，說只有三萬一千名美軍會在第一波進攻中死傷。在白宮開會時，杜魯門的高級軍事顧問、脾氣暴躁的老將萊希（William Leahy）嘲笑馬歇爾和麥克阿瑟的數字至少低估了一半。[41]幾位將軍意見不一，杜魯門總統沒法知道到底會死多少人。

史汀生沒怎麼發言。在五月時，史汀生從華府到海霍德休假，曾和前總統胡佛共進午餐。[42]這位前老闆告訴史汀生說，他預估進攻日本將戰死五十萬人到一百萬人。史汀生知道胡佛在軍中極有管道。而事實上，史汀生自己在五角大廈也講過五十萬這個數字。但他的精神實在不好，沒辦法去辯論到底會死多少人，而且他也不想和他的老戰友馬歇爾將軍作對。史汀生偏頭痛得厲害，他本來想整天躺在床上的。

討論還在原地打轉，史汀生終於說話了，雖然他講得有點拐彎抹角。根據會議紀錄，戰爭部長試著指出：「日本有一大批隱藏階級不贊成這場戰爭，我認為要做點什麼來喚醒這些人。」除了進攻，美國是否應該嘗試外交途徑？

由於害怕自己可能在下午的會議中撐不住，史汀生請幹勁十足、足智多謀的麥克洛伊一起與會。杜魯門也認識史汀生這位出名的助手（這場戰爭中的重要人物都認識他）。在杜魯門鼓勵下，麥克洛伊跳進來發言。「說真的，我們應該檢查自己腦子有沒有問題，」麥克洛伊說，「如果我們不找其他方法來結束這場戰爭的話。」[43]

會議中無人提到原子彈。原子彈在此時還是機密，雖然會議室中每一個人都知道它。麥克洛伊現在提到了S-1。為什麼不「給天皇一個強烈警告」，告訴他原子彈是什麼，告訴他如果日本不投降，美國就要動用？麥克洛伊建議可以讓日本保留天皇作為立憲君主。

麥克洛伊想用原子彈來警告日本天皇這段故事後來被載入史冊，部分原因是麥克洛伊後來很愛和歷史學者講這件事。麥克洛伊說，當他提到原子彈時，「室內眾人倒抽了一口氣。」他用了一個隱晦的比喻：「這就像對一群耶魯好學生提到骷髏會（Skull and Bones）。」骷髏會的成員在聽到有人提到該會時就要離開現場，而史汀生也是骷髏會的。十天前，史汀生才在偏頭痛和業務繁忙的情況下，飛到紐哈芬的骷髏會會所去參加祕密聚會。⑥

麥克洛伊可能是對後人誇大。從他的描述看來，他的確誇大了杜魯門的反應。麥克洛伊說，杜魯門指示他「啟動政治程序」，設法對日本展開外交交涉。杜魯門也許略微支持麥克洛伊，但依杜魯門的個性，當他其實已心有定見時，還是會貌似贊同別人的意見。從六月進入七月，杜魯門一直無意放棄「無條件投降」。

無論如何，在接下來兩個星期，麥克洛伊和史汀生與副國務卿格魯及海軍部長福瑞斯特（James Forrestal）合作，試圖與日本展開外交接觸，宗旨就是在不說破的情況下調整「無條件投降」，讓日本人保留天皇制度。史汀生不確定什麼時機才適當。他想要最後展示火力，如果日本人遲遲不肯投降，那就來一場大轟炸，甚至「用S-1攻擊」。[44]

「日本人也是有理性的，」他寫道，「日本人並不都是和我們完全不同的狂熱分子。」[45]在菁英階層中，他相信，一定有自由派，一定有可以做出改變的某個人，會跳出來取代軍國主義者。

事實上，這個人真的存在。

⑥ 作者注：「我在八點鐘去到骷髏會，」史汀生在六月八日記錄道，「我從來沒有這麼沒精神過，但我受到熱烈歡迎，實際上是極為喧鬧的歡迎，終於有辦法講出幾句話。」（編按：骷髏會是耶魯大學的兄弟會。）

3.

腹藝

The Stomach Art

「日本沒有人是平民。」

圖4　外務大臣東鄉茂德是日本最高戰爭指導會議中唯一想謀和的人。

東京，一九四五年四月至七月

在日本，四月初是櫻花飄落的季節。但當東鄉茂德抵達東京時，車窗外所見只是一片廢墟和焦土。首都遭燃燒彈轟炸近一個月後，葬儀社才剛剛埋完最後一批焦熔的屍體。這些焦肉和骨灰堆放有兩三公尺高，據生還者恍惚地形容它們看起來就像「稻草堆」。[1]

東鄉即將成為日本最有權力的人之一。作為外務大臣，他躋身「最高戰爭指導會議」，與首相、海軍大臣、陸軍大臣、陸軍總參謀長和海軍總參謀長並稱為「六巨頭」。這些人主導了戰事，也就是真正在統治日本，因為在日本，沒有任何人能自外於捍衛「國體」（即天皇制度）的聖戰。①

東鄉不像是能當上日本領導人的人。[2]他不屬於統治日本的軍方勢力。嚴格來說，他甚至不算日本人。他父親的家族來自朝鮮，本姓是朴。朴家在十六世紀移民到日本。雖然他們以製陶手藝聞名，但出身朝鮮就意味著種族低人一等。這種偏見在三百年後依然持續，所以當茂德年幼時，他的父親就向一個古老武士家族買來東鄉這個日本姓氏。

在大學時，東鄉讀的是德國哲學。他喜歡討論歌德、席勒和歐洲文化，不愛與同學飲酒狎妓。他認為納粹和希特勒是惡棍，而且並不忌諱公開批評。他在日本駐柏林大使館任職時認識一名傑出建築師的遺孀，後來便娶了這位德國女子為妻。東鄉的外交官生涯多是在西方度過，他注重儀表，喜歡筆挺的白襯衫、白手帕、法式袖口和領帶。一九二〇年代初，他在日本駐華府大使館擔任一等祕書，非常羨慕美國人的自由和工業實力。[3]

和一般日本人尤其是日本外交官最不同的是，東鄉非常直率。日本人最愛拐彎抹角。在牆壁如紙般薄的社會裡，說話要很小心冒犯到人。日語通常用被動語態，句子不加主詞。但東鄉非常直接，有時過分直接。他經常板著一張臉問屬下說：「所以，你到底想幹麼？」他在外務省的一位同事吉田茂（後來成為戰後日本首相）這樣形容他：「沉默寡言，面無表情，毫無任何個人魅力。」[4]但他很愛家。他是個顧家的男人，這在二十世紀中葉的日本相當與眾不同。

但他是很成功的外交官。可能是因為他不像日本人，能說出心裡話，要他想要的東西，所以能和日本的老對手俄國達成協議。一九三九年，日本在蒙古沙漠的一場戰役戰死一萬七千名日軍（此戰發生在俄國與日本控制的滿洲邊界），正是東鄉設法讓俄國和日本達成停火協議。一年後，東鄉談定了《俄日互不侵犯條約》，史達林設宴款待他。眼神冷酷的蘇聯外交部長莫洛托夫（Vyacheslav Molotov）為他的不屈不撓敬酒：「他不只是一名

①作者注：日文中的「國體」一詞有多種意涵。狹義是指天皇及其神道統治；廣義是指圍繞著天皇由軍方主導的統治體系。

政治家，還是一位真男人。」[5]

一九四一年擔任外務大臣後，東鄉極力反對與美國開戰。[6]他很愛國，日本在珍珠港事件後的一連串勝利也讓他熱血沸騰，但他知道，這次奇襲只會如日本聯合艦隊總司令山本五十六所說的：「喚醒沉睡的巨人。」他的妻子伊迪莎染上了「勝利狂熱症」，曾在一九四二年四月對一位外交官的妻子說，實在沒必要費心將皮草和珠寶運出東京，因為美國根本無法空襲首都。[7]但第二天，杜立德將軍（Jimmy Doolittle）的飛機就攻擊了東京和其他四個城市。受到教訓後，東鄉對日本長期不利的局面直言不諱。戰爭爆發不到一年，他就與頑固的日本首相東條英機將軍發生爭執。他被罷黜回到遠離東京的長野老家，開始研究那些戰敗國家的情況，深入了解俄國和德國在一次大戰戰敗後的內部動亂。[8]

一九四五年春，東鄉知道日本已被擊潰，他急著在長期受壓迫和挨餓的人民起來革命前找到出路。他不是唯一這樣想的人。日本政府中還有些人也想結束戰爭，但在一個「投降」這兩個字被視為禁忌的社會中，他們無法承認。裕仁天皇也是其中之一，雖然他連對自己都無法承認。

四月七日晚上十點半，東鄉來到美輪美奐的首相官邸，一位身穿燕尾服的七十多歲老人出來迎接他。七十七歲的日本首相鈴木貫太郎男爵正在觀看如雪片掉落的櫻花（首相官邸在大轟炸中倖免於難），他在過去幾天都在思考古羅馬帝國如何衰亡。[9]鈴木曾是海軍英雄，在二十世紀初指揮魚雷艇和驅逐艦與俄國和中國作戰。他在海軍位居高位，曾當過海軍大臣。[10]現在他又老又聾。他的手會顫抖，看來是有點老糊塗了。他經常研讀道家哲學，相信道家的信條：「玄即是德」、「無為勝有為」。鈴木是日本在不到一年內換上的第三位首相。他被推選的過程很複雜，其中暗潮洶湧。「我只是個水手。」他在被推選為首相時不情願地說。提名他的是「重臣」，也就是由一些前首相組成的天皇顧問團，而選擇他的部分原因是其他人選都有太多敵人。

當天晚上，東鄉坐在鈴木官邸的辦公室，以一貫的風格直接切入主題。他問道：首相認為這場戰爭還要打多久？

「我認為我們還能打兩到三年。」這位年老的紳士說。[11]

東鄉努力不表露情緒。他知道日本沒辦法再撐那麼久。他試著和鈴木討論現實。「現代戰爭，」他教訓這位老將說，「主要是靠物資和生產。從這點看來，日本沒辦法再撐一年。」東鄉知道工廠因為缺乏原料已停止生產，日本這個島國被敵人封鎖，已經耗盡食物和油料。

東鄉本以為要他回任外務大臣是為了盡快結束戰爭。現在他覺得被捲入泥淖。但時間已晚，首相累了，東鄉只得不甘心地告辭。他想返回長野，回去研究那些驕傲和愚蠢到不願尋求和平的國家如何在一戰後四分五裂。

但接下來兩天，東鄉和一些明白（或自以為明白）首相心意的同事私下談話，發現鈴木是故意含糊其詞。首相是在玩古老的「腹藝」（以心傳心）。[12]在日本文化中，嘴上所說和實際所指可以完全是兩回事，卻有辦法讓他人領會其意。精於「腹藝」之人會用語言來掩飾其真意，但同時以「暗示」的方法讓人了解。「腹藝」可以非常細緻巧妙地避開尷尬處境，用不言而喻的方式傳達真相。而一旦出了問題，又可以否認說沒有說過。但「腹藝」經常產生混淆與不信任。畢竟，要怎麼才能確定別人說的話到底是什麼意思呢？

東鄉對「腹藝」這一套很不耐，但他了解它在日本文化中的地位，也了解它在政治上的作用。第二天，他又去找鈴木。這位信奉道家的老將語氣淡漠地支持東鄉去做外務大臣該做的事。東鄉接下任務，儘管他明知這是以身犯險。他不只是美國轟炸的目標，也將成為戰爭狂熱分子的首要暗殺對象。

＊＊

出於傳統和歷史，東鄉那時代的日本人都有很重的責任感，這在日文叫做「義理」。[13]「義理」是一種必須償還的債務：最優先的是對天皇的債務，其次是對長官上司的債務，對朋友和家人的債務，最後是對自己的債務。當責任發生衝突，就會引發道德上的矛盾或焦慮，甚至引發暴力反應——不是把情緒宣洩在他人身上，就是用自殺來懲罰自己。

自殺可以是光榮的行為。在一九四五年的日本，每一個學童都知道「四十七浪人」②的故事。這個故事源於一七〇二年發生在今天兵庫縣的事件，當時的日本是由最大的軍閥「幕府將軍」所統治，而權力分屬於各大封建領主——「大名」。各領地內有著類似騎士的階級，稱為「武士」。他們擁有特權，奉行武士道這種屬於戰士階級的禁欲主義和忠誠倫理，有權用腰間的長刀和短刀斬殺下等階級。在這個故事中，一名朝廷高官汙辱了一位大名，這位大名反擊，用短刀攻擊這位高官。大名因犯上作亂被要求切腹。大名手下有四十七名武士變成浪人，無主、流浪、迷失，但他們並未迷失德性。他們立誓要為主人復仇。這些中世紀騎士密謀了一年，終於在一個大雪之夜殺掉那位高官。這些浪人因為忠誠和對主人的「義理」被視為英雄。但他們依然算是犯上作亂，所以他們只能選擇唯一一條路，全體自殺。

由於情節曲折和義理的交織衝突，「四十七浪人」成為民族史詩，變成全民神話的基調。在二戰期間的日本，流行的愛國電影通常以悲劇和死亡作結，結尾通常是令人動容的

②編按：四十七浪人的故事又被稱為「赤穗事件」，一場赤穗藩（今兵庫縣赤穗郡）家臣四十七人為主君報仇的事件。

自殺場面。

在一九三〇和一九四〇年代，日本社會陷入深刻的義理衝突。年輕的陸軍和海軍軍官一再公開犯上作亂。這在日本這種等級森嚴的社會似乎很異常，但「下克上」卻被廣泛接受甚至寬恕。[14]模仿「四十七浪人」的年輕軍官如果是出於赤誠，就會獲得原諒或輕輕懲罰。赤誠對日本人的精神有很深的重要性。赤誠並不是指坦白，而是指忠於一個人的內在精神。

犯上作亂的軍官通常會宣稱其行動是為了天皇。他們是在奉行對神聖的天照大神嫡系後裔的最高義務。他們忠於在日本神話中統治古老大和民族長達二千六百年的天皇。他們希望恢復由武士階級統治的半神話的日本，去除政客、官僚和貪婪的商人。這些中階軍官（通常是尉級和佐級軍官）組成「血盟團」之類的祕密會社，密謀清除任何妨礙日本回到美好封建時代的人士。

在一九二〇年代，日本一度實行民主制度，但經濟困難催生出民粹運動，尤其是在陸軍內部，因為陸軍有許多貧窮農家子弟。陸軍和海軍的薪餉都很低，但軍官都自認為是奉行武士道的高貴武士，是凶猛而正義的「四十七浪人」，就算最後注定一死。

他們認為自己是在進行所謂「昭和維新」。昭和是裕仁天皇的年號，意思是「開明的和平」或「光明的日本」。低階和中階軍官密謀從政客和商人手上奪回權力，交還給天皇，必要時不惜動用武力。

這段時期後來被稱為「暗殺統治」。[15]在一九二一到一九三六年間，共有六十四起重大政治暗殺事件，包括五起政變未遂。最著名的是一九三二年的「血盟團事件」，十一名少壯派海軍軍官在首相犬養毅的官邸將他槍殺。（犬養毅最後一句話是：「有話好講。」刺客則回答：「不必多言。」）這些海軍軍官還攻擊其他政府官員，到三菱銀行東京辦公室丟手榴彈。他們還試圖殺害正在東京訪問的美國喜劇演員卓別林，想挑起和美國的戰爭。政變失敗後，這些軍官只受到輕懲，這又鼓勵更多人搞「下克上」。

在一九二〇年代和一九三〇年代，有三位現任首相和許多高層官員、將軍被刺殺。③一九二三年甚至有一個瘋子朝裕仁天皇開槍。裕仁被視為神聖不可侵犯，但各種叛亂總是以他為名。

③作者注：右翼暴力的傷亡者如下：首相原敬在一九二一年在任時被殺。首相濱口雄幸在一九三〇年十一月被槍擊，一九三一年八月因併發症死亡。首相犬養毅在一九三二年五月十五日被槍殺。前首相齋藤實於一九三六年二月二十六日被槍殺，時任內大臣。未來當上首相的鈴木貫太郎在一九三六年二月二十六日被槍擊，差點喪命。首相岡田啟介在一九三六年二月二十六日死裡逃生，但他的妹夫松尾傳藏騙刺客他是岡田，在岡田的宅邸中被殺。

全國人民都把這些刺客當成為民除害的英雄，是為了掃盡政客和商人。一九三一年，駐紮在中國滿洲的關東軍，一些年輕軍官主動尋釁，奪取滿洲，軍中激進派因此聲名鵲起。④這些軍官自行其是，他們的上司和天皇只是在事後加以認可。如同希特勒的「生存空間」概念（征服土地以擴張人口），併吞滿洲是為了讓人口稠密的日本有成長的空間。日本帝國瀰漫著擴張性的民族主義，一個勁想用戰爭拿下整個中國。一九四一年，美國以石油禁運制裁日本侵略，日軍遂進攻東南亞和西南太平洋。

這中間也存在種族情緒。日本在一九〇五年擊敗俄國，是第一個擊敗歐洲強國的亞洲國家。日本希望在一次大戰後和西方國家平起平坐，但白人國家繼續種族歧視、高高在上，讓日本人深感憤恨，決心要打破白人至上主義。他們宣稱戰爭的目的是要團結亞洲人的亞洲，把白種人趕出去。然而，由於日本征服者本身就有大和民族的優越感，他們的行為比歐洲殖民者還要殘暴。在狂熱之下，燒毀村莊、侵犯婦女等什麼暴行都做得出來。到了第五年，所謂「大東亞共榮圈」已成為屍橫遍野的萬人塚。[16]統治日本的狂熱軍國主義者根本無法停下腳步，於是在珍珠港事件三年半以後，美國開始用凝固汽油彈製造滔天巨焰來報復他們。

* *

在一九四五年時，日本最有權力的四個人是「六巨頭」中的四位軍方代表（陸軍大臣、海軍大臣、陸軍總參謀長及海軍總參謀長），但他們都擔心甚至害怕自己的屬下。在「最高戰爭指導會議」中，他們爭相展現拚戰到死的決心。東鄉茂德認為他們都是在表演給狂熱的少壯派軍官看，這些軍官負責草擬官方文件和作戰計畫。

首相鈴木貫太郎大將對「下克上」餘悸猶存。一九三六年的「二二六事件」是最膽大妄為的一場政變。鈴木當時是天皇的侍從長，負責皇宮保安。他被開了四槍，一顆子彈還留在他的背上。直到九年後的一九四五年，他還記得太陽穴被槍口抵住的滋味。[17]

東鄉覺得戰爭會議的其他成員和鈴木一樣難辨其真意。陸軍總參謀長梅津美治郎大將號稱「象牙面具」，因為他總是面無表情。[18]海軍大臣米內光政大將被認為是謀和派，但他做人圓滑。海軍總參謀長豐田副武大將（六月剛上任）也被認為是謀和派，但隨著時間過去，他的言論卻愈來愈好戰。[19]

最讓人看不懂的是陸軍大臣阿南惟幾大將，他可說是「六巨頭」中權力最大的一個。

④ 作者注：史汀生在一九三二年擔任胡佛總統的國務卿，他有先見之明，宣布美國不會承認任何侵犯他國主權的行為（此為史汀生主義）。但令史汀生失望的是，胡佛什麼都不想做。「悲劇性的膽怯。」史汀生寫道。[20]

[21]阿南是真正的武士，古武術造詣一流。他是七尺長弓的射箭冠軍，也是竹劍劍道高手。阿南相信精神比智識更重要（他有兩次軍校考試不及格），相信「道德即為戰力」。「道德」在日本軍隊中是個相對的名詞。和現代西方軍隊不同，日軍不太會設立長長的補給線。他們靠奪取戰利品維生，強暴和掠奪是家常便飯，這可以解釋為何凡是日軍所到之處，中國難民總是要落荒而逃。

阿南是很好勝的戰場指揮官，但戰功不算彪炳。在中日戰爭初期，他的部隊因為把戰線拉得太長，遭到反包圍後撤軍。[22]但他是個成功的政治人物，和天皇關係很好，因為他在戰前當過天皇的侍從武官。他為人直率、平易近人，在年輕軍官中很受歡迎，大家都贊同他說要打一場「決戰」讓美國人折服。

阿南在表面上也是反對求和的強硬派。他一當上陸軍大臣，就下令人稱「思想警察」的特別高等警察逮捕四百名被懷疑有「結束戰爭」情緒的人士，其中包括東鄉的朋友吉田茂，他曾在戰前擔任日本駐英國大使。[23]

東鄉必須小心阿南。憲兵隊已經開始包圍東鄉的住所，質問他的妻子和女兒。但東鄉還是對阿南抱有希望，因為阿南對天皇無比忠誠。[24]東鄉懷疑陸軍大臣只是在跳歌舞伎，戴著凶狠的面具好讓軍隊聽他的話。

東鄉想開始討論禁忌的話題——結束戰爭。但要怎麼做才不會被進關進監獄或被暗殺呢？他聰明的第一步是說服其他「六巨頭」成員祕密聚會——只有這六個人，沒有幕僚或助理在場。[25]「最高戰爭指導會議」的同仁願意不帶任何可能洩密的幕僚聚在一起，這讓東鄉大為振奮。這表示「六巨頭」想說一些不想讓下屬聽到的話，包括強硬派的阿南在內。

但東鄉還得小心翼翼。「六巨頭」第一次會議是在五月初德國崩潰之後。日本將獨自對抗同盟國。日本宣傳機器的說法是，德國人會投降，是因為缺乏日本人的「精神」。[26]日本人民飽受貧困之苦，並對他們稱之為「B桑」的B-29轟炸機感到無比恐懼，但他們只能默默承受。他們已經習慣相信帝國是無敵的。「六巨頭」心知肚明。他們已經看過東鄉準備的詳細報告，日本已經沒有石油、鐵和食物。東鄉接下外務大臣的條件就是要如實陳述日本的經濟狀況。[27]情況極端危急。日本到九月分就沒有飛機燃料，稻米收成是五十年來最差的。民眾要用松果榨油，用橡實來做飯。

經過五月十一日、十二日、十四日一系列會議後，東鄉希望說服同仁釋出求和的訊號。[28]他單刀直入，提議要直接跟美國談和。但他立刻就被否決了。其他人說，美國會要求無條件投降，而這是不可能的。東鄉又提出要找一些國家當中間人，包括梵蒂岡、瑞典和中國。但其他人還是斷然拒絕。

東鄉的同仁只願意和一個國家接觸，那就是蘇聯。俄國並不像是日本的和平夥伴。日本曾在一九〇四至一九〇五年和俄國大戰一場，一九三九年又在滿洲邊界開戰。有跡象顯示俄國已準備對日本宣戰。現在德國已敗，俄國可以把士兵和坦克調往東邊，準備奪取滿洲，奪回俄國在一九〇四至一九〇五年被日本拿走的俄國港口。

但也許可以勸俄國採取比較友善的立場。阿南將軍指出，俄國和美國現在雖然是盟友，但只要戰爭一結束就會變成敵人。俄國趁納粹德國戰敗後企圖主宰東歐，美俄兩國已生齟齬。當日本帝國戰敗後，美俄的敵對難道不會延伸到歐亞大陸的另一端嗎？假若如此，他建議說，那也許可以說服俄國用日本為緩衝國來對抗美國。米內將軍更進一步說，日本可以給俄國一些巡洋艦來換取俄國的石油。

東鄉毫不掩飾對米內的輕蔑，告訴他說，如果他以為莫斯科可以成為日本的貿易夥伴，那就是完全不了解俄國。東鄉直白地說：「要把俄國拉到我們這邊是完全無望的。」他指出，史達林剛在冬天和邱吉爾及羅斯福在雅爾達開會，而俄國已表示無意延長在一九四一年和日本簽定的中立條約。⑤東鄉懷疑俄國已經答應同盟國要加入太平洋戰爭，而他是對的（且有一些情報支持他的觀點）。

阿南不為所動。日本還沒有被打敗，他堅持。日本帝國依然在亞洲各地控制著大片領土。他說，現在要打一場「決戰」讓美國人折服。與此同時東鄉同意要和俄國人接觸，但不是為了結束戰爭，只是要建立比較友好的關係。東鄉覺得很挫折，他開始尋找祕密管道和莫斯科接觸。

✶✶

在六月初，「最高戰爭指導會議」幕僚群中的極端民族主義者展開反擊。這些少壯派軍官被排除在「六巨頭」會議之外，遂草擬了孤注一擲的文件《今後應採取的戰爭指導大綱》（以下簡稱《戰爭指導大綱》），宣稱日本要「戰到一草一木」。

令東鄉驚訝和失望的是，鈴木首相竟然完全支持這份文件。在六月六日的「最高戰爭指導會議」中，鈴木決議批准《戰爭指導大綱》，讓東鄉措手不及。這份文件呼籲要動員國民志願軍，包括婦女和兒童。東鄉身體不好（他有惡性貧血，主要症狀是倦怠和疲勞），但他拚命站起身來。他嘲笑「戰場離日本愈近，對日本人愈有利」的觀點。他冷冷地指出，這對戰場上的婦女和兒童可不見得有利。

⑤編按：指《日蘇中立條約》（The Soviet-Japanese Neutrality Pact），是蘇聯和日本於一九四一年四月十三日簽署，一項效期五年（一九四一至一九四六年）的互不侵犯條約，由日本外相松岡洋右、蘇聯外長莫洛托夫簽署。

說到這裡，豐田將軍勃然大怒說：「就算日本人民不想打了，我們還是要戰到最後一個人。」[29]阿南將軍也出言附和，語氣聽來像是「四十七浪人」故事中那位自盡的大名：「如果我們無法盡到輔佐天皇的責任，我們就應該切腹謝罪。」

東鄉無力回天。「最高戰爭指導會議」通過了絕不投降的《戰爭指導大綱》。離開時，東鄉質問米內。「我原以為今天你會支持我，」他冷冷地說，「但你沒有。」東鄉對鈴木首相尤感失望。「我不懂鈴木首相在想什麼，」他在當晚的日記中說，「我理解也能料到陸軍的立場，但首相到底要把國家帶往何處？」他擔心鈴木有「人格分裂症」。[30]

✶✶

六月八日，《戰爭指導大綱》被上呈給天皇。「六巨頭」和許多官員都到宮內省聽裕仁講話。他們沒法進去皇宮，因為皇宮已被轟炸焚毀。

坐在御座上，裕仁天皇一貫沉默不語。他本來就不該說話，讓「聖心」煩憂非人臣所當為。天皇看到這是政府一致意見，只能默許。但他手下幾位近臣注意到他的神情非常抑鬱。

裕仁是「萬世一系」的第一百二十四代天皇，他從小被教育要尊敬陸軍和海軍，而陸軍和海軍也爭相討好他的聖心。[31]他在十一歲時被授階為陸軍少尉和海軍少尉。在他罕見露面的場合，他常騎一匹白馬，身穿掛滿勳章的元帥制服。小時候和友伴玩戰爭遊戲時，他總是擔任指揮官，也永遠是勝利的一方。

戰爭結束後，他被說成是完全無辜的象徵性人物。這是錯誤的。裕仁批准奇襲珍珠港時確實非他所願，他一開始也質疑軍方的自殺式特攻戰術。[32]但他公開向神風特攻隊駕駛員鞠躬，向他們自殺攻擊美國船隻致敬，⑥私底下也贊成用毒氣對付中國人。[33]他不算殘忍：他叫陸軍不要殺掉一九四二年杜立德轟炸東京時被俘的八名美國空軍人員，陸軍最後只殺掉其中三人。[34]軍方領導人每天都要向天皇報告戰局，但會隱瞞、掩飾和誇大美國的損失。當帝國瀕臨崩潰時，裕仁對軍方的憤怒和批評是可以理解的。他曾感嘆道：「難道我們不能以某種方式、在某個地方痛擊美國人一次嗎？」[35]

裕仁不是領袖之材。他的聲音尖細，常穿著拖鞋在皇宮裡自言自語。他最快樂的時候是在花園裡觀察螢火蟲，以海洋生物學家的身分研究海葵。[36]當日本占領的威克島被奪走，他的朝臣試著用迪士尼的米老鼠和唐老鴨卡通讓他心情好一點。[37]在責任的重壓下，

---

⑥作者注：一九四四年十月，日本海軍採取用飛機衝撞美國船艦的戰術。這些駕駛自稱是在十三世紀末摧毀蒙古艦隊的「神風」。[38]日本受神明護佑這個觀念對日本人民和領導人非常重要。

裕仁變得愛抱怨，愈來愈沒自信。

儘管如此，他還是有自己的個性。他對皇后很忠誠。皇后只能生女兒而生不出男性繼承人，朝臣強烈建議他按照祖制納妾，但裕仁拒絕。[39]最後，良子皇后終於生下一名男孩，即明仁皇太子。

他也不是完全聽軍方的話。在一九三六年二月二十六日的政變中，當他得知狂熱派軍官槍擊他的侍從官和內大臣時，他剛開始有些聽天由命。「所以他們終於動手了。」他嘆了口氣。[40]但他隨即振作起來，穿上制服，命令陸軍司令部控制下屬，結束了起義。

陸軍、海軍和整個國家都誓言要保護天皇。當時有很多誇張的故事。例如有某位高中校長因為沒能從著火的校舍中救出天皇肖像，就切腹自盡；某位摩托車警察因為在天皇的車隊中轉錯方向，也切腹自盡。當皇宮在一九四五年五月被轟炸時，陸軍大臣阿南也提出要辭職。

自從一九四四年秋天B-29轟炸機首次出現在東京上空，天皇和皇后就一直住在御文庫，也就是皇家圖書館。這是一棟柱狀的單層建築，距離大花園的主要宮殿群很遠。御文庫底下有防空洞。一九四五年冬天，空襲警報愈來愈頻繁地響起，裕仁和妻子會在防空洞中過夜。[41]洞內既溼又冷，讓他們難以成眠。

三月的燃燒彈轟炸只稍微波及到宮殿建築群。皇宮位於市中心，是一座占地九十七公頃的青翠島嶼，周圍有石牆和護城河保護。風中餘燼點燃了一些樹木和籬笆，躲在御文庫的天皇和皇后聞到刺鼻的煙味。五月分的燃燒彈轟炸則是毀滅性的。[42]大部分由柏木建造的宮殿都被燒毀。消防員拚命救出價值連城的肖像和文物，以及皇太子的玩具，但造成三十三名消防員死亡。裕仁震驚了。他想知道美國人是不是故意以他為目標。

六月十三日，他得知軍方想把他送出皇宮，住到陸軍在長野縣深山中的地下堡壘。[43]一輛裝甲列車已準備好要將他送往安全地帶。

但天皇拒絕了。他直接說，「我不走」。

裕仁不是思慮深遠的人，但他並不是不知道自己的特殊處境：既是半人半神，又要仰人鼻息。他曾形容自己是「籠中鳥」。儘管緩慢而不情願，他開始覺得軍方在利用他的名義做全民族自殺的瘋狂之舉。雖然他的名字有濃厚的神話色彩（諷刺之處就在於此，昭和天皇並沒有把國家帶向「光明的和平」），但裕仁知道天皇向來受武人擺布。在裕仁的祖父明治天皇於一八六〇年代維新之前，真正統治國家的是最大的軍閥幕府將軍，而天皇則被迫遺世獨居、生活困苦。裕仁知道，如果他躲進深山裡受軍方保護，那他將成為囚徒。裕仁祈求祖先賜予他力量。他必須忍住恐懼，留在東京。

但這個決定其實相當糾結。他的母親貞明皇后是鷹派分子，她責備裕仁沒有表現出戰時領袖該有的強硬，但她也要求要有更好的防空洞。[44]裕仁平時很健康，但此時開始出現拉肚子和嘔吐等症狀。

＊＊

木戶幸一侯爵是負責執掌玉璽的內大臣。他的正式職務是為天皇各種詔書用印。但他真正的工作是當天皇在宮廷外的耳目。在「下克上」的時代，這種工作既困難又危險。木戶的前任在「二二六事件」中被狂熱分子殺害，再前一位內大臣則因精神崩潰辭職。

木戶身材矮小精實，留著整齊的小鬍子，生活規律。他按時打高爾夫球，被戲稱為「時鐘」。木戶表面恭謹，實則心中別有丘壑。他試圖與虎謀皮，透過和軍方領袖結盟與支持戰爭來控制軍方。45

但他知道日本已經輸掉戰爭。六月八日下午，也就是天皇繃著臉同意戰到最後一人的《戰爭指導大綱》那一天，木戶拿起毛筆寫道：

> 遺憾的是，沖繩島戰役的進展讓我相信，淒涼的慘敗必不可免。幾乎可以斷定這樣的結果很快就會到來。（六月二十二日，沖繩被攻占）46

木戶擔憂B－29的汽油彈轟炸，但他也擔心人民的怒火。他知道人民的困苦：婦女在用和服換地瓜，雜誌在教怎麼用橡實來煮飯，肥皂短缺到愛乾淨的日本人開始發臭。[47]

他繼續寫道：

全國在下半年將面臨配給和食物極度短缺，再加上刺骨的寒冬，會造成人心浮動。結果是難以挽救之局面。

他最害怕會出現革命，摧毀天皇制度。木戶知道現在該行動，該做點什麼來挽救「局面」。但要做什麼呢？

木戶想直接找美國與英國和談。但他知道軍方絕不會接受。於是他想到請蘇聯做中間人。俄國雖然是日本的天敵，但兩國目前有一個中立條約。木戶忙到深夜，撰寫了一份「控制危機局面的草案」，建議由俄國出面磋商和平協議，但條件必須對日本有利，尤其是必須維持「國體」，也就是天皇統治（實際上意味著軍方統治）。[48]

木戶雖然是天皇對政治圈的窗口，卻不曉得「六巨頭」已經開始跟俄國做外交接觸。鈴木貫太郎首相並沒有告訴他。

木戶略帶忐忑地要拉「六巨頭」來加入他的計畫，而他的計畫要比他們走得更遠——

不只是要和克里姆林宮改善關係，而且要俄國積極協調停戰。

木戶先從米內將軍著手，希望他不會出賣他。米內謹慎地表示同意。「當然，這是很好的主意，但我不知道首相對戰爭的真實看法？」[49]

木戶轉而向首相探詢。鈴木首相剛在僅具橡皮圖章作用的國會中發表拚戰到底的激昂演說。他同樣小心翼翼。「我不知道米內大將怎麼看？」鈴木向木戶問道。

內大臣回答說：「米內的說法和你一樣。」鈴木覺得莞薾，原來大家都在玩「腹藝」。但木戶不覺得有趣。他擔心兩人都不知道對方的肚子裡在想什麼。外務大臣東鄉很高興聽到木戶的想法。木戶和他一樣都想跟俄國接觸，讓軍方同意謀和，就算是試試看也好。但他先問木戶說，那麼天皇在六月八日批准的要拚戰到最後的《戰爭指導大綱》又怎麼辦呢？

「喔！」木戶回答說，「那個呀！那個東西沒關係。」[50]

木戶對天皇誓言要搞民族自殺似乎並不在意，東鄉則急著把握時機。六月二十日，他獲准到御前面聖。

東京陰雨綿綿，東鄉看得出裕仁的心情就和天氣一樣。天皇剛獲知戰爭情勢，而這一次，軍方沒有隱瞞資源極度匱乏的事實。裕仁得知，特攻隊正在四處尋找舊的汽車引擎來發動飛機和船艦，陸軍要用美軍砲彈的碎片做成鐵鍬才能興築防禦工事。[51]天皇愁悶地向東鄉談到這些細節。

東鄉戰戰競競地向天皇解說政府正在接觸俄國，希望俄國能出面協調結束戰爭。裕仁「非常滿意地批准這個方案」，東鄉寫道。[52]然後天皇說了一句外務大臣已經想聽很久的話：「請盡快結束戰爭。」

✶✶

天皇已經說話了。但在這個統治圈子裡，任何事都沒有這麼簡單和直接。六月二十二日，裕仁召來「六巨頭」面聖，並不顧傳統地率先開口發話。[53]他直接切入主題。他說，《戰爭指導大綱》在六月八日已經定了，戰爭必須打到底。然而，他說，有必要考慮用其他方法來應付危機。在場眾人有什麼想法嗎？東鄉此時發話，但他也是小心翼翼。他說已經派特使去和俄國大使見面，但日本可能要付出相當代價，例如割讓一大塊領土給俄國，才能得到莫斯科的幫助，而能不能成還在未定之天。

篤信武士道、甘為天皇而死的阿南將軍厲聲強調，日本絕不能示弱。他滿口仁義道德，像是在打劍道，而非在討論微妙的地緣政治問題。梅津美治郎將軍依然面無表情，出言警告別急著談和。天皇打斷他說不可再延誤時機。這等於是駁斥了阿南和梅津，然後梅津才同意說，是的，他們需要結束戰爭的具體方案。天皇突兀地起身離開。這場會議只開了三十五分鐘。

東鄉燃起了希望，但很快又失望了。他試圖接觸俄國大使馬立克（Jacob Malik），但馬立克躲躲閃閃，不是稱病，就是說很忙，不然就是沒回音。[54]天皇有點急了，親自介入。裕仁建議鈴木首相立刻派前首相近衛文麿到莫斯科為日本說項，日本和俄國雖然在歷史上是血海深仇，但可以結盟共抗英美。[55]

七月十二日，東鄉拍出「非常緊急」電報給日本駐俄國大使佐藤尚武：

天皇陛下憂心當前的戰爭每天都給各交戰國人民帶來更大的危害和犧牲，衷心祈盼能盡快結束……

這段話看來相當有誠意，但很快又接了一句閃躲之詞：

但只要英國美國堅持日本無條件投降，那麼天皇將別無選擇，為了祖國的光榮和生存全力作戰。[56]

人在莫斯科的佐藤大使只能苦笑。他已經被史達林的鐵面外長莫洛托夫拒於門外。他看得出來，剛剛打敗德國的克里姆林宮現在只想搶奪，不想施捨。他回覆東鄉說，除了日本無條件投降之外，想用別的方法來結束戰爭都是完全不切實際的。他寫信給東鄉說，以為俄國會幫忙日本不用無條件投降，根本就「毫無希望」，但維持天皇制度也許有可能。佐藤大使相當直白，甚至罵東鄉「只知藻飾文句」。佐藤最後略有歉意地說：「我已坦白相告，但我必須為用詞不雅致歉。恕我驚懼傷心難以自已。」57

但東鄉不肯讓步。佐藤籲請日本政府應該以保留天皇制度來接受無條件投降，東鄉拍電報回道：

> 我們無論如何無法同意。即使戰爭會拖下去血流成河。只要敵人要求無條件投降，全國將一體在聖意之下對抗敵人。58

在今天看來，東鄉的電報著實僵化到奇怪。正常來說，東鄉是直來直往之人，向來不說廢話直接切入主題。全日本的報紙都宣稱日本一億人民願為天皇而死，只有東鄉一直保持頭腦清醒。但從佐藤和東鄉在七月的電報往來中看來，敢說實話的反而是佐藤。東鄉像是軍方的喉舌，因為形格勢禁。他不是自己在回覆佐藤，也不是代天皇回覆。他表達的是

「最高戰爭指導會議」的意見，而東鄉這些同仁根本不想投降。[59]在「最高戰爭指導會議」中，陸軍大臣阿南強調日本還沒有輸掉戰爭，正在為最後的「決戰」做準備，而陸軍也確實準備了好幾個月。[60]

這個計畫叫做「決號作戰」，要打一場最後的「本土決戰」。[61]日本人猜測美軍會在九州哪一處海岸登陸。日軍準備了七千架神風特攻隊飛機，要分三到四波撞擊登陸船艦。這些都是臨時拼裝出來的飛機，駕駛員只要會起飛就行，希望在船隻登陸前擊沉半數美國艦隊，而這絕非不可能。除了空中的神風特攻隊，水上還有幾千艘小型快艇、迷你潛艇等自殺攻擊武器，更有身負十公斤黃色炸藥的蛙人準備鑽到登陸艦的船底。

六月十八日在華府，杜魯門總統和將軍們討論進攻日本的預估人員傷亡，軍方估算九州會有三十五萬名日軍防守，美軍為七十萬人。但事實上，日軍已把九州守軍增加到九十萬人，是原先預估的三倍。這個數字還只算進一般部隊。凡是十五歲到六十歲的男性和十七歲到四十歲的女性，都被要求加入國民志願軍，全國共有二千八百萬人。他們的武器包括前裝填步槍、長弓、削尖的竹矛和乾草叉。政府在年初頒布的《人民抗戰手冊》教導說：

當與高大的美國佬交戰時，不要向側面或垂直揮動劍或矛，必須直刺他們的腹部。

這就難怪一名美國陸軍航空隊情報官員會在七月二十一日寫道：「全日本人民都是正當的軍事目標。日本沒有人是平民。」[62]

對於這樣的末日之戰，東鄉無力回天。軍方控制了政府。根據日本憲法（該憲法由裕仁的祖父明治天皇「授予」日本人民），只有陸軍和海軍可以直接覲見天皇。[63]由陸軍推舉出來的陸軍大臣（此時是阿南惟幾）只要辭職，政府就得改組。政府領導人若被視為「叛國」，就會有被暗殺之虞。實際上，政府首長都是他們手下那些狂熱少壯派軍官的人質。

在一九四五年夏天，九州的「本土決戰」看來像是瘋狂自殺，但卻完全合乎邏輯。[64]日軍不必「贏得」決戰，只要讓美國人付出高昂代價就可以了。這叫做「流血戰略」。[65]只要讓美國人得面對自殺飛機、得用火把日本士兵從洞窟中燒出來、得和手拿乾草叉的婦女及小孩打仗，已經有厭戰情緒的美國就很有可能放棄無條件投降：不再要求結束天皇制度和「國體」、解除日軍武裝、占領日本、剝奪印尼到滿洲等占領地。不過，這個戰略雖然合理，也有可能成功，但一切都將徒勞，因為兩顆原子彈即將抵達距離日本二千四百公里，讓「B桑」進入作戰航程的天寧島。

4.

病人進步迅速

The Patient Progresses

「你來評斷吧，我沒辦法。」

圖5　杜魯門總統和史汀生在橢圓形辦公室。兩人相敬如賓，互相尊重。

華府和德國波茨坦，一九四五年七月

戰爭部長與杜魯門總統在橢圓形辦公室的會議快要結束。史汀生知道有人「在門外等得很急」，但在他離開前，他必須提出一個尷尬的話題。杜魯門兩週後要到波茨坦和史達林與邱吉爾開會，討論結束太平洋戰爭和歐洲重建等問題。他沒有要史汀生陪同。史汀生想知道為什麼。「我請他坦白告訴我」，是不是因為他的健康狀況，史汀生在日記中寫道。「是的，」總統說，「就是為此。」

史汀生曉得杜魯門比較喜歡新任國務卿伯恩斯的陪同和建議。總統和伯恩斯比較熟，兩人曾是參議院同僚，也都是「夜鷹」時光的發起人，常一起喝威士忌、打撲克牌、聊政治。①杜魯門很尊重史汀生，史汀生也尊重杜魯門，但兩人都很自矜。杜魯門總覺得史汀生那種貴族舉止有點高高在上的味道。

不過，史汀生堅持要去德國參加這場會議。對他來說，沒有事情比用S－1來終結戰爭並在戰後重建世界秩序更重要。第二天，他問總統說他能不能自行參加這場預定於七月中，在柏林近郊的波茨坦（屬於俄國占領區）的會議。他還要帶上助手麥克洛伊。「好的。」杜魯門簡短地說。

杜魯門、伯恩斯和總統幾位牌友搭乘美國海軍巡洋艦「奧古斯塔號」，有兩艘驅逐艦護航。史汀生則搭乘比較慢的汽船「巴西號」，途經馬賽晚兩天抵達。

美方人員被安置在一個廢棄的電影片廠，該片廠位於湖邊的豪華郊區，現在已被紅軍占領。杜魯門被俄國人安排在一座原屬德國電影製片人的豪華別墅。俄國人進入柏林徵用這座別墅時，殺掉了原來的主人，還強暴主人的女兒。[1] 別墅內的藝術品和家具被洗劫一空後，蘇聯祕密警察內務部（NKVD）就裝設竊聽設備。史汀生被安排在一間小房子，既熱又多蚊蟲，周遭盡是俄國警衛看守。史達林住在一座有十五個房間的別墅，該別墅一度為一戰時的德國名將魯登道夫（Erich Ludendorff）所有。

「我收到一份關於日本求和的重要文件。」史汀生在七月十六日的日記中寫道，這是他在波茨坦的第一天。史汀生讀到的是東鄉的信件。更精確的說，他讀到的是MAGIC所攔截到的日本外交電報，由美國陸軍和國務院彙集分析。美國解碼員截獲了外務大臣東鄉在七月十二日給佐藤大使的電報，電報說天皇「希望……戰爭能很快結束」。

這確實是重大消息，是日本即將投降的首度實質突破。但撰寫報告的分析師、陸軍情報副助理參謀長韋克林准將（John Weckerling）警告其中有詐：日本人想利用美國人的

---

① 作者注：夜鷹天黑後才會唱歌。伯恩斯在一九四三到一九四五年擔任戰爭動員辦公室主席，但其角色如同「助理總統」。羅斯福總統在一九四四年跳過他提名杜魯門當副總統，讓自信的伯恩斯感到被輕蔑。

「厭戰情緒」來「拖延戰敗」，用外交煙霧彈暗中加強防衛。[2]史汀生讀到的這份報告結論說，「日本政府集團」並不是真的要謀和。

雖然韋克林並不知道「最高戰爭指導會議」的完整細節，但他對日本軍方的疑慮並非無的放矢。史汀生本能上是現實主義者，但他想抓住機會避免血流成河。

＊＊

同一日，七月十六日當天黎明前，科學家和軍人匍伏在漆黑的新墨西哥州沙漠中，臉上擦著防曬霜。五點二十九分四十五秒，巨大的火柱衝上雲霄，形成蘑菇狀的火球。負責試爆「小工具」的科學家之一班布里奇（Kenneth Bainbridge）拍了拍奧本海默的背說：「現在我們都成了混蛋！」曼哈頓計畫成功製造出世界上第一顆原子彈。奧本海默心中浮現印度經典中的一段文字：

> 現在我成為死神，世界的毀滅者。[3]

領導曼哈頓計畫的格羅夫斯將軍就在他旁邊。他的副手法雷爾將軍說：「戰爭結束了。」格羅夫斯回說：「是的，在我們丟下兩顆炸彈到日本之後。」

✶✶

七月十六日下午（波茨坦比新墨西哥早八個小時），史汀生收到負責S-1的助手哈里森（George Harrison）傳來「僅限親閱」的電報。電報用的是輕易就能破解的密碼：

> 今早執行手術，還沒完成診斷，但結果看來令人滿意，已超出預期……格羅夫斯醫生很開心。

「部長興高采烈，」麥克洛伊在當晚日記中寫道，「衝去告訴總統和伯恩斯。」[4]麥克洛伊自己倒沒那麼興奮。他寫道：「我希望這不是現代文明滅亡的開端。」

史汀生要抓住這次時機。[5]他在七月十七日一大早就前往「小白宮」，想說服總統現在應該用美國擁有原子彈這個大棒子來警告日本，再加上一個胡蘿蔔：如果日本同意投降就可以保留天皇。

杜魯門無法接見戰爭部長。他很忙。史汀生只能見伯恩斯。國務卿明確拒絕戰爭部長：不示警，不以保留天皇做交易。

在搭乘「奧古斯塔號」越過大西洋途中，伯恩斯已在牌局間說服杜魯門否決史汀生和格魯所提議的，只要日本投降就可以保留天皇。伯恩斯告訴杜魯門，大多數美國人認為應該廢除甚至吊死天皇，如果杜魯門讓日本人保留天皇，就會被貼上「綏靖主義者」的標籤，在政治上被判死刑。伯恩斯和杜魯門也受到國務院中「新政分子」的影響，這些人認為應該連根拔起日本的封建階層體制，換成尊重人民選擇的新制度。

杜魯門聽進了伯恩斯的意見，他很讚賞伯恩斯「敏銳的」智慧和「狡詐的」政客能力。[6]但總統也有他自己的世界觀，這是他打滾於密蘇里堪薩斯市的民粹政治中所學來的。他的世界觀和史汀生與格魯那種貴族式的觀點完全不同。格魯大使把他在日本遇到的溫和派貴族紳士，例如近衛文麿公爵，當成和他在波士頓一塊長大的世家子弟，如沙頓史托家族、皮巴迪家族和西季維克家族。[7]史汀生也對他在一九二〇年代末和一九三〇年代初在國際和平會議上所遇的日本政治家深有好感。[8]這些人舉止得宜、觀點溫和、注重財政紀律，對史汀生來說，他們和華爾街那些上流人士沒什麼不同。

但對杜魯門來說，日本帝國比較類似彭德加斯特的黨機器。[9]杜魯門曾公開把史達林和湯姆．彭德加斯特這種「老闆」相類比。杜魯門沒見過裕仁，裕仁一點都不像史達林或彭德加斯特，但杜魯門很了解上下分明的強人權力本質。沒有紀錄顯示杜魯門有深思過日本的天皇制度或「國體」，這個詞可能對他毫無意義。但從他和前國會同僚的談話可以看出，他並不喜歡「日本人這個天皇」，他要天皇下台。

更多的解碼情報讓杜魯門更不願意和日本人交易。MAGIC攔截到的日本外交電報顯示，外務大臣東鄉和佐藤大使的努力毫無結果，日本軍方也沒有認真考慮什麼投降條件。美國解碼人員攔截到的日軍通訊顯示，日本正快速加強九州防禦美軍登陸的工事。軍事分析家相信日本是在重施故技：在一九四一年秋天，當日本外交官正持續和華府談判，日本帝國海軍第一航空艦隊卻在雲霧和風暴的掩護下進攻美國在珍珠港的海軍基地。

✶
✶

被伯恩斯拒絕後，史汀生決定在柏林四處逛逛。他在當晚的日記中形容柏林為「死城」，只剩下骨骸。大轟炸，也就是英國皇家空軍的「去住房化」行動，讓整片土地只剩下煙囪和建築殘骸。更可怕的是，街上完全看不到年輕人，他們不是死了就是跑了。史汀生只看到「無家可歸的可憐人用手推車、嬰兒車、腳踏車載著家當來來去去。」史汀生寫信給妻子說，這幅景象「真是難以形容的悲哀」。

部長回到別墅後，哈里森又從華府發來一封「僅限親閱」的電報：

> 醫生已經回來，他興奮且自信地說，「小男孩」和「大哥」一樣有威力。他眼中的光芒簡直可以從這裡閃到海霍德去，從這裡一直到我的農場都能聽到他的歡呼。

「醫生」是指格羅夫斯，他剛從洛斯阿拉莫斯回到華府。「小男孩」是指在新墨西哥「三位一體核試場」（Trinity）試爆的鈽元素彈；「大哥」是指另一顆砲彈型的鈾元素彈。②史汀生在長島的海霍德莊園離五角大廈有四百公里，而哈里森在維吉尼亞鄉間的農場則距離八十公里。

史汀生曾在五月告訴麥克洛伊說，原子彈是他和俄國人談判的「王牌」。「它是同花大順，我們運用這副牌可不能太蠢。」他在五月十四日的日記中寫道。史汀生希望藉由和俄國人分享原子彈的祕密，來說服蘇聯開放其封閉的政治體制，參與歐洲重建。五月時的他混合了理想主義和現實政治的直覺，一方面試圖讓俄國人變得可以信任，一方面又想展現壓倒性的實力讓俄國人乖乖聽話。

但當史汀生親眼見到俄國人在柏林的高壓統治，包括在他波茨坦住處門口的俄國祕密警察後，他明白自己就算沒有過於天真，也是在痴心妄想。[10] 駐莫斯科已二十個月的哈里曼大使也表示，他看不到俄國有任何可能性會對西方開放，這讓史汀生特別「苦惱」。克里姆林宮不會停止壓迫人民，也不會停止牢牢掌控東歐。哈里曼是史汀生的耶魯校友，他也在骷髏會的「墓穴」③中學到兄弟情誼的重要性，但在克里姆林宮和史達林相處後，他認識到一種截然不同的國際政治黑暗面。

麥克洛伊對這個美國昔日盟友同樣悲觀。「就個人來說，」史汀生的助手麥克洛伊在日記中寫道，「我認為他們有他們的政治宗教，我們有我們的。」在別墅外頭曬太陽時（在蘇聯人竊聽範圍之外），史汀生、麥克洛伊和哈里曼有很多時間討論俄國問題，而杜魯門、邱吉爾和史達林則在采琪蓮霍夫宮開會。采琪蓮霍夫宮是一座條頓式的別墅，俄國人為了在占領區召開這次會議將其改裝過（也徹底裝上竊聽器）。史汀生一行人完全被伯恩斯排除在外。「讓人覺得他把這次會議牢牢抱在手中。」史汀生在日記中寫道。哈里曼在多年後回憶說，伯恩斯「把我拒於門外」。[11]麥克洛伊也曾向一位專訪者抱怨國務卿輕蔑的態度。「真的非常可悲！」

「我起床後覺得昏昏沉沉，也沒什麼事可做。」史汀生在七月二十一日寫道。他透過寫信給梅寶來自我振作：

---

②作者注：哈里森稱為「小男孩」的鈽元素彈，其正式代號是「胖子」。令人混淆的是，哈里森稱為「大哥」的砲彈型的鈾元素彈，其正式代號反而是「小男孩」。

③編按：墓穴（tomb）指的是骷髏會的集會所。

親愛的小梅：

這封信代表我們結褵五十七年的幸福時光。有了你，沒有人比我更幸福。[12]

＊＊

「病人進步迅速，」哈里森在當天早上發電報給史汀生，「已準備好在八月找個好天氣動最後一次手術。」[13]總統一行人已接到格羅夫斯將軍對三位一體原子彈試爆的見證報告，格羅夫斯的副手法雷爾准將把爆炸場面描述得「史無前例、嘆為觀止、美麗、驚人、恐怖。」杜魯門總統「大為振奮」，史汀生在日記中寫道，「這讓他信心非凡。」

史汀生打電報給格羅夫斯確認最新目標名單，「一定要排除我否決掉的那個地方。我的決定已獲最高層確認。」「那個地方」是指日本舊首都京都，「最高層」則是指總統。史汀生得到消息說，格羅夫斯鍥而不捨，又把史汀生的「寵愛城市」放進目標名單。[14]格羅夫斯毫不留情：他知道日本人尊崇這座舊首都，他後來又兩度試圖把京都列為目標，但都沒成功。

廣島和新潟都在名單上。史汀生於五月在辦公室和格羅夫斯攤牌時，把「目標委員會」的整份名單都否決掉，從而也否決掉這兩個城市。但史汀生自己並沒有什麼特定目標，所以格羅夫斯以拖待變。在馬歇爾將軍堅持下，格羅夫斯加進了小倉，小倉市中心有龐大的軍火庫，是很合理的軍事目標。[15]李梅將軍則提議有軍火工廠的海港城市長崎，作為當其他目標因天氣因素無法執行時的備選目標。[16]長崎也是少數沒有被李梅燒毀的日本大城市之一。

關於S－1的那份「僅限親閱」電報帶來一股動能。采琪蓮霍夫宮的會議開得很糟。俄國人很執拗，不但控制了東歐（尤其是波蘭），還覬覦世界上其他有爭議的領土，包括日本在戰爭期間征服的領土。原子彈從試爆到選定目標的進展，是杜魯門一行人唯一收到的「好」消息。

史汀生也很高興。不過，他開始擔心平民的死傷。他坐車經過柏林的難民營，看到那些眼神茫然的生還者，不禁想到原子彈會對日本城市造成什麼後果。阿諾德將軍也來參加波茨坦會議。七月二十一日，史汀生和這位航空隊司令花了一小時討論原子彈要轟炸的「地點、理由和後果」，阿諾德在日記中這麼寫道。[17]第二天，史汀生又來煩阿諾德。阿諾德在日記中說，史汀生對「殺害婦女和兒童」憂心忡忡。然後第三天史汀生又來。這一次，阿諾德告訴史汀生說，他要等華府送來的報告再說。

但已經沒時間再去等待、猜測或試圖阻止不可避免之事。杜魯門到波茨坦，原來是想說服史達林按照雅爾達會議的承諾對日本宣戰。但現在美國人開始認為，有了原子彈，他們已不再需要俄國人。事實上，杜魯門和馬歇爾希望能在俄國人併吞滿洲、朝鮮，甚至日本最北方的北海道等大片領土之前，就逼日本投降。

杜魯門一直沒告訴俄國人關於原子彈的事，直到七月二十四日才用暗示和迂迴的方式表達。那天會議結束時，美國總統走到史達林身邊說，美國已經研發出「一種殺傷力奇大的新武器」，但沒有提到「原子」這個詞。[18]杜魯門後來寫道：「史達林只說他很高興聽到這件事，希望我們好好用它來對付日本人。」事實上，史達林早就從安插在洛斯阿拉莫斯的間諜得知了S-1。克里姆林宮領導人表面看來淡定，其實立刻就打電報到莫斯科，下令加速製造俄國自己的原子彈。

七月二十四日當天，史汀生告訴杜魯門最早在八月一日就可以動用S-1，時間只剩下一個星期。史汀生在當晚的日記中寫道：

> 他說這正是他想要的，他非常高興，他有警告的籌碼了。

所謂「警告」就是史汀生過去一個月來一直在呼籲的外交接觸，也就是用胡蘿蔔和棒子逼日本投降。日本投降將受到寬宏對待，尤其是可以保留天皇制度。但現在，胡蘿蔔被拿掉，換成了《波茨坦宣言》中的條款：「在確保不再會有侵略行為的情況下，日本人民將可以自由選擇自己的政府形式。」④[19]但對日本這種權力來自上天和槍桿子的國家，民主制度是毫無吸引力的。

史汀生不放棄用民主來吸引日本人投降。他在日記中寫道：

> 我談到必須讓日本人安心他們的王朝可以延續，我認為在正式警告中加入這一點是很重要的，這會決定他們要不要接受投降。

但他也承認，「我聽伯恩斯說他們並不想把這一點放進（宣言）。」史汀生最後一試：

---

④作者注：許多歷史學家都認為是伯恩斯「拿掉了胡蘿蔔」。有人說伯恩斯刻意要讓日本人拒絕《波茨坦宣言》，以便動用原子彈。甚至他最終目的不是要結束戰爭，而是要恐嚇蘇聯。伯恩斯是強硬派，這點毫無疑問，他對杜魯門也很有影響力。但這件事絕不是邪惡的陰謀那麼簡單。歷史學家弗蘭克（Rich Frank）指出，《波茨坦宣言》的變化不是出自伯恩斯，而是出自參謀首長聯席會議之下的一個委員會。這些頭腦一流的軍官是參謀首長聯席會議的「智庫」，他們反對史汀生原來提出的模稜兩可的說法，他的說法會讓人解讀為，盟軍可能會罷黜或處決現任天皇，但保留天皇崇拜的體制。最後決定的條文有經過史汀生同意，和《大西洋憲章》的原則一致，也就是英國和美國在一九四一年提出的為民主而戰。

> 我希望總統能盯緊此事。如果發現日本在這一點上猶豫不決，可以透過外交途徑以口頭向日本人保證。

杜魯門告訴史汀生，他會把部長的建議「放在心上」，他會「處理好」。但史汀生現在看懂了。杜魯門真正的意思是：「不要期待太多。」

然後話題轉到S-1。格羅夫斯又把京都放進目標名單，而史汀生又再把它拿掉。戰爭部長向杜魯門解釋他的理由，總統也「用最強烈的語氣」表示贊同，史汀生寫道。杜魯門說，這樣的「無端行為」會讓把京都視為聖地的日本人民憤恨難平，讓美國人比俄國人更難讓日本人民接受。在一九四五年七月的最後幾天，美國和蘇聯的競爭已經成為政策考慮的重要因素。

但地緣政治並非唯一考量。杜魯門也擔憂婦女和兒童的生命。第二天，七月二十五日，杜魯門在日記中寫道：

> 我們已研發出世界史上最可怕的炸彈，這可能就是繼神話中的諾亞方舟之後，《聖經》所預言的幼發拉底河谷巨焰。
>
> 無論如何，我們「相信」我們已發現分裂原子的方法。新墨西哥沙漠中的實驗令

人怵目驚心——姑且這麼說吧。

從現在到八月十日，這種武器將被用來對付日本人。我告訴戰爭部長史汀生先生要對準軍事目標和軍人，不能對準婦女和兒童。就算日本人野蠻、殘暴、冷酷、瘋狂，我們身為全世界共同福祉的領袖，也不能把可怕的炸彈丟到他們的新舊首都。他和我都這麼認為。目標必須是純軍事性的，我們會先警告日本人要投降和保全生命。我確信他們不會這麼做，但我們要給他們機會。希特勒或史達林的人沒有發現原子彈對世界實屬萬幸。這是最可怕的東西，但也可以用在最好的用途。[20]

後來有人說，在這則日記中，杜魯門或者是在欺騙自己，或者是在欺騙歷史，甚至兩者都欺騙。他可能並不真正知道自己在做什麼，他沒有被告知原子彈肯定會造成數以萬計的婦女和兒童死亡。熟知原子彈轟炸檔案紀錄的學者韋勒斯坦（Alex Wellerstein）認為，杜魯門是被史汀生誤導了，但這種誤導並不是蓄意的。[21]韋勒斯坦指出，戰爭部長非常堅持京都是一個平民目標，可能因此讓杜魯門誤以為廣島是一個「純粹軍事」目標。杜魯門可能直到七月二十六日，他寫日記的第二天才知道廣島在地圖上的位置：有人給他看一頁撕下來的《國家地理雜誌》，上面用筆圈出了廣島。總統只有兩個小時的時間來看一份以廣島為戰略轟炸目標的評估報告（這份報告是出自阿諾德將軍的要求，他在本週稍早試圖回答史汀生的「何處、為何以及有何效果」的問題）。該報告指出：「廣島（人口三十五萬）是一座『軍事』城市；是主要的運輸中心；有大型軍需供應倉庫；有很多工廠和幾間小型造船廠。」[22]杜魯門並沒有被告知原子彈將被投放在市中心，他也無從知曉當時被瞬間殺害的七萬人中只有約百分之十是軍人。[23]

杜魯門也許真的不知情。甚至在超過兩星期後，當他看到廣島已成為一片廢墟的空拍照片時，他仍然說廣島是「純粹軍事」目標。但杜魯門並非傳言中那個「讓他們全都下地獄的哈里」，他其實非常精明和狡猾，很理解這世界並不是非黑即白。杜魯門出身於彭德加斯特黨機器，他在傑佛遜郡當法官時曾在日記中寫道，他寧可讓一個承包商汙走一萬美元，總好過讓他汙走十倍以上的錢。「你來評斷吧，我沒辦法。」杜魯門當時寫道。[24]當然，政治上的貪腐無法與核毀滅相提並論，但在一九四五年七月底，杜魯門不得不兩害相權取其輕。入侵日本會有多大傷亡雖不確定，但預計至少會有幾萬名美國士兵喪生。[25]

＊＊

七月二十七日，在離開波茨坦之前，史汀生和盟軍歐洲戰區最高指揮官艾森豪將軍共進晚餐。[26]他們談到原子彈，史汀生透露航空隊將用它來對付日本，希望能拯救幾萬名美軍的生命。艾森豪在多年後回憶說：「我聽了，但我沒有主動表示意見，畢竟，我在歐洲的作戰已經結束，這不是我可以決定的事。但我愈想愈覺得不對。然後他問我的意見，於是我告訴他我有兩個理由反對。第一，日本人已經準備投降，不必用這種可怕的東西攻擊他們。第二，我不想看到我們的國家率先使用這種武器。但是……老先生發脾氣了。我知道他為什麼生氣。畢竟，是他花了這麼多錢研發這種炸彈，他當然有權這麼做，這麼做也是對的。但這的確是一個可怕的難題。」

有些學者質疑艾森豪的說法。艾森豪講的有一點的確不是事實：日本並沒有「準備投降」。而且，如果艾森豪真的反對使用原子彈，他大可以向杜魯門總統提出意見，但他並沒有這麼做。⑤

不過，艾森豪對史汀生發脾氣的記憶是可信的。這位戰爭部長雖然很能自我控制，但

⑤作者注：艾森豪在一九五三年成為總統時，繼承了核武器這個棘手的問題。他考慮在戰場上使用「戰術性」核武器來結束朝鮮戰爭，同時也認真試圖將核能轉為民用（即「原子能和平」計畫），並允許現有的核子大國互相監視彼此的武器發展（即「開放天空」計畫）。正如我在二〇二一年的《艾克的虛張聲勢》（*Ike's Bluff*）中所討論的，艾森豪總統最後還是大量投資發展核武器，並制定了核威懾政策。這個被稱為「相互確保毀滅」（ＭＡＤ）的教條至今仍然存在。

也經常會情緒激動，而他在離開波茨坦時確實倍感壓力。艾森豪不願美國率先動用原子彈可能讓史汀生心有戚戚焉：史汀生過去反對潛艇戰術，認為那是骯髒手段。艾森豪的兒子約翰在一九四五年七月作為年輕軍官隨行其知名的父親，根據他後來的描述，他父親從史汀生那裡得知即將動用原子彈後，心情非常沮喪。「爸爸當時坐在床邊，不停地搖頭。」他回憶道。如果史汀生有理由對艾森豪發脾氣，那麼艾森豪的沮喪也是可以理解的。

5.

迅速且完全的毀滅

Prompt and Utter

「如果發生最壞情況。」

圖6　各國重要領袖討論《波茨坦宣言》內容。

東京，一九四五年七月二十七日至八月四日

七月二十六日，同盟國廣播了《波茨坦宣言》，其中第十三條，這是宣言的最後一條寫道：

吾人通告日本政府立即宣布所有日本武裝部隊無條件投降，並對此種行動有意實行，予以適當之各項保證，除此一途，日本即將迅速完全毀滅。[1]

＊＊

在昭和時代的日本，流露個人情感會被視為不得體甚至有些可笑。有一句俗語就嘲諷說：「看這隻青蛙，一張嘴就整個內臟都露出來了。」[2]與其冒犯他人，寧可迂迴表達，或者完全掩藏情緒，或者玩一些巧妙的腹中玄機——「腹藝」。

東鄉常以為透露「本音」——他內心深處的聲音，就能說服他人，但這是不尋常且冒險的舉動。[3]他是一個頑固且自負的人，相信只要把邏輯和理由講清楚，就能說服別人。他的絕對自信和三寸不爛之舌讓他晉升高位，而在一九四五年八月的關鍵時刻，他也躋身

「六巨頭」之一。但在戰爭初期，他也曾因自負而失志。

在一九四一年秋末之際，東鄉認為自己能阻止日本和美國開戰。作為外務大臣，他嚴厲要求駐華府外交官要設法和美國達成暫時協議，避免美日公開敵對。日本當時希望美國解除對其石油禁運，美國則希望日本撤出在中國和東南亞的軍隊。

然而在十一月二十七日，日本收到美國國務卿赫爾（Cordell Hull）一封在東鄉看來是嚴厲拒絕的信，他後來回憶說自己當時「感到絕望」。①他的女兒伊勢注意到父親的身體發生變化。東鄉平日的活力消失了。他變得憂鬱且疲憊。朋友和同事勸他辭職，用擾亂政府來拖延戰爭的步伐。但東鄉不願意。在聽天由命的態度和愛國情操的驅使下，他同意了海軍在十天後對珍珠港發動突襲的計畫。[4]在關鍵性的談判中，他低估了美國人的意志，也低估了日本軍方的自尊自大，要阻止已經太遲。隨著真正的世界大戰爆發，自負的東鄉感到心灰意冷——「受委屈的英雄」，一位歷史學家這樣形容他。[5]八個月後，他辭去了內閣職務。

① 作者注：赫爾的備忘錄實際上並不是東鄉（及後來一些歷史學家）所認為的，是不容妥協的最後通牒。赫爾表示願意繼續談判。然而，東鄉認為他已經沒有時間，因為日本軍方已設定好最後攻擊期限。

＊＊

一九四五年七月二十七日清晨，東鄉收到來自舊金山短波電台（比日本晚十六個小時）所廣播的《波茨坦宣言》日文譯本。外務大臣讀到：

> 以下為吾人之條件，吾人絕不更改，亦無其他另一方式。猶豫遷延，更為吾人所不容許。[6]

這看來是「要不然就如何如何」的最後通牒，但東鄉不這麼看。[7]他把注意力放在「條件」這兩個字。宣言雖然要求「無條件投降」，指的卻是「所有日本武裝力量」。對東鄉來說，這代表美國人可以接受不完全的無條件投降，現在還有時間去談判保留天皇，降低敵人占領的嚴苛程度。

此外，東鄉相信這不只是他自己的看法。他注意到俄國並沒有簽署這份宣言，只有美國、英國和中國簽名，這表示莫斯科有注意到東鄉希望俄國在日本和同盟國之間做調解人。雖然他在五月告訴「最高戰爭指導會議」說，俄國剛在上個月廢止了與日本的中立條約，不會幫忙談和，但他此時相信他的外交努力產生了效果。

他並不知道自己已被竊聽，美國解碼人員正在偷聽他和日本駐莫斯科大使的談話。他主觀相信莫斯科會願意幫忙日本，告訴同盟國日本正在尋求可以接受的投降條件。

東鄉大為興奮，立刻請求覲見天皇。他在中午前進入御文庫的裕仁廂房。鞠躬行禮之後，東鄉開始滔滔不絕：他強調不該完全拒絕《波茨坦宣言》，而應該「積極審慎以對」——爭取時間，想辦法讓天皇特使近衛文麿和俄國外長莫洛托夫會面。

裕仁沒多說什麼就同意了。天皇的心思放在另外一個世界。在七月的最後一週，裕仁兩度催促內大臣木戶侯爵要好好保護「三神器」。[8] 這三樣古代神器：八咫鏡、天叢雲劍、八尺瓊勾玉都裝在木盒中，供奉在本州南部的神社。它們神聖到就連天皇本人都不能觀看。

天皇擔心美國人會以空降突襲來奪取寶物。「如果發生最壞情況，我會自己保護，與其共存亡。」他戲劇化地宣稱（或者只是宮中史官如此記載）。「三神器」是歷代天皇「萬世」相傳下來的。裕仁對保護它們非常執著。他認為忠於歷代祖先便是最高的「義理」。由於他對俗世事務的影響力有限，他便以神道教（這種信仰以天皇為最高崇拜對象）最高祭司的身分來為人民服務。

東鄉帶著相對模糊的任務離開宮廷，前往首相辦公室與「六巨頭」會晤。再一次，東鄉強烈支持《波茨坦宣言》；這一次，鈴木首相似乎站在他這一邊。東鄉建議，現在最好先保持沉默，繼續與俄國打交道，但軍方人士強烈反對。《波茨坦宣言》不是他們能隱瞞的祕密。美國的「B桑」會在燒毀城市前一兩天空投傳單警告居民。如果美國人空投《波茨坦宣言》的傳單呢？《波茨坦宣言》除了威脅要毀滅日本，還承諾如果日本投降，日本士兵可以和平返鄉，日本也不會被奴役。這種誘惑會削弱抵抗意志。將軍們表示這會「嚴重損害士氣」。軍方人士沒有明言的是，他們也擔心如果他們表現過於軟弱，可能會被那些狂熱派軍官幹掉。

他們達成彆扭的妥協。政府決定不發表聲明，而是將《波茨坦宣言》的刪節版（刪去士兵和平返鄉的部分）交給國營媒體去發布，並指示報紙只做報導，不要評論。

但計畫執行出現了偏差。政府指示報紙要對宣言淡化報導，但報紙卻對投降條件大加撻伐，有一家報紙斥之為「可笑」，也不刊出允許日本士兵和平返鄉這一條。報紙繼續宣稱日本將奮戰到底，有些雜誌說政府將不理會這一宣言。大家都說政府對宣言的回應是「默殺」。[9]

東鄉怒不可遏。[10]報紙都被檢查機關和思想警察所控制，從來不敢有獨立意見。外務大臣懷疑是「六巨頭」中的軍方人士在背後搞鬼（他是對的。軍方控制了「最高戰爭指導會議」，他們決意不甩《波茨坦宣言》，也完全不掩飾）。

在七月二十八日的記者會上，情況變得更糟糕。當東鄉忙於其他事務時，「六巨頭」

中的五位在帝國參謀總部舉行一場「訊息交換會議」，鈴木首相被施壓加入到「默殺」陣營。當天下午，鈴木首相在官邸大廳接見記者時，他用了「默殺」這個詞來描述日本對《波茨坦宣言》的官方回應。外國媒體都報導說，日本政府拒絕了《波茨坦宣言》，雖然從字面上看並非如此。「默殺」（「默」指沉默，「殺」指殺死）有好幾層含義，從「不予理會」到「不作聲的蔑視」不等。在西方媒體中，後一種解釋是主流。

「如果這是一種國家級的『腹藝』，那美國人和英國人完全看不懂。」學者布托（Robert Butow）後來寫道。而事實上有強烈證據顯示，「六巨頭」中除了東鄉之外根本毫不妥協。在華府的杜魯門總統認為日本的反應早在他意料之中。東鄉堅持要走外交途徑。[11]他希望在《波茨坦宣言》的基礎上取得對日本有利的條件，派天皇特使近衛向俄國表示日本是真心希望與同盟國和平共存。他命令佐藤大使擇定日期讓近衛與莫洛托夫外長在莫斯科會面。

佐藤被俄國外交部告知，莫洛托夫要到八月八日晚上十一點才有空。這種精確到可疑的時間點本該讓日本人警覺，他們應該想到會被以彼之道還施彼身：一九四一年十二月七日，日本偷襲珍珠港一個小時後，日本駐華府大使才將宣戰通告交給美國國務院。在克里姆林宮，史達林已下令要在八月八日開始進攻日本占領的滿洲，恰好就是莫洛托夫要和佐藤大使見面討論近衛和平任務的時間。

6.

一桶瀝青

A Bucket of Tar

「管他呢，我們賭一把吧。」

圖7　提貝茲少校把投下原子彈到廣島的B-29轟炸機命名為「艾諾拉・蓋伊」，這是他母親的名字。

華府、關島及天寧島，一九四五年七月二十八日至八月六日

致卡爾・史帕茨將軍，美國陸軍戰略航空部隊司令：

一、第五〇九混合飛行大隊、第二十航空隊將在一九四五年八月三日以後，當天氣允許目視轟炸時，向以下目標之一投放首枚特殊炸彈：廣島、小倉、新潟和長崎……

二、一旦專案人員準備好，將繼續投放炸彈至上述目標。

格羅夫斯將軍已擬好命令。他要讓當地指揮官有最大控制權，因為日本的天氣實在多變。命令中沒有列出其他城市，因為美國無法確定到底要多少顆原子彈才能結束戰爭。格羅夫斯猜想要兩顆，但他也要為長期轟炸做準備。他預估在八月時會有三顆原子彈，九月會再有三顆，十二月會再有七顆。這道命令被送往波茨坦給戰爭部長史汀生，史汀生在七月二十五日批准。沒有紀錄顯示杜魯門總統有看過這道命令。1

然而，如果不是接受這道命令的人堅持，這道命令可能不會白紙黑字寫出來。

史帕茨將軍從歐洲被召回華府。他是歐洲戰區戰略轟炸部司令，現在要指揮戰略航空部隊對日作戰。他麾下有第五〇九混合飛行大隊，這是一支由格羅夫斯和陸軍航空隊所創建的特殊單位，負責投放原子彈。

在七月下旬一個炎熱的日子裡，五角大廈停車場數千輛車的引擎蓋在陽光下閃閃發光，史帕茨走進漢迪將軍（Thomas Handy）的辦公室裡。漢迪是馬歇爾將軍的副參謀長，也是他的二把手。史帕茨年輕時是個雀斑紅髮男孩，如今是個外貌不起眼的五十四歲男子，留著整齊的硬鬍子，眼神難以捉摸。他說話迂迴，但他對漢迪態度強硬。漢迪此時正代理著人在波茨坦的總參謀長馬歇爾。馬歇爾已經口頭下達投放原子彈的命令，但史帕茨希望有書面文件。「聽著，湯姆，」他對漢迪將軍說，「如果要我殺十萬人，我不會單憑口頭命令就去做。我需要一份書面指示。」[2]

史帕茨已習慣與死亡為伍。他為人低調、不帶情緒，似乎對什麼事都無動於衷。空軍在戰後獨立成軍，他出任參謀長。有一回，史帕茨出席墜毀的C-47飛行員的葬禮，他面無表情地和空軍部長賽明頓（Stuart Symington）從阿靈頓國家公墓走回辦公室。賽明頓忍不住對史帕茨說：「你知道嗎，史帕茨，你是個冷酷的混蛋？」[3]

史帕茨勃然大怒。「天殺的！我整個人生就是一直在參加朋友的葬禮呀！」

✶✶

史帕茨向來沉默寡言。他不喜歡正式場合，不喜歡在眾人面前講話，講得也不好。有好幾次，最高司令部長官艾森豪將軍不得不跳出來，幫這位口齒不清的空軍指揮官完成簡報。[4]

但艾森豪和其他人都很看重史帕茨。史帕茨和史汀生一樣以正派出名。他不像某些戰爭英雄，尤其是麥克阿瑟那樣自私自利，不會好出鋒頭。如同後來一位歷史學家所說，史帕茨是個「自成一派」的人，他沒有成功者的傲慢。[5]

他的軍旅生涯起步很平凡。在西點軍校時，他是一名「淨袖」學員，制服上沒有任何軍階，未被授予任何軍團職位。[6]比起整理服裝儀容，他更熱中於彈吉他。他在畢業前二十分鐘才服完最後的懲戒（當時的懲戒——如今還是一樣，是穿制服扛步槍來回走操場數小時）。

一九一四年，他在操場上立正站隊，看到一架小巧的雙翼飛機搖搖晃晃飛過哈德遜河谷，他立刻感到飛行是他一生的使命。[7]這時距萊特兄弟在一九〇三年於小鷹鎮的歷史性飛行僅僅十一年。在一戰期間，史帕茨擊落了兩架德國福克戰機，之後因燃料耗盡而在敵軍後方迫降。[8]他看著他的朋友們，那些新成立的陸軍航空隊的勇士，在承平時期墜機身亡，而他則幸運地在早期極度不安全的飛行環境中倖存下來。

史帕茨這群飛行員看到空權的潛力。只要恰到好處投下幾枚炸彈——這裡摧毀一座橋、那裡摧毀一座發電廠，就能消滅像紐約這樣的大城市，不需要一次大戰那種可怕的壕溝戰。他們熱切地向戰爭部長史汀生等政治和軍事領袖推銷這種主張（史汀生本人就是新型重轟炸機B-17「空中堡壘」的愛好者）。這些空權的先驅者被戲稱為「轟炸機黑手黨」。[9]

大多數「轟炸機黑手黨」成員都是史帕茨的朋友或好同事，但他不像他們那樣狂熱。他比其他人更現實地認識到，所謂「精準轟炸」其實是個「相對的概念」。[10]陸軍航空隊指揮官阿諾德將軍，注意到史帕茨的清晰眼光和穩重處事風格。史帕茨沉靜、謙遜、穩重，阿諾德則好喧鬧、愛吹噓且雄心勃勃，但阿諾德很聰明，知道自己需要史帕茨，任命他為自己的參謀長。[11]一九四二年，阿諾德派史帕茨負責對德國的戰略轟炸。「別擔心，」史帕茨對妻子說，「阿諾德將軍不到六個月就會炒掉我。」但這六個月後來延長到將近三年。

歐洲的空戰考驗史帕茨的沉著冷靜。在德國多雲的天空中，德國空軍伺機而動。雷達沒有用處。美國飛機誤炸瑞士兩次。[12]英國人不斷催促美國人放棄對軍事和工業目標進行碰運氣般的日間轟炸，改為和他們一樣做「區域轟炸」，美其名「去住房化」，在夜間摧毀德國的士氣。

史帕茨不願意。他寫信給阿諾德將軍說，他不希望美國空軍因為轟炸平民而在戰爭結束後被「抹黑」，而英國人肯定會被譴責。[13]艾森豪曾說，他也傾向對軍事目標進行「精準轟炸」，但他也意味深長地補充說：「任何有望迅速結束戰爭的行動我都願意嘗試。」

史帕茨希望集中攻擊德國的石油工業，他的確做得非常成功。納粹有充足的鋼鐵，但美國的轟炸嚴重削減了他們原本就不多的石油和合成燃料供應。為了節省燃料，德國空軍不得不用牛來把戰鬥機拖到跑道上。[14]

在諾曼第登陸行動時，史帕茨下令轟炸法國的交通目標——位於城鎮中心的機廠和鐵路。為了將平民傷亡降到最低，史帕茨堅持進行視距內轟炸（不依賴不可靠的雷達），並事先投傳單警告平民撤離。[15]

史帕茨不是嚴苛的將領。他喜歡以輕鬆、有時是間接的方式下達命令或表達意圖。他會對下屬說：「來見我一趟。」或是「最好明天來一下。」[16]一九四四年，史帕茨的總部設在倫敦郊外一棟陰鬱的維多利亞式建築。他常常穿著睡衣，一邊玩撲克牌，一邊讓一隻小貓從他的軍服探出頭來，當作幸運符。他喜歡淡口味的威士忌加汽水，打起撲克牌毫無節制，喜歡投機取巧。「飛官的薪水就是這樣花掉的，這是空軍的老習慣。」他的妻子在接受《時代雜誌》訪問時「很哲學地」說。「他們都覺得：管他呢，我們賭一把吧。」[17]

史帕茨的妻子露絲當過演員，她了解他需要紓解幾乎每天都要賭人命的壓力。從一九四二年夏天到一九四五年春天，第八航空隊在德國上空打了一千天的空戰，二萬六千名空軍人員死亡或失蹤，比美國海軍陸戰隊在整個二戰中犧牲的人數還多。[18]一九四三年，有四分之三的空軍人員無法出完二十五次作戰任務——不是被殺，就是受傷，或者因為嚴重的驚嚇（他們稱之為「發抖」）而再也無法飛行。空軍人員開始把德國稱為「災難之地」，他們常祈禱「親愛的上帝，我不想死」，而在執行任務後，軍官俱樂部的酒吧常陷入詭異的寂靜，而非熱鬧喧譁。[19]一九四四年，生還機率有所提高，史帕茨將出任務次數提高到三十五次才能回家。[20]這是一個務實的決定：飛行員在最後五次任務的生還機率比最初五次要高，也更有可能成功投彈。

無論傷亡有多大，史帕茨都儘量不露感情或悔恨。[21]一九四四年一月，一次對德國的突襲損失了六十架轟炸機，盟軍最高指揮官艾森豪將軍詢問史帕茨：「我們能否承受這些損失？」史帕茨回答說：「這有什麼關係？我們不是要壓制德國空軍嗎？如果要有這些損失才能壓制他們，那我們就必須承受，如此而已。」（確實，掌握制空權後，幾個月後的諾曼第登陸才有可能。）

史帕茨儘量不捲入盟軍之間的政治爭鬥，不想和人有意氣之爭，也希望他的下屬能這樣做。一九四四年四月，他與第八航空隊司令杜立德將軍有一段電話交談，這段交談展現史帕茨的作風。杜立德告訴史帕茨，英國轟炸司令哈里斯將軍召集他去參加艾森豪和英國官員（包括邱吉爾首相）的一次高層會議：

杜立德：你有什麼建議嗎？

史帕茨：沒有，就是儘量別多話，就這樣。

杜立德：我不太清楚。

史帕茨：別多話。

杜立德：好的。我想他（哈里斯將軍）想讓我在（到底要炸）運輸中心或煉油廠之間煩惱，他也很想問我我們的飛機支援皇家空軍的事。

史帕茨：是的。

杜立德：我懂你的意思了……我會避免扯進跟我沒干的事。

史帕茨：是的。

杜立德：還有什麼？

史帕茨：沒了，吉米。[22]

史帕茨似乎對什麼都無動於衷，但責任日日夜夜都壓在他身上。一九四五年二月德勒斯登大轟炸之後，報紙頭條都說美國與英國共同進行了對德國城市的「恐怖轟炸」。史帕茨收到來自阿諾德將軍的電報，似乎在質疑他的判斷力——新聞標題是真的嗎？史帕茨的飛機是否有針對平民？[23]一時之間，史帕茨失去了信心：如果阿諾德對他沒有信心，他覺得自己應該辭職或被解職。經過一連串電報往來後，誤會得到澄清，史帕茨繼續留任。史帕茨寫信給妻子表示，他可以承受管理一支空軍部隊的日常壓力，但他坦承，他會在凌晨時分醒來躺在床上，想著每一個因他而死去的人。他的副官巴格比少校（Sarah Bagby）曾寫信給露絲幫史帕茨道歉：史帕茨在德勒斯登大轟炸後連續打了五個晚上的撲克牌，輸掉一千七百美元，相當於兩個月的薪水。[24]

在一九四五年五月初德國投降後，他感到筋疲力盡，想回家與三年來只見過兩次的妻子團聚。他寫信給露絲說：「我希望結束這份工作，退休回家，和我的後宮佳麗一道喝西北風。」[25]這個希望落空了。阿諾德在四月底告訴史帕茨，他的下一個任務是到太平洋指揮對日本的戰略空戰（即長程轟炸）。

七月初某一天，史帕茨在華府休假期間，被告知當時仍屬機密的原子彈。他對阿諾德說，他向來反對轟炸城市殺害大量平民。但阿諾德知道史帕茨最終還是會服從命令。史帕茨被告知，原子彈將讓成千上萬準備進攻日本的美國士兵免於喪命。

但史帕茨依然深感不安。在維吉尼亞亞歷山大的家中，他的女兒凱薩琳有一天晚上聽到他和妻子露絲在談話。凱薩琳聽到她母親說：「作為一名西點軍校畢業生，你必須執行命令。」深夜時分，她父親在來回踱步。到了早上，她問他為什麼睡不著。「德勒斯登。」他回答。[26]他無法告訴女兒或妻子有關原子彈的事，他已發誓要保密。

＊＊

七月二十九日，也就是鈴木貫太郎首相說要「默殺」《波茨坦宣言》的第二天，史帕茨抵達關島。[27]他乘坐個人專用的B－17轟炸機「布普斯號」飛越太平洋（「布普斯」是他小女兒卡拉的暱稱）。在他的公事包裡，除了有要在「八月三日以後」對日本四個城市之一投放原子彈的命令外，還有一整套對日本進行戰略轟炸的新指令。[28]

李梅的B－29轟炸機群已經燒毀六十多座城市。這位雪茄不離手的將軍表示，他已經沒有城市可燒了。在華府，李梅的上級決定從「火攻」轉為打擊交通目標和彈藥庫。「精準轟炸」重新回歸，改良後的新型雷達能保證B－29轟炸機準確擊中目標。然而，這並不表示平民就能倖免。一些計畫人員主張，第二十航空隊應該投放化學品來破壞稻作。這個想法被否決了，因為「當地食物供應可能對負責占領的指揮官非常重要」。[29]儘管如此，切斷鐵路線也能餓死數百萬依賴大米運輸的日本人，尤其是住在東京周圍廣闊的關東平原上的人民，像是在瀨戶內海投放水雷的「飢餓行動」已經嚴重打亂日本的糧食供應線。但日本士兵比平民較不會挨到餓，因為軍隊已在洞穴中囤積了許多糧食。

無論如何，史帕茨並不急著叫停李梅無情的燃燒彈轟炸。他知道自己不能這麼做：飛行員已經訓練過低空夜間任務，彈藥艙裡也裝滿了燃燒彈。史帕茨不是一個喜歡發布正式命令的人。他駐紮在關島俯瞰海灣之處，又開始每晚打撲克牌。多年後，在一個討論領導能力的空軍研討會上，李梅這樣描述史帕茨的領導風格：

史帕茨將軍從來沒有對我直接下過命令。我們在那兩週打了二到三次撲克牌。牌局結束我就知道他要什麼了。[30]

史帕茨將自己收到的命令——投放原子彈，摺了三次放在皮夾裡。[31]有一天他正在洗澡，一名勤務兵進來，拿走他的褲子送去洗衣房。經過一番折騰才找回皮夾，命令仍然在裡面。

八月一日，史帕茨搭乘「布普斯號」飛往馬尼拉，向進攻日本的指揮官麥克阿瑟將軍簡報原子彈和即將轟炸廣島。如果天氣許可，這項任務將在兩天後進行。史帕茨記錄道：「他看著我說：『這將改變戰爭。』」[32]

✶✶

一九四二年八月十七日，美國飛機從英國機場的跑道起飛，首次在大白天對歐洲進行

「精準轟炸」，史帕茨發動的空戰進入高潮。駕駛領航機「肉店號」的人是二十七歲的提貝茲少校（Paul Tibbets）。[33]

美國首次突襲法國魯恩的鐵路調車廠，讓德國人措手不及，但轟炸時間不長。幾星期後，提貝茲再度空襲法國，他的B－17轟炸機遭到黃色機鼻的ME－109戰鬥機正面攻擊，砲彈在壓克力擋風玻璃上炸出一個洞，提貝茲副駕駛的左手被扯斷，血液噴濺在控制台上。站在提貝茲身後的英國皇家空軍軍官驚慌失措，撲向控制台。[34]被玻璃劃傷的提貝茲不得不用肘部狠狠一擊，將那人打暈。

在英國的美國陸軍航空隊機場，史帕茨為提貝茲及其副駕駛頒發紫心勳章。《生活雜誌》用一整頁刊出他們三人的照片。在接受美聯社採訪時，提貝茲詳細談到他對轟炸任務的自豪：美國人（不像英國人）在轟炸時採取了所有預防措施，避免殺害平民。「我擔心的是婦女和兒童，」他說，「你知道，我家裡也有一個三歲的兒子。」[35]提貝茲家鄉的《邁阿密先驅報》以頭條寫道：邁阿密英雄忘記自身危險，在歐洲轟炸中避免傷及平民。

提貝茲在歐洲出過四十三次任務，他決定不要再精神緊繃下去。他後來說：「只要我一想到會炸到地面上無辜的人，我就覺得自己一文不值。」他被調去開巴頓將軍和艾森豪將軍的專機，當「超級堡壘」B－29轟炸機開始生產後，又去擔任航空隊的首席試駕員。一九四四年，提貝茲因其戰鬥紀錄及駕駛B－29的技術，獲派指揮由一千八百人組成的第五〇九混合飛行大隊，該大隊將負責投放原子彈。提貝茲上校親自挑選了飛行員，他們都稱他為「老牛」（雖然那時他才剛滿三十歲）。

這些人在猶他州和古巴進行訓練，練習投放和「胖子」彈體相似的「南瓜」炸彈。①一九四五年七月，史帕茨飛往陸軍航空隊在關島的總部，第五〇九混合飛行大隊的十多架B－29轟炸機和龐大的後勤補給鏈已抵達馬里亞納群島的天寧島。

天寧島上的第二十航空隊基地是現代軍事工程的奇蹟。一九四四年夏天，美國陸戰隊把日軍都趕到山上之後，海軍工程營就開始在珊瑚礁上挖跑道。現在每逢有轟炸任務，大約每十五秒就有一架B－29在跑道上隆隆起飛，踏上「裕仁高速公路」。B－29是一種「毛病很多」的飛機，引擎容易起火。像在跑道的盡頭上有一些升空失敗而爆炸的飛機殘骸，這些飛機滿載來回日本一趟十二小時所需的燃料，彈藥艙中的凝固汽油彈卻引發了大火。

第五〇九混合飛行大隊駐紮在島上一隅。他們的伙食和設施都優於其他大隊，甚至連其「銀盤型」的B－29都是最先進的，這引發了一些不滿，尤其是第五〇九混合飛行大隊到底在做什麼還是神祕兮兮的。有人寫了一首打油詩：

①編按：南瓜炸彈（Pumpkin bomb）是一種傳統高爆航空炸彈，得名於其橢圓形的彈體。該炸彈的設計外形、彈道以及操縱特性都與「胖子」原子彈類似。

機密飛上了天，
他們去了哪裡，無人知曉。明天他們又會回來。
但我們永遠不知他們去了哪裡。別問我們結果如何，
除非你想自找麻煩。

但內行人說，第五〇九混合飛行大隊正在贏得戰爭。

提貝茲的飛機繼續練習將裝滿高爆炸藥的「南瓜」投放到十多個日本城市。有一名喜歡惡搞的飛行員試圖把「南瓜」丟到皇宮（但沒丟中）。[36]提貝茲大大痛斥了他一番。

八月初在日本正是賞月的季節，史帕茨把投放原子彈的命令下達給提貝茲。倒數計時開始，只要「天氣許可」。有一場颱風掠過日本。八月四日，氣象預報說日本本島的天氣會變好。八月五日早上雨一停，提貝茲的飛機「艾諾拉・蓋伊號」（他以他母親為名）被拖到一個大坑上方，重約五噸的原子彈「小男孩」被吊入飛機機腹。[37]提貝茲向機組人員簡報說，明天早上他們將對日本投下一顆破壞力無法形容的炸彈。他沒有使用「原子」這個詞。機組人員被分發焊工目鏡以保護眼睛，以免被「比太陽還亮」的爆炸閃光傷害。提貝茲還拿出一盒十二顆氰化物藥片，每人一顆，以防萬一迫降在敵區。

八月五日到六日午夜，強作鎮定的提貝茲和機組員爬上「艾諾拉・蓋伊號」。提貝茲

打開駕駛艙向外揮手致意，外面是一些衣領上佩戴星星和槓子的軍官和一群穿卡其短褲的士兵，還有一台攝影機正在拍攝中。接近凌晨三點時，「艾諾拉．蓋伊號」開始沿跑道滑行。提貝茲讓塔台控制人員有些緊張，因為他在最後一刻才拉起操縱桿，讓這架超重型轟炸機飛向黑暗的大海。

夜色很美，弦月的微光照亮了下方的雲層。提貝茲上校回憶說，他「像煙囪一樣」不停抽菸：菸斗、雪茄和香菸。

清晨破曉。在明亮的陽光下，「艾諾拉．蓋伊號」飛越日本海岸。一座閃亮的城市出現在前方。「大家同意這是廣島嗎？」提貝茲問機組成員。投彈手尋找目標——市中心的一座T字形橋。八點十五分零十五秒，彈艙門打開，「小男孩」原子彈落下。提貝茲讓飛機猛烈右轉俯衝。四十三秒後，座艙內充滿刺眼的亮光。一道衝擊波擊中飛機，提貝茲大喊：「高射砲擊！」但其實不是。他向後望，看到一團雲直衝「艾諾拉．蓋伊號」而來，「像個恐怖的活物。」他後來回憶說。往下看去，廣島像一桶滾燙的焦黑瀝青。

飛機上先是一片靜默，然後所有人同時開口。提貝茲儘量向大家解釋剛剛對人類動用的這種武器的來龍去脈。

✶✶

在廣島，有七萬人立即喪命。[38]另有七萬人死得比較慢。歷史學界還在爭辯到底死了多少人。

在一千天以前，史帕茨將軍曾目送提貝茲去進行第一次對歐洲的日間轟炸，這一次，當提貝茲把飛機開進停機坪時，史帕茨也站在天寧島的跑道上（史帕茨在前一天出海釣了七個小時的魚，但一無所獲）。[39]提貝茲爬下飛機，史帕茨走向他，把一枚卓越服役勳章別在他髒兮兮的領口，讓提貝茲受寵若驚。

大家都在議論戰爭就快結束了。史帕茨將手搭在一名機組的反雷達操作員貝瑟（Jacob Beser）肩上，問道：「覺得如何，孩子？」[40]貝瑟還難以理解他看到的東西。他心裡想，好像是地球自己發出一道黑暗的力量，「艾諾拉・蓋伊號」只是剛好經過。史帕茨詢問了貝瑟十分鐘。這位將軍似乎對炸彈的威力有所懷疑，這與其他前來迎接者的態度不同，這些人幾乎包括所有西太平洋空軍高層。

機組成員被詢問了兩個小時。終於結束後，他們才到餐廳慶祝勝利。但所有熱狗都已被一掃而空，啤酒也喝光了。[41]

＊＊

一封電報被送到「戰爭」手上，也就是人在華府的戰爭部長史汀生：

（廣島）被攻擊時有十分之一的範圍被雲覆蓋……沒遇到戰鬥機和高射火砲。結果一目了然，在各方面都很成功。目視效果比三位一體試爆還要大。

第二部

7.

可怕的責任

Terrible Responsibility

「我有點心臟病發作。」

圖8　在關島的史帕茨將軍（中間點雪茄者）和B-29轟炸機群指揮官李梅將軍（中左）及其他軍官。史帕茨要把李梅對日本的火攻改為「精準轟炸」。

圖9　廣島和長崎轟炸時的史帕茨將軍。他在日記中說他本來反對動用原子彈，但後來接受了其必要性。

華府、長島海霍德、天寧島、關島，一九四五年八月五日至九日

格羅夫斯將軍喜歡掌控一切，但此刻他無法如願。他坐在華府維吉尼亞大道上新戰爭大樓五樓的辦公室裡，等待原子彈轟炸廣島的消息。[1]這是一座裝飾簡約的建築，距離白宮不遠。他原本預期在晚餐左右收到報告（此時還是八月五日，華府比天寧島晚十四小時），但沒有收到。他返回辦公室，坐在那裡等，他的助理們焦急地圍在四周。他解開襯衫領口，解下領帶，捲起袖子。他後來寫道：「雖然這完全不像我，但我想讓氣氛輕鬆一點。」他的助理和忠心的祕書奧利瑞女士開始玩撲克牌。一堆一美元的鈔票在她手邊愈堆愈高。奧利瑞女士一直贏錢。

終於，在十一點三十分，一名信差拿著一份電報衝進門來（令人難以置信的是，來自天寧島的最高機密電報居然晚了四個小時才到，因為電報部門誤發往馬尼拉轉送）。格羅夫斯打電話給馬歇爾將軍，馬歇爾禮貌地向他致謝。隔天早上，格羅夫斯、阿諾德將軍和哈里森（史汀生負責S-1的助手）才用保密電話打給戰爭部長。史汀生人在海霍德，剛從波茨坦回來。

「天氣多雨，我在一早收到S-1行動成功的消息。」史汀生在當晚八月六日星期二的日記中寫道。他沒有其他反應，也沒有表達任何感受。在五角大廈，馬歇爾將軍告誡大家

不要顯得太過高興，因為一定會有許多日本平民被殺害。格羅夫斯則說，他不太關心日本人的傷亡，只關心在巴丹死亡行軍中被殺害的美國士兵。離開時，阿諾德將軍拍了拍格羅夫斯說：「我很高興你這樣說，這正是我的感受。」[2]

在海霍德莊園，史汀生又恢復律師本性，他要看到證據。五角大廈與第五〇九混合飛行大隊在天寧島基地的通話雜訊很多，戰爭部長勉強詢問格羅夫斯的副手法雷爾將軍說：「你們盤問F-13機組員後，有沒有得到更多訊息？」[3]F-13是指飛到廣島的三架B-29的機組人員，除了「艾諾拉．蓋伊號」，還有兩架負責拍攝和測量。

在最初拍攝的照片中，廣島仍被煙霧掩蓋。等到第二天巨大煙霧散去、火勢停止後，一架偵察機再次飛到廣島上空。這次的照片顯示，廣島有百分之六十的面積被摧毀。有十平方公里的地方一顆石礫都沒有，「好像被巨風清掃過一樣」，一份報告說。[4]

**

在史帕茨俯瞰關島圖門灣的將官寓所中，八月六日那天晚上的撲克牌局早早結束。牌局參與者之一是《時代生活》週刊（*Time-Life*）的記者查爾斯．墨菲（Charles Murphy）。由於出版商亨利．魯斯與史汀生助手洛維特之間的關係，魯斯的媒體帝國得以近身採訪陸軍航空隊高層。墨菲為《時代生活》撰寫的一篇報導初稿中寫道，在史帕茨牌桌上的一群「年輕的聯隊指揮官」，「他們討論新炸彈的奇特性質多過討論牌局」。這些空軍人員都在疑惑：在褐色煙霧遮蔽下的廣島究竟發生了什麼？

「第二天早上，史帕茨將軍和李梅將軍桌上的照片解答了這個問題。」墨菲在初稿中寫道，這份初稿將呈給史帕茨審查和批准。這位記者繼續寫道：「李梅將軍把照片拿給我看，」自從墨菲在七月初來到關島採訪後，李梅就有給他看那些被燒毀城市的照片。「我立刻就看出這座城市已被完全摧毀，只剩下一片平整的灰燼荒地。」李梅本來一直說原子彈只是比較大型的炸彈，但他似乎也很震驚。為了讓記者更了解，李梅用手指指出衝擊波的行進方向。「這真是了不起。」李梅發出專業的讚嘆。

但墨菲再仔細看了看：

> 我原本預期會看到一個非常巨大的破壞場面，至少會有一個巨大的坑洞。但我愈仔細研究這張照片，愈覺得它與我過去五週在馬里亞納看到的許多其他被轟炸日本城市的高空照片並沒有太大不同。

墨菲向李梅表示他的訝異。這位將軍冷靜地解釋說，日本城市都以木材和紙張為主要建材，在燃燒彈攻擊後，「什麼都無法倖存」。[5]如果四散的火苗匯聚成一團巨焰，城市就會被燒光殆盡，只留下「冷漠、死寂的半色調照片。」墨菲寫道。然而，原子彈的殺傷力來自衝擊波，一些建築物之所以還能留存，是因為「壓力曲線上的某些巧合」。李梅用了一個基礎物理學的術語說。

＊＊

「早上五點我有點心臟病發作。」史汀生在八月八日星期三的日記中寫道。雖然這次發作並不嚴重，但是個警訊。他知道自己不能再繼續目前的工作太久了。他打算告訴總統，他要盡快辭職。

但他要先讓總統看看這些照片。就在他搭車去白宮之前，洛維特拿給他一張廣島被原子彈轟炸後的照片，這張照片是從馬里亞納群島飛了三十多個小時超過一千二百公里送過來的。

杜魯門在橢圓形辦公室和史汀生一起看照片，照片中是一片荒涼的灰色地景，有點像菸灰缸底部。航空隊一一標示出被摧毀的各個橋梁、倉庫、火車站和日軍建築物。

史汀生當晚在日記中以他一貫的風格寫道：

我向總統展示了來自關島的電傳報告，顯示了破壞程度；還有一份電報部門的公報，顯示了東京在八月八日上午九點所報告的破壞情況。我給他看了洛維特先生在我出門前從航空隊拿來的照片，顯示了全面性的摧毀以及破壞半徑。他說，這種毀滅性破壞的可怕責任，將落在我們和他身上。

＊＊

兩天前，杜魯門在「奧古斯塔號」上從波茨坦返航，一名海軍上校交給他史汀生發來的電報說，對廣島的原子彈攻擊「完全成功」。杜魯門當時正在餐廳與士兵們共進午餐。總統跳起來喊道：「上校，這是歷史上最偉大的事情！」[6]然後他用銀器敲擊酒杯，向正在用餐的水手們重複這個消息。大家齊聲歡呼。

各地的士兵和水手都對這個消息興高采烈。在沖繩的海軍陸戰隊正在準備登陸九州海灘，士兵們都祈禱不用再發動進攻了。

但現在，在八月天午後的總統座艙中，廣島被夷平到一片死寂的景象印在杜魯門心頭，他開始思考自己的「可怕責任」。如果他仔細看的話，他可能會發現在照片中被辨認出來的三十個目標中，只有四個是軍事目標。[7]杜魯門不像李梅或史汀生常看城市被轟炸後的照片，但他非常了解道德的模糊性，他內心的矛盾感正悄然襲來。

杜魯門原定要在兩天後發表全國廣播演說。在「奧古斯塔號」上，他著手撰寫演說稿。他的第一份草稿寫於原子彈攻擊之前，和他在七月二十五日於波茨坦所寫的日記很相似，他稱廣島是「純軍事目標」，只針對「士兵和水手」，而非「婦女和兒童」。杜魯門在第一份草稿中說：「世界會注意到第一顆原子彈是投擲在廣島，這是個純粹軍事基地。因為我們不想殺害婦女、兒童和無辜平民的生命。」8

但不論杜魯門如何希望，他剛看到的照片卻完全不是那麼回事。於是他開始修改用詞。他寫道：

> 世界會注意到第一顆原子彈是投擲在廣島，這是個軍事基地。因為我們希望在首次攻擊時盡可能避免殺害平民。

他把原子彈由複數改為單數，把「純粹」二字從「軍事基地」前面拿掉。「婦女、兒童的生命」也拿掉了，在「殺害平民」前面加上「盡可能」三字。他是在避險，不是在道歉，然後他繼續寫道：「這次攻擊是個警告。如果日本不投降，炸彈會投向其軍火工業，成千上萬平民將不幸喪命。」

然而，他的堅定中其實帶有悔意。他在前一天收到老同事喬治亞州參議員羅素（Richard Russell）的強硬電報：

> 請容許我建議，我們應該停止勸說日本按照《波茨坦宣言》投降。讓我們對日繼續作戰，直到他們乞求我們讓他們無條件投降。我們應該停止對日本提出和平請求。下一次的和平請求應該來自一個徹底被毀滅的東京。

在幾乎無解的兩難中掙扎，杜魯門回覆道：

> 我知道日本在戰爭中是非常殘忍和不文明的國家，但我無法相信僅僅因為他們是禽獸，我們就應該和他們一樣。我的目標是盡可能拯救美國人的性命，但我對日本的婦女和兒童也有人性的情感。[9]

杜魯門在書桌上寫這封信的同時，也在處理他在波茨坦一個月期間所積累的個人帳單。[10]他開出十幾張支票，其中有些支票用於支付白宮的雜貨（例如向大都會家禽公司支付五點零三美元）。他知道，如果有必要，航空隊將在日本投放不只一顆S-1。但他並不知道（因為沒有人告訴他），有一架B－29轟炸機正在天寧島準備起飛，要載運第二顆原子彈前往日本。[11]

＊＊

馬歇爾將軍擔心史帕茨將軍的關島總部會太過得意洋洋。史帕茨偕同法雷爾和李梅將軍召開了記者會，大談原子彈是空權的未來。八月八日下午，大約是杜魯門總統在書桌上開支票和寫信給羅素參議員的時候，陸軍總參謀長發了一份「僅限親閱」的電報給史帕茨將軍：

全美各報紙都引述你和李梅將軍說要是諾曼第登陸時就用這種炸彈會如何如何，以及現在的軍隊不必再在太平洋打仗、不必再發動進攻，以後的軍隊也可以大幅縮減等等。我希望你們不要再說這些話。[12]

史帕茨很尷尬，急忙回一封「僅限親閱」的電報給馬歇爾：

> 你的意思我已理解並會遵守。我不認為我或李梅對媒體的任何發言會被解讀為我們的軍隊不必再打仗了。我的發言顯然被誤用了：如果這種炸彈在戰爭早期就可用，它可能會將戰爭縮短大約六個月。很抱歉造成困擾。我將來對媒體的發言（如果有的話）都將以書面形式發布。[13]

航空隊的自滿態度不僅限於史帕茨的總部或第五〇九混合飛行大隊在天寧島的基地。在同一天，八月八日（在關島是八月九日），史帕茨收到來自諾斯塔德將軍的電報，諾斯塔德是阿諾德將軍在華府的助理參謀長：

> 據了解，戰爭部長將在明天的記者會上發布一張廣島的地圖或影印件，展示投彈瞄準點和受損最嚴重的區域。據信，這枚炸彈的精準投放可以消弭人們對CENTERBOARD專案（即原子彈）有涉嫌任意、無差別轟炸的看法。[14]

著名的戰略轟炸史學家克萊恩（Conrad Crane）後來指出：

> 如果向城市投放原子彈可以被視為一種精準轟炸的方式，那麼這套準則已經演變

到一個不用再考慮平民傷亡的地步。[15]

然而，在關島總部，史帕茨將軍依然一方面堅持要放過平民，一方面又要展現空權的決定性影響力。他既想服從大局，又想維護自己的良知。這並不是容易的事。

在第五〇九混合飛行大隊總部，法雷爾將軍組成一個他戲稱為「天寧島參謀會議」的團隊，成員有帕森斯上校（Deak Parsons）和普奈爾海軍少將（William Purnell），後者是他在曼哈頓計畫的夥伴，追隨他從洛杉磯來到天寧島。史帕茨下令只要原子彈準備好了，就要對名單上的四座城市目視投彈。第二次轟炸預定在八月十一日，但由於天氣因素，「天寧島參謀會議」將三位一體試爆的鈽元素彈「胖子」提前至八月九日投放。[16]①（派駐在第五〇九混合飛行大隊的《紐約時報》記者威廉．勞倫斯後來諷刺地說，這個天氣預報「來自波茨坦」。[17]）在關島、天寧島或華府，沒有人提到要先等待日本對第一顆原子彈的回應。與此同時，「天寧島參謀會議」已經在為第三次轟炸做準備——最好是東京，雖然

① 作者注：第一顆炸彈綽號「小男孩」，是槍式裝置，用鈾原子射擊其他鈾原子來達到足以爆炸的「臨界質量」。第二顆炸彈綽號「胖子」，是內爆式裝置，用均勻的爆炸對亞臨界的鈽核心進行壓縮，以達到臨界質量。

東京並不在名單上（幾週前，杜魯門在他的日記中已經排除了這個選項）。第三顆原子彈最快可以在八月二十日準備就緒。在八月九日下午四點二十六分（天寧島時間），一封電報被發往華府的阿諾德將軍：

> 有鑑於在三位一體試爆和廣島的爆炸效果遠超過樂觀預期，普奈爾、帕森斯和法雷爾認為，應立即重新討論目標選擇。[18]這個議題今天在關島與（美國太平洋艦隊司令）海軍上將尼米茲（Chester Nimitz）及史帕茨進行了討論，他們一致同意我們以下觀點。
>
> 由於破壞力巨大，在可行的情況下，目標至少每邊應有四點八公里長（即二十三點三平方公里，這樣才足以展現爆炸的破壞程度）。目標有一些部分被摧毀的區域仍存有大量人口和一些工廠，能夠造成顯著的心理影響。我們認為「恐慌半徑」應至少為十六公里。建議戰爭部不要再要求目視轟炸，而是要留給前線指揮官來決定。除了小倉以外，我們認為其餘已批准目標的形狀都不合適。我們不想浪費任何效果。建議修正目標名單，加入大城市為目標。特別建議要把東京地區納入為目標。

雖然這封電報說「史帕茨……同意我們以下觀點」，但這並不完全正確。史帕茨想要的是「心理影響」，也就是把日本人嚇到投降。但他並不想把炸彈投到「仍存有大量人口」的地方。他的想法是把炸彈投到只有少數人或沒有人的地方。在一九六二年為航空隊做口述歷史時，史帕茨對訪問者表示他傾向把炸彈投到「海上或荒野」，人們可以「看到效果」，但不被殺害。

但在一九四五年八月時，他的所有同僚都想攻擊大城市。他知道自己的想法不可能實行，所以他想尋求折衷。「我認為如果要投原子彈，可以投在郊區，例如東京灣，對城市和居民就不會造成那麼大的破壞，」史帕茨在一九六二年的口述歷史中表示，「我在轟炸廣島和長崎中間用電話提出這個建議，但我被告知繼續轟炸目標。」[19]

史帕茨也許是用無線電通訊向格羅夫斯和阿諾德提出這個建議，但並沒有正式紀錄，華府也沒有回覆。把原子彈投到東京灣可能會造成具有放射性的海嘯，這不會是史帕茨想要的。史帕茨不僅想用原子彈來結束戰爭，他也想要結束美國對日本城市的轟炸。[20]

8.

否認

Denial

「把機上所有信號彈都打出去！」

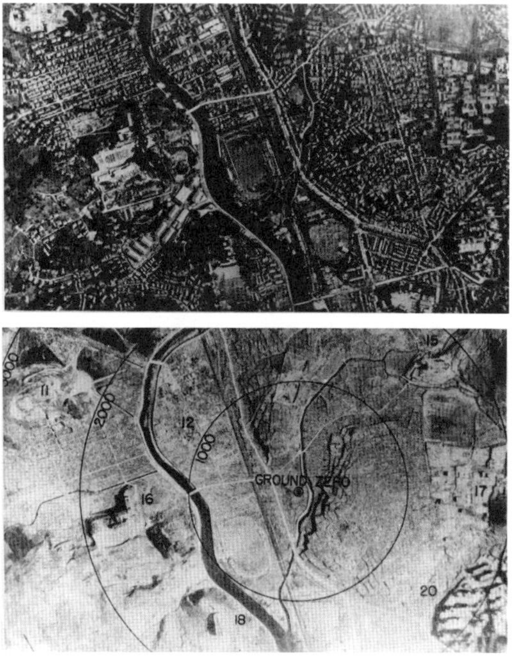

圖10　原子彈爆炸之前與之後的長崎。

東京、天寧島和沖繩島，一九四五年八月六日至九日

東京在八月六日那天收到的第一份報告非常粗略。[1]廣島的電報和電話線路都中斷了，火車已從廣島改道，東京已開始聽說南邊發生大災難的傳聞。下午六點鐘，距離原子彈爆炸已超過九個小時，國營的「同盟通訊社」為了穩定民心，簡短發布了一則消息：

> 幾架B-29轟炸機在八點二十分襲擊了廣島，投擲燃燒彈和炸彈後飛離。破壞程度正在核實當中。[2]

第二天黎明，副總參謀長河邊虎四郎收到第二軍總部（或殘存的總部）的消息，只有一句話：

> 整個廣島市被一顆炸彈瞬間摧毀。[3]

河邊將軍很清楚日本自己的原子彈計畫因為太困難、時間拖太久而放棄。他猜想美國應該是成功了。[4]但他仍然盼望日本人的精神能夠戰勝美國人的科學。

與此同時，外務大臣東鄉被國營新聞社一名官員叫醒，他們從短波廣播聽到杜魯門向世界宣布首度動用原子彈。東鄉讀到的譯文說：

我們投入二十億美元進行了一場歷史性的賭博，並最終取得勝利……為了挽救日本免於徹底毀滅，七月二十六日在波茨坦發出了最後通牒。他們的領導人迅速拒絕了這個最後通牒。如果他們現在不接受我們的條件，他們將面臨從天而降、在地球上前所未見的毀滅性打擊。5

日本政府壓下了杜魯門的演說，盡可能不讓日本人民知道真相。但東鄉請鈴木首相召開內閣緊急會議，想藉此機會說服強硬派領袖。在會議中，東鄉表示「原子彈將革命性地改變戰爭」，因為軍隊已經完全無用，他還警告說其他城市可能遭受和廣島一樣的命運。6他希望讓軍方能有投降的下台階。

但陸軍大臣阿南將軍嗤之以鼻。他表示現在談和還太早。沒有證據能證明這是原子彈。他說杜魯門的演說只是宣傳或詭計，只是一貫地虛張聲勢。他要同僚們放心，陸軍正在研究情況。但阿南隱瞞了自己的擔憂。在當晚的日記中，他承認美國人確實是動用原子彈，他也請教科學家關於鈾彈的後續影響。他的裝模作樣似乎只為爭取時間，用一副勇敢的面孔維持士氣，保持他在軍方強硬派中的聲望。我們很難知道阿南的真實動機，可能他自己也不清楚。

陸軍成立一個小組到廣島調查，其中一位是日本首席原子科學家仁科芳雄。但這個由九名科學家和軍官組成的小組在東京近郊的空軍基地有所延誤，因為美國戰機正在往西南方九州方向飛去。最終，在八月七日傍晚，一架小型偵察機抵達被轟炸的城市。先遣隊在粗糙的跑道上著陸，他們驚訝地發現沒有任何道路的痕跡，只有一大片荒地，草木皆被燒毀，呈現一片淡紅色。

下機後，一名日本空軍官員來迎接這些科學家和軍官。他的樣子既詭異又駭人。他的臉部有一半燒焦起泡，另一半卻完全正常。這名軍官維持良好的軍人本色，他表示：「所有曝露在外的部分都會被燒傷，但有稍微覆蓋的部分就沒事。因此，不能說完全沒有對策！」[7]於是在接下來幾天，一些軍方專家建議穿白色衣服以抵擋輻射線。

✶✶

「天熱而晴朗。」廣島醫生蜂谷道彥在八月八日的日記中寫道。[8]超過九成的廣島醫生都死了，但蜂谷醫生在距離爆炸點一千五百公尺的廣島通訊醫院堅守崗位。這家醫院已被燒焦，人滿為患。他看到幾十名患者出現血便現象。蜂谷醫生懷疑是不是有痢疾爆發。他不知道這是輻射線感染的第一個症狀。他寫道：

傍晚時分，輕微的南風吹過城市，飄來一股類似沙丁魚燒焦的氣味。我不禁想這種味道是什麼造成的，直到有人告訴我那是衛生隊正在火化遇難者的遺體。往外看，我能看到城市四周許多地方有火。之前，我以為那些火是瓦礫堆在燃燒……我突然意識到那其實是在燒屍體，不禁打了個冷顫，感到一陣噁心。

✶✶

八月八日早晨，外務大臣東鄉試圖覲見天皇。他希望能讓「聖心」同意談和。下午三點五十五分，東京空襲警報大作，東鄉被帶到一個新建的防空洞，此處位於皇宮中的帝國大本營，比天皇平常在御文庫底下的防空洞更深。[9]在那裡，裕仁天皇心懷恐懼地等待著，但他努力不讓人看出來。

日本的防空系統接收到一組美國空軍第五〇九混合飛行大隊的無線電訊號，正是這個單位摧毀了廣島。東京會是下一個目標嗎？裕仁對軍方的懷疑和不信任愈來愈強烈。他所得到關於廣島的片段資訊並不是來自他的武官，而是來自其隨從蒐集到的傳聞和二手消息。每隔一個小時左右，天皇都會詢問有關廣島的最新情況。[10]就在幾分鐘前，更令人不安且確鑿的報告傳來，政府的首席原子科學家仁科芳雄已經確認廣島是被原子彈摧毀的。

東鄉看得出來，裕仁擔心下一顆原子彈會瞄準他。這種恐懼不是沒有道理。美國人的燃燒彈已經落在皇宮，為什麼不會用更強的炸彈呢？

率直的外務大臣毫無紓解天皇擔憂之意。他報告說，美國和英國的廣播「極其興奮地」重複宣傳原子彈的消息。[11]我們已經來到了「轉折點」，東鄉說，這是一個結束戰爭的轉折點，但當然，前提是要維持天皇制度，即國體。東鄉警告說，如果日本不採取行動，就會受到更多原子彈轟炸。

「正是如此，」裕仁天皇回答道，「我們不能錯失結束戰爭的機會。」裕仁叫他把意思傳達給鈴木首相，而鈴木首相到此時還是畏懼日本狂熱派軍官甚於B-29轟炸機。東鄉匆匆從皇宮趕往首相官邸，請他召開「六巨頭」會議。鈴木同意了，他的助理開始打電話給其他四位，分別是陸軍和海軍大臣，以及陸軍及海軍總參謀長。但回話傳來，他們「沒空」。其中一位回說他正忙於「更急迫的事情」。東鄉沒有記錄下他對這種荒謬藉口的反應。此時，他已經習慣活在一個不切實際的世界中。事實上，儘管他比其他人都要清醒，但他自己也不免有妄想。

東鄉還是期望俄國能出來當調停人。他拍電報給人在莫斯科的佐藤大使，問他是否能讓天皇特使近衛公爵到克里姆林宮覲見：

我們必須盡快了解蘇聯的態度。所以，請用全力盡快獲得他們回覆。[12]

東鄉相信，或幻想，如果近衛公爵能和史達林與莫洛托夫講道理，俄國人就會知道他們有必要阻止美國主宰東亞。

莫斯科時間八月八日星期三下午五點（東京時間下午十一點），回覆終於傳來。佐藤被召進外長莫洛托夫的辦公室。莫洛托夫開門見山，向佐藤宣讀一份預擬好的聲明：

蘇聯政府宣布自明天八月九日起，蘇聯將和日本處於戰爭狀態。

佐藤感謝莫洛托夫為實現和平所做的努力，語氣充滿了嘲諷。

＊＊

滿洲此時剛過午夜，已有數千名紅軍部隊跨過邊境發動攻擊。曾經驕傲自大的日本關東軍竟然做了不可置信的事：他們投降了。蘇軍都是在歐洲打過仗的老兵，他們不會日文，就用德文大喊：「舉手投降！」[13]沒多久就有成千上萬名日軍投降。其中多數淪為俄國人的奴工。超過十萬名日軍和日本移民失蹤或死亡。

* *

「胖子」的重量超過五噸。其中的鈽核心摸起來是溫的。這顆炸彈被漆成亮黃色。有人在其鼻端噴寫了「J A N C F U」，意思是「陸海空軍聯合惡搞」（Joint-Army-Navy-Civilian Foul-up）。[14]這只是一個調皮的玩笑，但「胖子」的投放相當不順。

八月九日凌晨十二點三十分，在天寧島的半桶狀機房中，負責投放「胖子」的B–29轟炸機「博克斯卡號」機組人員在做最後簡報。大約就在此時，蘇聯坦克正在滿洲跨過日軍防線。助理飛行技師加拉赫（Ray Gallagher）情緒低落。[15]他認為這已經是第二次出動，日本人一定在等著要把載有原子彈的B–29打下來。

飛行指揮官史威尼少校（Charles Sweeney）面臨兩難。他是一位虔誠的天主教徒，已經去告解過，但他有些懊惱不能坦白自己要告解什麼（因為極機密）。[16]另一個比較實際的問題是，「博克斯卡號」的輔助油箱有一個燃油泵塞住了，沒有時間更換。[17]天氣正在變壞，閃電已經點亮天空。史威尼和第五〇九混合飛行大隊指揮官提貝茲討論此事，提貝茲告訴他輔助油箱主要是用來配重的。史威尼最後決定主油箱的燃油足夠飛行。他覺得壓力很大，想和提貝茲的「伊諾拉．蓋伊號」一樣完美完成任務。

「博克斯卡號」忽上忽下地穿過雲雨飛往日本。早上七點，當陽光穿透高聳的積雲時，監控「胖子」的引信和發射電路盒的一個紅燈突然閃爍。[18]燈號表示炸彈已完全上膛，很可能在飛行途中引爆。電子官巴恩斯中尉（Phil Barnes）暴躁地查看接線圖，拆下盒子的外殼檢查開關。令人難以置信的是，這顆炸彈雖然經過細心的準備工作，居然還有兩個開關被設定錯誤。巴恩斯努力保持鎮定，重設開關。警告燈熄滅了。

上午九點，「博克斯卡號」在屋久島上空盤旋，原定與另外兩架B-29會合。攜帶測量儀器的飛機出現了，但攜帶攝影機的那架飛機沒有。負責攝影的飛機在錯誤的高度盤旋，超過預定高度二千七百公尺。①負責攝影的飛機打破無線電靜默，向天寧島的空軍基地詢問「史威尼中止任務了嗎？」「博克斯卡號被擊落了嗎？」訊號很差，天寧島的塔台只聽到「博克斯卡號被擊落了」。[19]聽到這裡，法雷爾將軍不禁胃酸上湧。

---

①編按：前面曾提過轟炸機要在九千公尺高度，才能在投彈後安全脫離。

上午十點四十五分，史威尼少校晚了四十五分鐘抵達目標城市小倉。他往下看去，只見一片雲霧。早些時候，氣象飛機還報告說目標上空天氣晴朗，但現在已雲霧大作。前一天，李梅將軍手下約二百架B-29才剛轟炸過鄰近的八幡市。命令是要進行目視投彈，不允許使用雷達。「不能投，看不見目標。」投彈手比漢（Kermit Beahan）喊道。史威尼繞圈，決定再試一次。還是「不能投」。[20]然後又試了一次。此時，高射火砲開始射向「博克斯卡號」。無線電人員收到訊號，日軍正出動戰鬥機。

史威尼迴轉，飛向「次要」目標長崎。[21]這是一座位於九州西岸的海港城市，有時被稱為「東方的舊金山」。它是一座古老的貿易城市，有大量天主教徒。距離只有半小時航程，但「博克斯卡號」的燃油量只剩下最後兩小時。機組人員愈來愈緊張。上午十一點三十二分，第三號駕駛奧利維中尉（Fred Olivi）在日記中寫道：

> 降低動力以節省燃油——不知道太平洋有多冷？我們跳機的機會很大！

長崎也被雲層覆蓋。史威尼少校陷入困境。他無法帶著已上膛的「胖子」安全地緊急降落，也不能在機上有炸彈的情況下放棄飛機。然而，他也不想浪費這枚炸彈，把它丟到海裡。

武器官阿什沃斯（Fred Ashworth）焦急地僭越史威尼少校的指揮權，宣布他們必須違反命令，靠雷達投放炸彈。[22]剩下的燃油只夠嘗試一次。在最後一刻，投彈手比漢從玻璃機鼻處喊道：「我看到了！我找到了！」透過雲層的縫隙，他辨認出一個他在長崎的空照圖中見過的體育場。飛機已經越過原來的瞄準點，也就是市中心，現在位於浦上工業谷上空。中午十二點零二分，比漢喊出「投彈」，「胖子」隨之墜落。炸彈在四十七秒後爆炸，距離原來的目標超過一公里多遠，但正好就在三菱軍械廠上空，襲擊珍珠港的魚雷就是這家工廠生產的。「有如一個沸騰的鍋爐，」奧利維中尉寫道，「我記得主要是鮭魚粉紅色，但裡面還有各種該死的顏色。」

在炸彈爆炸前，奧利維心想「我們會殺掉許多平民、婦女、兒童和老人」，他在日記中寫道。「博克斯卡號」返航時，奧利維又想到「殺害平民」這件事。但他並沒有「想太多」，因為「我相信如果他們有（原子彈）的話，他們也會轟炸我們。」

史威尼少校一飛離日本沿海就發出求救訊號，以防他們要跳機。沒有人收到訊號，因為自稍早從攝影飛機那裡聽到「任務中止」後，伴隨任務的救援飛機和潛艇就已返回基地。

史威尼知道「博克斯卡號」的燃油不夠回到天寧島，於是他飛向距離比較近、位於航程極限的沖繩島。當油表接近歸零時，「博克斯卡號」飛抵沖繩機場，但塔台沒有回應——塔台人員正忙著招呼剛執行轟炸任務回來的B-24和B-25。跑道上擠滿了飛機。

「把機上所有信號彈都打出去！」史威尼大喊。不同顏色的信號彈代表不同的緊急狀況，例如機上有傷員、燃料不足、機械故障等。奧利維中尉將信號槍伸出機身頂部的舷窗，接連發射信號彈。

史威尼擔心隨時會耗盡燃油，以時速二百四十公里進場，遠高於正常速度。第二台引擎嘶嘶作響後熄火。飛機著陸，朝著一堆B-24飛機的方向滑行。史威尼奮力控制飛機，猛踩煞車。「博克斯卡號」轉向，減速，終於停下。他們的油箱只剩三十五加侖，原來是七千多加侖。

史威尼少校疲憊不堪，幾乎站不起身，他與武器官阿什沃斯一道坐吉普車前往通訊室，發電報給天寧島基地的法雷爾將軍。通訊室表示他們很忙，無法幫他發消息。阿什沃斯厲聲要求要見杜立德將軍。杜立德中將是率先對日轟炸的英雄，現在是第八航空隊的指揮官，該部隊已從歐洲戰區轉移到沖繩，開始對日本進行軍事行動。

阿什沃斯獲准覲見令人生畏的杜立德。在將軍的帳篷裡，阿什沃斯攤開目標地圖，指出長崎市中心的預定瞄準地點，再指向實際轟炸地點，即位於三菱兵工廠附近的山谷。杜立德將軍研究地圖片刻後說：「史帕茨將軍會更高興這枚炸彈是在城市的工業區爆炸。」

杜立德知道，這樣子的話，平民會死得比較少。確實，雖然「胖子」的威力幾乎是

「小男孩」的兩倍（二萬公噸對一萬二千公噸），但爆炸時的死亡人數只有一半（三萬五千人對七萬人）。浦上山谷的山坡阻擋了衝擊波。在歐洲，杜立德將軍一直強烈支持史帕茨將軍，希望減少平民傷亡。

9.

聖斷

Sacred Decision

「我們將從死中求生。」

圖11（左圖） 一九二八年，裕仁天皇身穿神道禮服即位。
圖12（右圖） 一九四五年的裕仁。他既是神，又是軍方的工具，直到他擺脫軍方控制為止。

東京，一九四五年八月九日至十日

八月九日凌晨四點左右，外務大臣東鄉醒來。國營的同盟通訊社來電報告，蘇聯士兵和坦克已跨越邊界進入滿洲。「你確定是真的嗎？」東鄉問道。[1]但他已感到不祥。他在日記中寫道自己「粗心大意」。[2]由於他希望仍有時間與俄國人協商，他忽略了俄國人已經有準備進攻的跡象。他在戰前當駐俄大使時曾協助簽定《日蘇中立條約》，而現在距離該條約到期還有好幾個月。他對自己外交能力的自信心蒙蔽了他的判斷力，甚至壓過他原本認為俄國人永遠不會是和平夥伴的看法。東鄉深深覺得辜負了天皇。

俄國入侵滿洲對日本軍方來說本該是件不意外的事情。俄軍即將入侵的蛛絲馬跡非常多，例如俄國士兵沒帶冬季衣物和裝備就向東進發，但這些都沒報告給東鄉的外務省。[3]儘管如此，堅持以本土決戰打到最後的陸軍副總參謀長河邊中將，還是在日記中寫道，自己受到「嚴重的衝擊」。「蘇聯終於來了！我的判斷錯誤。」[4]

在震驚之餘，東鄉知道日本必須立即接受《波茨坦宣言》的投降條件，唯一能爭取的是保留天皇制度。然而，軍方仍然堅持幻想。河邊將軍在日記中寫道：「我們必須堅持不懈，繼續戰鬥。」[5]他立刻著手準備在日本全國宣布實施戒嚴。他寫道：「如果有必要，我們將改組政府，由陸軍和海軍接管。」日本將成為軍事獨裁政權，再次回到幕府時代。當然，這一切都是以天皇之名。

河邊將軍匆匆前往陸軍省的阿南將軍辦公室。陸軍省是一座宏偉的裝飾藝術風格建築，坐落在離皇宮不遠的市谷高地，幸運地逃過美國轟炸機的轟炸。阿南一如既往地精神抖擻。河邊知道他要去參加「最高戰爭指導會議」的緊急會議。「六巨頭」原本對廣島遭原子彈轟炸的後續影響爭論不休，俄國入侵讓他們不能再拖延。河邊懇求阿南要堅決反對投降，並報告了他的戒嚴計畫。阿南並沒有明確支持河邊，但也沒有駁斥他，只說他明白河邊是代表整個總參謀部發言，也就是那些掌控日本軍事機器的狂熱分子。河邊在日記中記載，阿南向副總參謀長保證，他將「誓死」反對投降。[6]

在出門時，阿南說：「如果不接受我的觀點（即日本必須繼續戰鬥），我將辭去陸軍大臣職務，並請求調任到中國的任何一支部隊。」他的說法並非虛張聲勢。如果陸軍大臣辭職，政府就會垮台。接下來就是戒嚴，任何和平投降的希望都將煙消雲散。

「六巨頭」在上午十一點召開會議，恰好在「博克斯卡號」打開炸彈艙門的同時。鈴木首相不知道長崎的情況，但他這次不再採取道家式的消極態度，直截了當地指出：日本必須立即接受《波茨坦宣言》，結束戰爭。

會議室位於陸軍省的防空洞裡，沒有人發言。鈴木的表態太過突然，這非常「不日本」，正如一位歷史學家所說。[7]在潮溼的八月炎夏中，房間裡靜默而悶熱。最終，海軍大臣米內開口說：「我們一直沉默是無濟於事的。」[8]

以前很英俊的米內，如今因疲憊和飲酒而眼窩深陷，他開始闡述選項。日本可以選擇直接投降，或者可以提出一些條件。大家一致同意，第一個條件就是要堅持維護國體，即天皇制度。另外還有三個條件，旨在阻止美國人進入神聖的日本本土。盟軍不得：

一、占領日本。
二、進行戰爭罪行審判。
三、解除日本武裝，這應該由日本自己來做。[9]

桌子周遭有些人點頭。但外務大臣東鄉意識到，不管米內是不是故意的，他都在打開潘朵拉的盒子。他提出這三個條件來「討論」，正好讓軍方躲避戰敗責任。不僅在場的兩位陸軍大將和三位海軍大將能逃過國際戰爭罪行法庭的審判，更重要的是，他們將不必為戰敗負責。他們可以保有權力，假以時日再用天皇的名義變成國家的真正統治者。東鄉是一位研究一次大戰的學者，他知道戰後的德國軍官都聲稱自己沒有在戰場上被擊敗，而是被政客「從背後捅刀」。在市谷高地的陰暗防空洞中，桌上的人想玩同樣的把戲——活下來為他日而戰，正如希特勒為德軍所做的那樣。

東鄉感到很沮喪。米內的真實意圖和動機無法確定。米內被視為「主和派」，但他和鈴木首相及東鄉一樣害怕被人刺殺。無論如何，東鄉覺得又被模稜兩可的米內擺了一道：在六月時，米內也沒有反對軍方要戰到最後一兵一卒的《今後應採取的戰爭指導大綱》。當天早上在「六巨頭會議」之前，東鄉曾私下和米內談話，米內答應東鄉會支持接受《波茨坦宣言》（至少東鄉是這麼認為的）。[10]現在，東鄉覺得被背叛了。

東鄉是很務實的政治家，他知道對《波茨坦宣言》開條件是行不通的，會被美國直接拒絕。美國及其盟友可能會同意讓日本保留天皇，但絕不會同意其他三個條件。戰爭只會繼續下去——而這正是日本軍國主義者所希望的。

阿南將軍也不偽裝。他堅持認為，投降是不可能的。日本還沒有輸。「一億國民」可以也必須為「大和民族」，這神話中的日本民族奮戰至死。

東鄉質疑阿南的夸夸其談。在兩天前沒有其他人聽到的一次私下談話中，阿南曾向東鄉默認日本戰敗只是時間問題。[11]現在，當著其他「六巨頭」成員的面，東鄉當起律師對阿南交互詰問，要揭穿阿南的裝腔作勢。他問道：「陸軍大臣真的相信日本能戰勝嗎？真的能把美國人趕到海中嗎？」

東鄉以近乎輕蔑的口氣反覆質問。但阿南有他的答案，實際上這是他已經講了好幾星期的觀點。這觀點雖然充滿好戰思想，但並非天馬行空，那便是用「流血戰略」來支撐本土決戰。日本不必在戰場上打敗美國人，只要讓他們血流成河，將傷亡人數提高到美國這個物質上強大、但精神上脆弱的國家不得不求和的地步。然後，日本便可提出條件談和。如果真要被占領，日本至少可以要求不能占領東京。如果要進行戰爭罪行審判，那就讓日本自己來審判。如果要解除武裝，那就讓日本自行收回日軍的武器，維護軍方的榮譽。

阿南的強硬言論引起共鳴，特別是陸軍及海軍總參謀長。陸軍總參謀長梅津將軍說，日軍不能投降。「投降」這個詞不存在他們的字典裡。他說，士兵已經受過訓練：「如果他們失去武器，那就用腳戰鬥；如果不能用腳戰鬥，就用牙齒咬；如果不能，就割掉自己的舌頭自殺。」[12]

但東鄉提出反駁，面對原子彈呢？美國人根本不需要入侵並在地面作戰。他指出，美國總統已經威脅要對日本城市施加「毀滅之雨」——更多的原子彈。

廣島的慘況是東鄉的王牌，但海軍總參謀長豐田也發表意見。他和阿南、梅津來自九州同一個地區，三人聯手反對東鄉，因為東鄉古老的韓國血統使他受到懷疑。豐田很了解日本已停滯的原子彈研發計畫，他堅稱任何國家都不可能擁有足夠的鈾來製造超過一顆原子彈。

討論到此已接近下午一點鐘，一名傳令員走進房間，遞給鈴木首相一張紙條。他大聲讀道：

長崎市今天早上遭受廣島式的嚴重攻擊，損失慘重。

這無疑是東鄉要贏得辯論並說服「六巨頭」接受《波茨坦宣言》的證據。儘管大家都在虛張聲勢，但「六巨頭」都有聽聞東京會是下一個原子彈轟炸的目標。有一名美國戰俘麥迪爾達中尉（Marcus McDilda）供稱，B-29轟炸機已經鎖定日本首都。[13]實際上，麥迪爾達是從轟炸機跳傘被捕後，在嚴厲審訊下編造出這個故事。

阿南將軍認為麥迪爾達關於東京的情報是可靠的。但這無所謂。阿南令人難以置信地聲稱，即便美國投下一百顆原子彈，日本也絕不會屈服。他變得非常末世論。這位陸軍大臣宣稱：「我們將從死中見生。」[14]他引用國家廣播電台常用的說法，把日本比作「玉碎」。這其實是一種全民族自殺的概念，一種日本版的「諸神黃昏」，但被描繪得如同櫻花飄落般脫俗。阿南問他的同僚說：「這不是很美嗎？」

東鄉極力反對這種病態的幻想，但下午依舊拖延不決，對話不斷重複。鈴木首相抽著菸斗、啜著綠茶，看上去心不在焉又昏昏欲睡。米內大致保持沉默。阿南、梅津和豐田站在同一陣線，要求提出同盟國不可能接受的三個條件。「六巨頭」陷入僵局。日本人最重共識，在呈給天皇任何決定之前更非有共識不可，但共識仍遙不可及。

下午晚些時候，「六巨頭」與全體內閣成員會面，並進行投票。全體內閣中的力量平衡有所不同：十五名成員中有十名是平民而非軍人。東鄉取得包括難以捉摸的米內在內的多數人支持，贊成接受《波茨坦宣言》，但前提是保留天皇。然而，圍繞在阿南身邊的強硬派軍官仍然頑固地反對。

然後，文部大臣太田耕造提出了一個東鄉一直擔心的問題。[15]如果內閣成員不能在如此嚴肅的問題上達成一致意見，是否應該總辭呢？

這是關鍵性的一刻。如果阿南真心想戰鬥到底，他就會抓住這個時機推翻政府。①這樣就可以宣布戒嚴，就像副總參謀長河邊在幾個小時前所提議的那樣，然後陸海軍接管政府，領導日本進行最後一搏，大本營或許就設在山中挖好的隧道網中。

但阿南沒有說話。他讓這個時機溜走。東鄉只能揣測原因，希望阿南關於美麗死亡之花的幻想僅僅是幻想，希望他並不是真的想讓政府倒台，執意要搞全民族自殺。

✶✶

晚上十點鐘，在經過一天的爭論卻沒有明確的解決方案後，東鄉和鈴木首相前往皇宮覲見天皇。東鄉深感羞愧，覺得自己有負君上。他與俄國的徒勞外交讓日本走了歪路，而「六巨頭」和內閣中那些夸夸其談和猶豫不決根本無法應付俄國入侵和美國原子彈的現實。

當他得知裕仁準備召開御前會議並催促政府接受《波茨坦宣言》時，他深感欣慰。這是史無前例的。根據始於其祖父明治天皇維新以來的傳統，天皇從來不在政府覲見時表示立場。他只是聽取已經達成共識的決定，然後默認。這是對他的保護，由此避開政治，永遠不會犯錯。

但現在，東鄉從內廷官員得知天皇將做出「聖斷」，意思是神聖的決定，並立即實施。[16]在午夜之前，「最高戰爭指導會議」被召集到御文庫底下的新皇家防空洞開會。

儘管感到莫大欣慰，但並非完全出乎東鄉意料。在下午二點的全體內閣會議之前，東鄉就將鈴木首相拉到一邊，確保無人能偷聽到後，告訴他唯一能打破僵局的辦法就是天皇親自干預。事實上，東鄉一直透過宮內的祕密管道請求進行「聖斷」，即天皇直接干預。在過去一年中，隨著戰事的惡化，一小群主和派的政府官員一直想請求天皇以「聖斷」來打破僵局，特別是在外務省。東鄉的前任外相重光葵早在一九四四年就向天皇的內大臣木戶提過這一激進的建議。重光在一次右翼刺殺中失去了一條腿，對軍方狂熱派毫無好感。

---

① 作者注：在日本軍方獨大的政府體制中，阿南辭職就可以讓政府垮台。陸軍只要不指派新的陸軍大臣，就可以否決掉任何新政府。就實際而言，如果阿南辭職，日本就會變成軍事獨裁，阿南將是新的幕府將軍，如同封建時代的軍閥。

作為天皇的政治聯絡人，木戶對「聖斷」之說一直保持警惕，因為這對他這位誓言保護天皇的內大臣來說風險太大。但他也受夠了軍方。更重要的是，裕仁天皇也是如此。

「國體」一詞有多種含義，而天皇已經開始接受較狹隘的一種。對他來說，最重要的並不是保全以軍方為基礎的整個天皇制度。最重要的是「皇統」，要保全皇室血脈。如果這意味著要犧牲軍方，那就如此吧。陸軍大將和海軍大將們並沒有侍奉好天皇，還多次誤導他。天皇不必對他們忠誠。

木戶雖然擔心自己的性命，但他還是協助裕仁天皇與軍方劃清界線，儘管他從不直白表述。整整一天，當東鄉徒勞無功地說服「最高戰爭指導會議」中的好戰派時，一小群鬆散結盟的政府官員和皇室顧問，一直在偷偷推動天皇跨出「聖斷」這一激進且勇敢的一步。[17]其中最重要的是近衛文麿公爵這位前首相，他作為「重臣」的一員，經常出入皇宮進行勸說。近衛意識到，原子彈和蘇聯入侵其實是「天賜之禮」，是投降的完美藉口，讓日本不至於面臨人民的大規模革命。[18]對天皇、內大臣及近衛公爵等親貴來說，革命要比不聽話的軍方更可怕。

不滿的聲音已經暗流湧動。木戶作為天皇的守護者，與憲兵隊（比法蘭西憲兵隊更厲害，由軍方控制）和「特高」（特別高等警察，有時被稱為思想警察）保有密切聯繫。在食物短缺和燃燒彈攻擊之下，平民開始在火車站和公共廁所的牆上塗鴉。有人寫道：「我詛咒把戰爭悲劇帶給人民的天皇。」還有人寫道：「天皇應為戰爭負責！」[19]警方報告顯示，天皇被嘲笑是傻瓜、白痴和被寵壞的小孩。

這些報告令人警惕。以日本現在的困境來說，日本人民算是很認命的。但是對裕仁和他的追隨者來說，這些微小的抱怨聲浪就代表嚴重危險，因為他們習慣了人民百分之百的尊敬和順從。皇室一直害怕右翼叛亂，例如那些發動「二二六事件」的年輕狂熱派。但現在，裕仁更擔心左翼作亂，工人和農民被共產黨挑撥，背後可能是克里姆林宮。[20]行動的時機就是現在，就在今夜，趁著原子彈還沒有落到御文庫或者蘇聯人還沒有入侵日本本土並散播其有毒思想之前。「六巨頭」及其他幾位重臣和政府官員前往皇宮的地下堡壘，準備在午夜覲見天皇。

軍方和政治人物一個接一個來到御花園。[21]這裡曾是孔雀漫步之地，八月的明月照映著松樹。他們走向青翠山坡上的一個混凝土掩體。一名侍從引導他們走下長長的通道，穿過兩道鋼門，來到一間沒有窗戶的會議室，房間裡有兩張長木桌。「六巨頭」正襟危坐，在昏暗的燈光下，蚊子在他們周遭嗡嗡作響。

晚上十一點五十五分，裕仁身穿陸軍元帥制服走進來，身材雖小卻筆挺。鈴木首相請外務大臣東鄉和陸軍大臣阿南各自陳述觀點。房間僅以簡陋的木板裝飾，空氣很悶，蚊子毫不留情。辯論反覆而單調：東鄉主和，阿南主戰。最後，在接近凌晨兩點時，鈴木首相起身，為政府未能達成共識向天皇道歉。然後他從座位向天皇走去。

「首相先生！」阿南將軍驚呼，對鈴木的放肆感到震驚。

鈴木向天皇深深鞠躬，請求他的「聖斷」。

「那麼我就說我的看法，」裕仁用高亢刺耳的聲音說道，「我同意外務大臣的意見。」

一陣感激湧上東鄉心頭。將近二十四小時前，他覺得自己在天皇面前失了臉面。而現在，在悶熱的皇家防空洞中，他在同僚面前得到平反。

「我的理由如下。」裕仁說道。他事先已與木戶侯爵演練過他的講話，但仍然說得有些遲疑。「在認真考慮了日本國內外情勢後，我得出結論，繼續這場戰爭只會造成國家生靈塗炭，世界上更多的流血和不幸。」

房間裡的人開始哭泣。有幾個人伏倒在地。

天皇的聲音哽咽，但他繼續說下去，聲音因憤怒而變得生硬。他開始指責軍方的諸多失誤，那些從未兌現的承諾。「根據過往的經驗，軍方的計畫和結果總是不一樣。」他說。他再也無法相信什麼「決戰」。

裕仁用戴著白手套的手觸碰眼鏡，擦去淚水。

「為了減輕人民的痛苦，保全國家，我們必須忍難忍之事，」他說道，「我已決定立即結束戰爭。」

真的結束了嗎？結局真的到來了嗎？疲憊的眾人走出皇家防空洞，距離黎明還有幾個小時。在御前會議中擔任祕書的軍務局局長吉積正雄，憤怒地趕到鈴木首相面前。鈴木駝著背，他被一整天的勞累、「腹藝」、含糊其詞和聲東擊西搞得筋疲力盡。鈴木本來看似支持軍方，但突然轉而支持東鄉。「你滿意了嗎？」吉積吼道，「你高興了嗎？你不守承諾，首相先生！」

突然間，阿南將軍走過來摟住吉積將軍。「夠了，請安靜下來。」他說，「我了解你，吉積。」他堅定而溫和地把憤怒的將軍拉開。阿南在扮演和事佬。他那些激昂的言詞都只是「腹藝」嗎？可能是，也可能不是。

＊＊

凌晨三點，全體內閣會議忙著確認天皇的「聖斷」，阿南取得鈴木首相和米內的承諾：如果同盟國拒絕承認「天皇大權」，他們將支持繼續戰爭。這是日本投降的唯一附加條件，也是樞密院議長平沼騏一郎男爵所堅持的。樞密院是一個基本上已無作用的元老會議，但在要取得重大共識時仍屬必要。作為一名極端保守派，平沼要讓美國人知道天皇的權力來自神明，不是來自人民，不能受到限制。這句話是在凌晨時分被加上去的。正如一位歷史學家所說，這成了一顆定時炸彈。[22]

＊＊

東鄉疲憊不堪，幾乎說不出話來。他被惡性貧血耗盡精力。他倒在他那輛一九三八年配有司機的別克轎車上，前往外務省。太陽升起，空襲警報又響起，美國軍機再次飛臨城市上空，街道上空無一人。[23]一般平民已經知道原子彈的事了。與此同時，大約在早上六點，日本在附帶保留天皇這項條件的前提下，接受《波茨坦宣言》的消息被發往日本在瑞士和瑞典的大使館。這個消息會經由外交管道慢慢傳到各盟國首都的外交部，包括華府、倫敦、莫斯科和重慶。

＊＊

阿南將軍一夜未眠，但早上九點十五分，他還是神清氣爽、意態從容地走進陸軍省的防空洞。他站在講台前，手持馬鞭，向聚集的軍官們宣布天皇的「聖斷」。現場響起「不！不！」的喊聲。阿南說戰爭仍未結束，並嚴令屬下保持紀律。他說，任何違抗他命令的人都必須跨過他的屍體。[24]他用馬鞭拍打講台。

下午，全體內閣開會，各大臣都不知道如何向民眾說明。最後，大家同意在同盟國回應之前不宜多說，然後草擬了一份含糊的聲明，基本上是說要繼續堅持現狀。

與此同時，陸軍省的狂熱分子另有想法。他們逼阿南將軍要發表聲明維持部隊士氣。一份充滿煽動性的「對部隊的指示」用他的名義發布給媒體，宣稱要打「聖戰」：「即便我們不得不嚼草、吃土、露宿野外，我們也決心堅持戰鬥下去。我們相信死中求生。」[25]

阿南的處境很尷尬。一方面，他已命令部下要保持紀律，不能做任何事干擾和談。另一方面，他又簽署了一份強硬的宣言，可能會造成極大的干擾。在陸軍省，有人編造出一個複雜的故事，說這份宣言的草稿被阿南丟在字紙簍中，發表時他並不知情。但這表示阿南並不確定自己的立場。也許，他正在用「腹藝」控制部隊。或者他仍幻想要奮戰至死——當然也包括他自己的死。

在外務省，東鄉知道日本不能再坐等外交齒輪轉動。如果美國決定投下第三顆原子彈呢？如果是對東京呢？他授權助手用公開頻道發送日本已提出要投降，唯一條件是保留天皇。為了避開軍方對短波收音機的審查，東鄉的部下用英文以摩斯密碼傳送。[26]此時是東京晚上八點，華府是早上七點，東京早十三個小時。倫敦正值中午，路透社頭條新聞報導「戰爭結束了！」人們在皮卡迪利圓環跳舞。但慶祝為時尚早。

10.

妙著

Gambits

「超級堡壘今天不飛了。」

圖13　歌劇《天皇》的海報。

華府、關島，一九四五年八月十日至十一日

史汀生並不預期戰爭會馬上結束。「明天，我們想前往海霍德和聖休伯特長期休養一段時間。」他在八月九日的日記中寫道。此時，第二顆原子彈已經投下。聖休伯特是位於紐約州北部的小鎮，這裡有奧薩布爾俱樂部（Ausable Club），是阿迪朗達克山脈的湖邊度假勝地，專為上流社會提供休憩。史汀生衰弱的心臟急需休養，他無法再拖。八月十日星期五早上七點三十分，他的車已等在伍德利莊園大門口，準備載他和梅寶去機場。電話在此時響起。五角大廈打來報告日本投降的消息，而且是「公開的」的消息，史汀生說。

假期「泡湯」了，史汀生匆匆趕往五角大廈的辦公室，檢視日本的投降要求。他立即注意到其中的關鍵條款：日本接受《波茨坦宣言》，但不能「損害」天皇作為「主權統治者」的權利。他在日記中寫道，這一條件是「我擔心唯一會造成麻煩的問題」。在波茨坦會議上，史汀生曾勸杜魯門總統和國務卿伯恩斯允許日本保留天皇，但他們拒絕。史汀生將他們的固執歸咎於「對天皇的無知煽動」，還有那些「對日本的了解僅限於吉爾伯特和沙利文的歌劇《天皇》①的美國同胞。」讓他特別失望的是，帶頭反對的居然是羅斯福總統的新政改革派，包括兩位立場堅定的耶魯人——國務院的艾奇遜（Dean Acheson）和麥克列許（Archibald MacLeish）。「這樣傑出的人居然採取這樣的立場。」他寫道。這可不

是在讚美。

戰爭部長被召到白宮。他抵達時，總統正和伯恩斯、海軍部長福瑞斯特及總統的軍事顧問萊希上將在一起。史汀生記錄道，伯恩斯「感到困惑和焦慮」。國務卿問道，總統曾一再宣稱只接受無條件投降，現在怎麼能接受保留日本天皇？史汀生對這些廢話感到厭煩。「當然，在過去三年的慘烈戰爭中，我們對天皇有很多激烈的批評，」他在日記中寫道，「過去的批評現在回頭來折磨我們了。」

不過，萊希上將「老馬識途，他認為與拖延勝利相比，保留天皇只是一個小問題」，史汀生對此由衷贊同。史汀生直接對杜魯門提出更進一步的看法。他表示，美國需要天皇「來避免我們在中國和新荷蘭（即日本占領的荷屬東印度）各地遭受一場又一場的硫磺島和沖繩島戰役。」[1]史汀生指出，天皇「在日本人的國家理論中是唯一的權力來源」。只有天皇才能叫分散在亞洲各地的五百萬日軍放下武器。

三天前，史汀生給杜魯門看廣島被摧毀的照片時，曾用一種居高臨下的比喻來主張應該用「善意和策略」來和日本人打交道。「當你懲罰你的狗時，」史汀生告訴杜魯門，「懲

①編按：《天皇》（*The Mikado*）是一部由吉爾伯特（William Gilbert）編劇、沙利文（Arthur Sullivan）作曲的喜劇歌劇。該劇被批評「過於簡單粗暴地刻劃東方的刻板印象」。

罰過後，你不該整天對牠發脾氣。如果你想讓牠還愛你，懲罰一下就足夠了。對待日本也是如此。他們是天性善良的民族，我們必須用這種方式和他們相處。」[2]史汀生堅持，「人道的做法」是立即停止所有轟炸。

戰爭部長把自己比作仁慈、嚴厲但又願意信任的狗主人，但杜魯門無動於衷。杜魯門熟悉的環境是黨機器和參議院的密室，不是紳士的農莊。總統認為裕仁是邪惡的戰犯，日本人都狡詐成性，要慎防被他們欺騙，他當天稍晚在兩次不同談話中這樣告訴參議院老同事。[3]

杜魯門也謹記參議院老友伯恩斯的建議。[4]伯恩斯警告他，民眾不會讚賞在艱難時刻軟弱的總統（當天稍晚，在「夜鷹」時光小酌時，伯恩斯對一名助理說，放棄無條件投降會讓總統在政治上「被釘上十字架」）。國務卿伯恩斯是天生的談判高手，史達林還曾稱伯恩斯為「我見過最誠實的偷馬賊」。[5]他提出一個能保全面子的聰明方案：讓日本保留天皇，但在占領期間，他將成為美國控制的傀儡。伯恩斯在加入羅斯福的戰時內閣前曾短暫擔任美國最高法院法官，他起草了一段法律文字來回應日本投降：

> 自投降之時起，天皇和日本政府的統治權將隸屬於同盟國最高司令官，他將採取他認為適當的措施來執行投降條件……

日本政府的最終形式，根據《波茨坦宣言》，應該由日本人民的自由意志來決定。[6]

杜魯門滿意這個方法，這是一種有條件的無條件投降，一種披著最後通牒外衣的妥協。他覺得這是一步妙著。在辦公桌上吃午餐時，他在日記中把伯恩斯的法律用語轉換成密蘇里風格的平鋪直敘：「他們想保留天皇。我們就回說我們會告訴他們如何保留，但條件由我們來定。」[7]史汀生也很讚賞伯恩斯的巧妙回應，稱其「相當明智和謹慎」。等到各盟國都同意後（這個過程很快，雖然俄國對美國在戰後全面控制日本很不滿），這份「伯恩斯照會」被傳到東京，把球丟回日本。由於新聞報導日本提出投降，人群開始在八月的酷暑中聚集在白宮外頭。戰爭結束似乎近在眼前。

史汀生返回辦公室吃午飯，他最喜歡的助手麥克洛伊想採取更強硬的立場，「透過天皇把言論自由及所有美式自由政府的元素強加給日本」，這讓史汀生很驚訝。史汀生在日記中寫道：「我認為這是不現實的。」他告訴麥克洛伊，他忽略掉更緊迫的問題。俄國人正快速進入滿洲，下一步會是日本列島嗎？「我認為，最重要的是要在俄國人有足夠的理由要求占領並參與統治之前，將日本本土掌握在我們手中。」史汀生寫道。地緣政治的板塊已經在移動，後來所稱的冷戰在熱戰戰火未熄時就已開打。

下午兩點，全體內閣召開會議，史汀生再次主張美國應該停止所有轟炸，等待日本最新外交回應。杜魯門總統拒絕停止所有常規轟炸，他想繼續保持壓力。[8]但他聲明，除非他明確批准，不得再使用原子彈。商務部長華萊士（Henry Wallace）在日記中記下總統說的話：「他說再消滅十萬人的想法太可怕了。他說，他不喜歡殺害『那些孩子』。」[9]

短短兩天，總統已不再相信，或者至少不再宣稱廣島只是一個軍事基地，而且婦女和兒童有辦法倖免於難。十萬人死亡的數字並非憑空猜測。[10]前一天即八月九日，杜魯門看到了ＵＬＴＲＡ截獲的日本電報，這些電報將廣島轟炸的死亡人數推算為十萬人。杜魯門將原子彈全權委託給軍方，直到第二次轟炸後他才得知情況。雖然為時已晚，但杜魯門要拿回總統的主導權。史汀生向總統展示廣島的照片後，他在日記中提到的「可怕的責任」正沉重壓在杜魯門的心頭。

在內閣會議後，杜魯門向華萊士抱怨自己頭痛得厲害。「是生理的還是心理的？」華萊士問。「兩者都是。」杜魯門回答。[11]

＊＊

八月十日在關島總部（比華府時間早十三個小時），史帕茨將軍正在準備對日本進行第三次投彈。按照他放在皮夾中的指令，只要炸彈足夠，他就能進行第三次或第四次轟炸。當天早上他收到格羅夫斯將軍的電報說，下一顆原子彈「將在八月十七日或十八日以後第一個合適的天氣投放」，也就是大約一個星期以後。[12]按照原來的目標名單，小倉與新潟仍在待轟炸之列。第二十航空隊新任指揮官特溫寧中將（Nathan Twining，接替調任為史帕茨參謀長的李梅）也在擬定一份六座新城市的名單，建議作為合適的原子彈目標。[13]

史帕茨想把第三顆原子彈丟在東京。前一天，即八月九日，他打電報給人在華府的阿諾德將軍：

> 強烈建議東京為下一顆原子彈的目標。雖然選擇一個完好的目標可能會造成更大的破壞，但此時對仍留在東京的政府官員的心理影響會比單純的破壞更為重要。[14]

史帕茨知道東京已被燒毀，大部分人都已撤離。他想把原子彈投在東京近郊不太靠近皇宮的地方，既能讓東京的領導人知道厲害，又避免殺害皇室成員以及成千上萬的平民（他所謂對「完好的目標」造成「破壞」，是指摧毀一個尚未遭受攻擊且住滿居民的城市）。

當年二月，史帕茨還在歐洲指揮戰略航空部隊時，他空襲了柏林市中心，算是部分妥協了他向來反對像英國那樣無差別地「區域轟炸」。他的目標是集中在市中心的希特勒政府各部會，但他知道這會連帶殺害許多平民。二月三日，在天氣晴朗的狀況下，近千架B-17轟炸機向帝國總理府、空軍部、外交部、宣傳部和蓋世太保總部投下彈雨。[15]這些炸彈導致許多住在附近的平民死亡、受傷或「去住房化」。雖然史帕茨不認為給敵人一次重大打擊就可以結束戰爭，但他確實相信，當炸彈落在或接近敵方領導人時，能把他們嚇到屈服。他不想殺死天皇或日軍領導人，畢竟，這些人必須活著才能叫部隊投降。但他確實想讓天皇的手下近距離體會廣島生還者稱為「閃爆」的致命閃光與天搖地動。[16]所有能決定日本命運的領導人都將被置於第三顆原子彈的十六公里「恐慌半徑」內。

在華府的阿諾德將軍電告史帕茨，「高層」正在考慮把東京定為下一次原子彈攻擊的目標，[17]但他隨後就收到馬歇爾將軍的訊息：未經總統明確批准，不得使用原子彈。[18]史帕茨暫停行動，等待開始積極介入的總統進一步指令。

與此同時，常規轟炸依然按照杜魯門的命令繼續進行。不過，史帕茨是一位謹慎的軍人。日本提出投降的消息給了他一個完美的藉口，得以從李梅對日本城市用燃燒彈全面性的「區域轟炸」（飛行員稱之為「火攻」），改為針對軍事和工業目標「精準」打擊。[19]史帕茨本就想改變（他已在深夜的撲克牌局中技巧地告訴過李梅），而如今，和平面臨緊要關頭，是時候該停止無差別轟炸平民了。史帕茨電告阿諾德將軍：

在不確定區域轟炸會使情況複雜到何種程度的情況下，我目前將行動限制在對軍事目標的目視攻擊。除非你另有指示，否則我將繼續這一政策，直到確定是否接受日本的提議。[20]

無巧不巧，八月十日，目標區域上空多雲，不可能用目視精準轟炸軍事目標，史帕茨於是取消任務。他發表了一份簡短，或許過於簡短的聲明：「超級堡壘（B－29）今天不飛了。」

隨之而來的是一連串誤解和混亂。媒體急於發掘任何戰爭即將結束的跡象，紛紛報導說取消空襲就是要和談了。這讓史帕茨的上司陷入尷尬局面。如果又「恢復」對日本空襲，可能會被解讀為和談破裂。略感惱火的馬歇爾將軍電告史帕茨：

媒體都引用你的說法「B－29今天不飛了」，並普遍認為這表示已停止轟炸日本……這對總統造成非常微妙和關鍵的問題。恢復轟炸會被認為初步談判已經破裂，引發公眾關注和混亂。在我能與總統和戰爭部長聯繫上的大約一小時內，不要，重複，不要再派出任務，並絕對不要從關島、塞班島或沖繩島再流出任何新聞。除非得到這裡指示，請不要，重複，不要再對媒體發表言論。[21]

這是總參謀長在三天內第二度斥責史帕茨對媒體亂發言。史帕茨急忙自辯：

媒體無權引用我的任何說法，因為我根本沒說過什麼。取消昨日行動的正式原因是天氣。收到你的消息時，我們正準備在今天執行一項任務。根據你的指示，任務將會取消。自從我上次回覆你關於媒體一事以來，我沒有發表過任何說法，也不打算發表任何說法。任何被發布的內容純屬他們的臆測。[22]

也許是在無意之間，更多是出於猶豫而非刻意為之，史帕茨在關島的木造平房中落實了史汀生在白宮橢圓形辦公室給杜魯門總統的建議：在日本進一步回應前先停止轟炸。我們很難知道史帕茨此刻是什麼心態，但從他在八月十一日的日記中可以看出線索。轟炸平民讓他很苦惱。他也在思考空權的角色。他想寫信給洛維特，他是史汀生的空軍助理部長，也是史帕茨自戰爭伊始的密友——闡述如何讓空軍來贏得戰爭：

在昨晚得知日本可能投降前，曾打算寫信給洛維特重申我對進攻（日本）的看法。當在華府首次被告知有原子彈時，我並不贊成，正如我從未贊成過要摧毀城市和屠殺所有居民。然而有人向我指出，使用原子彈肯定會讓進攻變得不再必要，並且將拯救成千上萬美國士兵的生命。儘管如此，進攻計畫還在繼續，唯有用空軍攻擊日本本土讓日本人投降後，才能取消進攻。[23]

史帕茨的日記雖然寫得生硬且笨拙，似乎只是為了合理化自己的行為，但反映出他對現代戰爭中手段與目的之間的內心掙扎。八月一日，史帕茨把原子彈的祕密告訴麥克阿瑟。「這改變了戰爭。」麥克阿瑟說。作為太平洋戰區的美國陸軍總司令，他想到的可能是自己無法實現的榮耀——他知道自己這位科雷吉多島戰役的英雄將無法指揮歷史上最大規模的進攻。但麥克阿瑟也明白，原子彈正在改變戰爭的性質。

雖然史帕茨不是一個有遠大見識或樂觀的人，但他和他那群「轟炸機黑手黨」都認為，戰略空軍的力量可以把戰爭變得更人道——透過打擊敵人的工業基地和經濟網絡，可以終結無休無止的壕溝戰，迅速迫使敵人投降。他的機組員在德國上空的危險經歷有時會否定這一夢想，但史帕茨仍然相信，空中火力可以避免代價高昂的進攻。

但因難之處在於，要如何投射空中火力而不殺害許多平民。這對原子彈來說是不可能的。和麥克阿瑟一樣，史帕茨預見戰爭會在原子彈的閃光中結束。兩人分屬西點軍校一九〇三年班和一九一四年班，兩人都是即將被科學淘汰的老兵。史帕茨試圖調整，尋找替代方案，比如把原子彈投在東京灣，但他知道原子戰爭若不是全面戰爭，就是戰爭的終結——或者是人類的終結。

史帕茨曾對其副官貝格比少校（Sarah Bagby）講過一句病態且引起爭議的話，此話反映出他的挫折感。貝格比寫信給她的母親說：「老闆說，在戰爭結束後，我們應該以某種人道的方式處決每個國家的二十五位頂尖科學家。」[24]

* *

「這場戰爭」尚未結束，就史帕茨所知，可能還要再打一段時間。八月十日，他下令在沖繩建造一個停機坪，基本上就是一大塊混凝土板。[25]這要用來容納第五〇九混合飛行大隊的B-29轟炸機。這將使原子彈轟炸機有一個更接近日本的第二攻擊基地。這個設施要在「不遲於九月十五日前」完成。

11.

密謀

Plots

「你在想什麼？」

圖14　陸軍大臣阿南將軍是日本最有權力的人。他要奮戰到最後。

東京，一九四五年八月十二日至十三日

八月十二日凌晨一點，華府對日本有條件投降的回覆，透過短波無線電以摩斯密碼的形式抵達東京。天亮時的日本又是一個炎熱的八月早晨，外務大臣東鄉正努力尋找日語詞彙，讓同盟國的最後通牒看起來像是有禮的請求。[1]東鄉住在麻布高地，此處是少數未被燃燒彈波及的街區之一。他身穿和服，跟屬下一起設法用最巧妙且含糊的日文來表達（這不是東鄉的直率風格）。

與杜魯門不同，東鄉相信敵方會履行他們自己提出的投降條件。他相信華府會願意保留天皇，至少作為一個有限的立憲君主。同時，他也知道自己政府中的強硬派會反對國務卿伯恩斯所定的條件，即天皇「將隸屬於」占領後的盟軍指揮官。對於樞密院議長平沼這種堅持要維持天皇主權，才可以投降的純粹主義者來說，「隸屬於」這個詞聽起來就像「臣服於」。在一位屬下的建議下，東鄉找到一個維持臉面的詞彙。外務省把「隸屬於」翻譯為比較溫和的「受節制於」。但這不過是玩文字遊戲。東鄉擔心如果日本不趕快接受華府的條件，內部動蕩會讓外交崩盤，戰爭將進入一個新的、更致命的階段。東鄉已經聽到民眾叛亂和軍事政變的傳聞。

東鄉會擔心強硬派是有道理的。狂熱的少壯派軍官正在密謀要幹掉他和內大臣木戶及鈴木首相，以「保護」天皇不被這些軟弱的重臣影響。[2]就在昨天，在聽說天皇已下達「聖斷」後，十幾名軍官聚集在陸軍省的防空洞中密謀要搞政變。他們的計畫很簡單：先由守護皇宮的近衛師團包圍這些想投降的「巴多里奧分子」——這是用來罵叛徒的話（其由來是一九四三年背叛墨索里尼和法西斯的義大利將軍巴多里奧公爵〔Duke Pietro Badoglio〕），然後由陸軍宣布戒嚴。

這種威脅絕非無的放矢。在一九三六年的「二二六事件」中，軍官們割斷了一位重臣的喉嚨，並持槍攻擊了另外兩位。其中一位是時任天皇侍從武官長的鈴木貫太郎大將。這種場景只會在一九三〇年代狂熱的日本發生。鈴木逃過一劫。他在臥室裡被槍手伏擊，身中四槍。一名叛變軍官俯身要用短劍了結他的性命，但鈴木的妻子機敏地懇求道：「如果非得這樣做，請讓我來。」[3]這名軍官聳了聳肩，把劍遞給她，然後離開房間尋找其他受害者。不可思議的是，妻子的謀略成功了，鈴木倖存下來。一九三六年的「二二六政變」之所以失敗，是因為天皇並沒有支持軍方，他下令軍方高層控制他們的部下。

密謀者這次下定決心要成功。他們的領導者是一位名叫竹下正彥的年輕中佐。竹下是大本營的參謀官，並非戰場英雄，但他憑著自信和人脈關係贏得了權威：他的大舅子就是陸軍大臣阿南。竹下聲稱他能說服阿南支持政變，而如果陸軍大臣支持，陸軍總參謀長梅津也必然會跟隨。[4]

在下午稍早，竹下和同夥去找阿南將軍。他們在阿南的辦公室找到他，他正扣上劍帶，準備去參加緊急內閣會議。他們談到要如何在市內調動部隊進行軍事接管。竹下對大舅子直言不諱。他大聲喊道，如果阿南無法阻止日本投降，就應該自殺謝罪。[5]

阿南對這種魯莽的態度怒目相向。他曾說過寧願自盡也不願投降，但面對竹下的叫囂時，他反而挺直了腰桿。他粗暴地說自己太忙，沒空講話。政變策劃者暫時退縮了。他們沒有從陸軍大臣那裡得到肯定的答案，但另一方面，他們也沒有被否定。阿南似乎在搞「腹藝」。但他真正的立場是什麼呢？

很可能連阿南自己都不知道。他的祕密日記隱晦難懂。[6]就像「四十七浪人」的無主武士一樣，阿南也苦於兩種義務的衝突。[7]他對自己所愛的軍隊負有重責大任，但他對天皇負有更大的義理。

阿南對裕仁天皇有個人的忠誠。[8]他在戰前曾短暫當過天皇的侍從武官。就在前一天，裕仁召見阿南到御文庫，斥責他那番軍隊將「嚼草根，吃泥土」戰鬥到底的言論。裕仁態度很嚴厲，但他「阿南，阿南」地叫他的名字，而不稱呼他的職稱，以強調他們的個人關係。

阿南對裕仁有感情。然而……也許他不是個「適任的」天皇。和那個時代許多軍人一樣，阿南深受東京帝國大學教授平泉澄的影響。出於對腐敗政客和懦弱朝臣的不滿，包括阿南在內的一整代軍官皆視平泉為導師。他們如痴如醉，每晚坐在教室的硬板凳上聆聽平泉教誨，此稱為「青青塾」。[9]平泉澄有時會以一首詩開講，這首詩是一位古代中國愛國者在被蒙古人處決前不久寫的：「雪中松柏愈青青。」①其意為：純則長存。要捍衛「國體」，用生命保衛其精髓。

這些極度狂熱、滿懷武士道精神的準武士很容易就得出危險的結論：即使是坐在皇位上的人，有時也可能不夠純。現代日本國的奠基者明治天皇是偉人，但他的繼任者大正天皇卻糊塗而病弱。元老重臣悄然架空大正天皇，讓權給他的兒子裕仁皇太子。[10]但也許裕仁也不夠強大，無法對抗那些頭腦不清的重臣。也許軍方應該「保護」天皇，不讓天皇受到惡劣影響。[11]或者，將軍們和真正有信念的人應該在皇室中尋找一位更合適的天皇。

面臨生死關頭，來自五大宮家②的十幾位親王當天在皇宮聚會。阿南決定悄悄接觸其中一位——裕仁最小的弟弟，三笠宮崇仁親王。崇仁親王在皇室圈子裡被嘲笑是「赤色王

① 編按：文中的愛國詩人指的是南宋遺民謝枋得，引用詩句出自〈初到建寧賦詩一首〉。謝枋得並非被元廷處死，而是在受囚後絕食而死。

② 編按：日本皇室由天皇加上男性皇族及其家庭組成的數個「宮家」組成。裕仁天皇在位時的五大宮家分別為秩父宮、高松宮、三笠宮、桂宮、高圓宮。現存的宮家則為秋篠宮、常陸宮、三笠宮、高圓宮。

子」，因為他總是為平民說話。崇仁親王被視為皇室的局外人，他或許是與軍方聯手推翻其兄長的理想人選。

然而，在他於被燒毀的皇宮中的臨時住所中，崇仁親王對阿南將軍輕蔑以對。崇仁親王斥責道，自從軍方在一九三一年挑起事端奪取滿洲以來，軍方就一直無視天皇的意願。這位年輕的親王隨即斥退了陸軍大臣。阿南感到驚訝。崇仁親王的斷然拒絕顯示，裕仁天皇正在行使其作為皇室族長的權威，而他的家人——包括他這位叛逆的弟弟，都團結在他身邊。[12]

裕仁的確看來其貌不揚。他略微佝僂，聲音沙啞，是一位最不起眼的天皇。但他已為自己及其在神話中擁有二千六百年歷史的皇室找到一條生路，一條通往投降的道路，而他知道必須與軍方那些想自殺的狂熱分子分道揚鑣。裕仁也察覺到軍方內部出現裂痕，意志正在減弱。

那天早上稍早，陸軍參謀總長梅津將軍和海軍參謀總長豐田將軍向天皇表示，他們手下的士兵和水手群情激憤，絕不接受任何讓天皇臣服於外國勢力的和平條款。裕仁聽著，但他察覺這兩位軍人的言談中缺乏信念，似乎並不真心誠意，只是走個過場來討好其極端的手下。[13]

裕仁天皇一直生活在一個超現實的世界，只會收集孔雀羽毛和參加茶道儀式，但在與軍方經歷一場滅絕人寰的戰爭後，他變成一個現實主義者。那天早上，他最親近的重臣內大臣木戶帶來盟國對他的「聖斷」——投降的唯一條件是允許日本保留天皇，這一提議的答覆。木戶焦急地讀到：「日本政府的最終形式應該由日本人民的自由意志來決定。」這種說法與日本人深信天皇的權威來自於神而非人民的信念相悖。但裕仁卻對木戶的擔憂不以為然。天皇說，假如人民不要他了，那怎麼樣都不重要了。[14]

＊＊

外務大臣東鄉從皇宮收到消息說，天皇願意接受美方條件投降，這讓他整個上午大為振奮。東鄉以為鈴木首相也同意接受同盟國的條件。然而，當下午三點召開全體內閣會議時，他失望了。

首相剛和陸軍大臣阿南與平沼男爵談完話，現在又開始猶豫不決。[15]阿南提醒鈴木，就在八月九日凌晨天皇宣布其「聖斷」後不久，首相曾向陸軍大臣承諾過，如果同盟國不接受天皇的主權者地位，他將同意繼續戰爭。很明顯地，同盟國並沒有接受。平沼爭論說，天皇將會被「奴役」。

鈴木躲在雪茄煙霧後面，不斷地喝著綠茶，這位昔日的偉大戰爭英雄已衰老不堪，這也許是因為「二二六事件」的刺客子彈至今還留在他體內。鈴木對內閣說：「如果被迫解除武裝，我們別無選擇，只能繼續作戰。」

這讓東鄉難以忍受。他強壓住怒氣，要求休會。然後，他跟著首相進入他的辦公室，勃然大怒。「你在想什麼？」他質問道。[16]他警告說，如果日本拒絕接受同盟國的條件，同盟國只會更強硬，而不是更軟化。

東鄉回到自己的辦公室。他的憤怒轉為沮喪。他考慮要辭職。不過，透過其忠誠且聰明的副手松本俊一的協助，他想出一個計策來拖延時間。儘管日本已經從舊金山的短波電台得知華府的回覆，但尚未收到正式文件。東鄉說，等文件真的送達，我們就假裝沒有收到。大約在當晚六點半，透過冗長的外交管道，來自華府的正式回覆終於抵達外務省。日本人故意將文件蓋上錯誤的時間戳記——晚了十二小時，即八月十三日上午七點四十分。[17]這種造假撐不了太久。外務省的花招快要用盡了。

＊＊

八月十三日早上七點，阿南將軍已身穿筆挺軍服，來到天皇的政治顧問木戶侯爵的辦公室，要求天皇推遲投降的決定，以求取更好的條件。木戶自己則擔心被刺客暗殺。在前往皇宮途中，木戶看到民族主義祕密組織在被焚毀的建築物牆壁上張貼海報：「打倒巴多里奧分子！殺掉木戶大人！」[18]他決定搬進皇宮的護城河內，住在少數未受損的建築物中。

木戶對阿南直話直說。如果天皇要和同盟國討價還價，那他「不是傻了就是瘋了」，內大臣說。[19]

阿南沒有反駁。他與木戶相識於他擔任天皇侍從武官之時，彼此有一定的尊重。但阿南表示他在大本營承受巨大的壓力，那裡的情況很緊張。「你無法想像。」阿南說。陸軍大臣可能是想博取木戶的同情，也可能是隱隱在威脅。[20]

＊＊

早上八點四十五分，「六巨頭」在首相官邸的地下防空洞開會。鈴木首相現在又轉而支持接受同盟國的條件，外務大臣東鄉鬆了口氣。鈴木抽著雪茄，態度從容，一副由上天來決定的道家風範。[21]海軍大臣米內雖然陰沉著臉，但他也同意東鄉的立場。但另外三人，陸軍大臣阿南及陸軍和海軍總參謀長梅津與豐田死硬到底。他們堅持日本不能接受被占領、解除武裝及戰爭罪行審判。「荒謬。」東鄉斥責道。[22]這等於不把天皇的「聖斷」當成一回事。

討論一再你來我往。雙方甚至一度討論起從廣播上聽到的美國報紙社論。阿南傳閱了一份八月十一日《紐約時報》社論的譯本。報上說，「被貶低的神」要好過「殉道的神」，意思是扶植一位天皇當門面要比處死他讓他變成烈士更為明智。「這是褻瀆神明！」阿南氣憤地說。[23]東鄉則反駁說，《紐約時報》的社論證明美國人願意保留天皇。阿南用《紐約先驅論壇報》社論反擊，該社論明確指出盟軍最高指揮官將「統治」日本。東鄉試圖反駁，但美國所回覆的「將隸屬於」的措詞讓他很難置辯。

下午三點，東鄉和阿南依然在內閣全體會議中來回爭辯。但東鄉察覺到：阿南似乎已失去再戰下去的動力。東鄉覺得，這位陸軍大臣似乎陷入一種奇怪的白日沉思，好像在作夢似的。[24]

在攝氏三十二度的高溫下，大臣們用白手帕擦臉。會議暫時休息。阿南進到內閣書記官長迫水久常的辦公室，請迫水替他聯繫陸軍省。迫水接通電話後，把話筒遞給阿南。迫水聽到阿南愉快地告訴下屬說，「內閣會議開始朝有利的方向發展」，其他大臣已經開始接受陸軍大臣的觀點。迫水感到錯愕。[25]事實正好相反。只有少數幾位大臣支持阿南，其他人都希望議和。

迫水納悶，阿南想幹什麼？這是在玩「腹藝」刻意誤導嗎？他為什麼要誤導陸軍省的下屬呢？阿南的好戰姿態是為了要控制部隊，在政府回覆美國人之前拖延政變嗎？迫水沒有問阿南，阿南也沒有說。內閣會議繼續進行，再度原地打轉。反對投降的只有阿南等少數派，但這些鷹派讓內閣無法把共識呈送給天皇。

＊＊

晚上九點，潮溼的防空洞被煙霧和汗水薰得發臭，筋疲力盡的東鄉還在繼續辯論。他駁斥頑固的陸軍和海軍總參謀長梅津將軍及豐田將軍，試圖說服他們，戰爭再打下去將對日本人民造成毀滅性的後果，將天皇及其所代表的一切摧毀殆盡。

一名穿著海軍飛行員制服的男子闖進了會議室。這是神風特攻隊的首任指揮官大西瀧治郎中將，他的部隊在過去九個月裡一直困擾著美國艦隊。大西滿臉淚水，怒火中燒。他剛剛去請求天皇的弟弟高松宮宣仁親王繼續作戰下去，但親王冷漠地拒絕。他感到絕望。他懇求兩位總參謀長想出更好的計畫說服天皇。他們需要組織一支龐大的「特攻隊」對敵人自殺式攻擊。「如果我們有犧牲二千萬日本人的決心，勝利必將屬於我們！」大西喊道。[26]

但陸軍與海軍總參謀長只是瞪著他看。沒有人回應他的狂熱。③

軍事政變的密謀者從晚上八點就聚集在阿南將軍的官邸，這是距離皇宮不遠的簡樸木造房屋。[27] 阿南的妹婿竹下中佐再次說明他的計畫：先逮捕叛國的「巴多里奧分子」——東鄉、木戶和鈴木，再下令近衛師團隔離並「保護」天皇，指揮負責保衛東京的東部軍加入政變。最後宣布戒嚴，準備與盟軍進行最後決戰。

密謀者中有一位名叫畑中健二的年輕少佐。他身材瘦削，五官清秀，是極端民族主義教授平泉澄「青青塾」的狂熱信徒。在大本營，他被公認是阿南將軍的愛將。畑中願意不惜一切代價維護「國體」，不惜換掉菊花皇座上的在位者。他宣稱：「任何不似天皇的天皇都不配被稱作天皇。」這句話道出了青青塾的要旨。

畑中告訴阿南，有傳聞說「巴多里奧分子」正密謀刺殺陸軍大臣。這太牽強了，阿南只是笑笑沒有理會。這些密謀者即將著手實行，起義定於第二天上午十點。但阿南將軍還是對這些狂熱的年輕人有如長輩般親切。

「現在我明瞭西鄉隆盛的感受了。」阿南以和藹可親且帶著一絲惋惜的口氣說。年輕軍官都知道西鄉的故事。他被認為是一八六〇年代末明治維新期間最偉大的武士。西鄉不情願地領導了一場武士反抗明治政府的叛亂。叛亂失敗後，據說西鄉切腹自盡（事實是，西鄉在戰鬥中受重傷，被自己的部隊斬首，不確定他是否為自殺）。

如果政變成功，阿南將成為日本的軍事獨裁者和最後決戰的指揮官。但他必須立即接掌指揮權，否則政變無法成功。

然而，阿南卻避而不談，拖延時間。他告訴密謀者們這個計畫尚須精進，大家溝通還不足。他要再考慮一下，午夜之後再給答案。大約在晚上十一點，阿南將年輕軍官們送到門口，告訴他們要兩三人一起離開，並且要小心，因為他們正被憲兵隊監視。

他們離開後，阿南的幕僚林三郎大佐提醒他的上司，不要和這些激進的年輕人搞在一起。但如果他偏要向虎山行呢？

阿南只是聳了聳肩。

這個悶熱的夜晚讓人十分不安。凌晨時分，遠處雷聲隆隆，空襲警報開始響起。

③作者注：日本投降後，大西切腹自殺。沒有人幫他「介錯」（編按：指在日本切腹儀式中為切腹自殺者斬首的行為），他死得緩慢而痛苦。

12.

下一個是東京嗎？

Is Tokyo Next?

「這傢伙已經快倒了。」

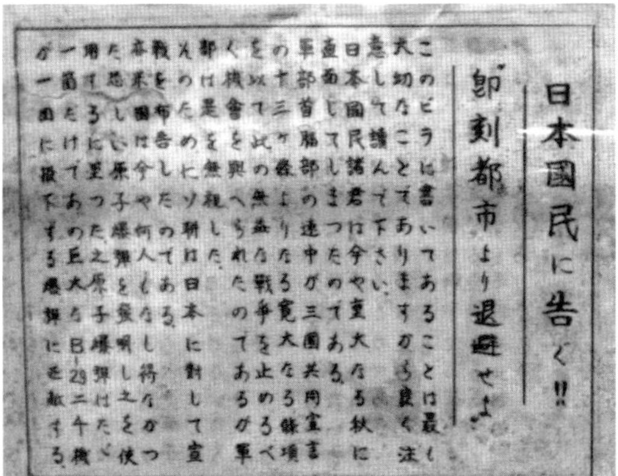
日本國民に告ぐ!!
即刻都市より退避せよ
このビラに書いてあることは最も
大切なことでありますから良く注
意して讀んで下さい。
日本國民諸君は今や重大なる秋に
直面してしまつたのである。
軍部首腦部の連中が三國共同宣言
の十三ヶ條よりなる寛大なる條項
を以て此の無益な戦争を止めるべ
く機會を與へられたのであるが軍
部は是を無視した。
そのためにソ聯は日本に對して宣
戦を布告したのである。
亦米國は今や何人もなし得なかつ
た恐しい原子爆彈を發明し之を使
用するに至つた、之原子爆彈はたゞ
一箇だけであの巨大なB29二千機
が一回に投下する爆彈に匹敵する

圖15　一張在廣島轟炸後投放於日本的傳單，部分內容寫道：「日本人民正面臨一個極其重要的秋天……」

華府、關島，一九四五年八月十二日至十四日

史汀生和巴頓之間的友誼很有意思。這兩人至少在風格上是完全相反的。[1]巴頓將軍喜歡鋪張，腰上常掛著象牙柄的左輪手槍。史汀生則相當簡樸。在他伍德利莊園的餐桌上，炫耀和擺顯人脈是不被讚賞的。不過，自從巴頓在塔夫脫政府擔任史汀生在戰爭部的助手以來，兩人關係就相當緊密。史汀生不喜歡巴頓神氣活現的樣子，但他佩服巴頓的第三軍把德國裝甲師一路趕回巴伐利亞。①史汀生比巴頓和善、更信任人。然而，和巴頓一樣，他也相信戰爭的一個基本原則：永不鬆懈。[2]

在日本的投降提議抵達華府的頭一兩天，史汀生希望日本的抵抗會崩潰。「我看不出日本人要怎麼打下去。」他在八月十一日的日記中寫道。史汀生很滿意伯恩斯對日本和平提議的回應方式——允許日本保留天皇，但要隸屬於「盟軍最高指揮官」，並最終取決於「日本人民的自由意志」，於是便離開華府去休假。在伍德利莊園，史汀生又度過一個無眠的炎熱夜晚，他渴望能去涼爽的阿迪朗達克山區，到奧薩布爾俱樂部度假，讓他的心臟獲得休養。

在華府，史汀生的部下在監控日本的動態。他們仔細閱讀由MAGIC和ULTRA破譯出來的電報通訊，內容令人不安。[3]受到阿南在八月十日宣告要「嚼草根，吃泥土」

的鼓舞，在中國、印尼和東南亞這些駐外日本帝國軍隊皆誓言不惜一切戰鬥到底，不管東京的政治人物怎麼說。這正是史汀生所擔心的情況，他曾警告過可能要在亞洲各地面對「一系列硫磺島和沖繩島戰役」。

對於這些不祥的發展，史汀生有什麼看法？幾十年來，他每天都寫日記記下自己的想法，但當他在八月十一日身心俱疲地離開華府後，他就逐漸停筆了。他只簡短地記下自己在醫生照護下，僅被允許到奧薩布爾俱樂部的餐廳走動，並在休養幾星期後，帶著他心愛的梅寶小心翼翼地在湖上划過幾次船。

史汀生任命麥克洛伊為「代理戰爭部長」，不過他仍有精力維持兩人隨時聯絡。八月十三日早上十點，他打電話給麥克洛伊。根據麥克洛伊的日記，史汀生意識到日方強硬派還在頑抗，可能要採取更有力的手段——包括要再動用一顆原子彈。下午六點三十分，史汀生負責原子彈事務的助手哈里森打給麥克洛伊建議說：「要對日本發出最後通牒，說明必須立即接受我們的和平條件，否則所有談判（包括《波茨坦宣言》）均告終止，戰爭將繼續進行。」[4]晚上七點十分，麥克洛伊致電戰爭部副部長派特森（Robert Patterson）詢

①作者注：巴頓將軍曾毆打兩名因戰鬥疲勞症（編按：即現今所稱的創傷後壓力症候群）而住院的士兵，罵他們懦夫，是戰爭部長史汀生出手保住他的職位。

問：「是否要向日本發出最後通牒。派特森同意，並強烈贊同這樣做。」麥克洛伊可能是自行行動，但他當天上午已和史汀生討論過，第二天又打兩次電話給他。哈里森也有和史汀生討論，而哈里森發給格羅夫斯將軍的原子彈指令強烈表明，儘管史汀生躺在病榻上，依然和他的朋友巴頓一樣對戰事毫不放鬆。

馬歇爾將軍已在八月十一日下令格羅夫斯將軍先暫停將鈽核心運到天寧島組裝第三顆原子彈。如今在八月十三日，哈里森把他上司史汀生部長的話傳達給格羅夫斯，告訴他要恢復運送必要部件和材料以組裝第三顆原子彈。[5]哈里森告訴格羅夫斯說，戰爭部長起初贊同馬歇爾暫停運送炸彈部件的命令。但在與麥克洛伊討論後的現在，史汀生認為應該恢復運送。格羅夫斯很樂意配合戰爭部長。他回覆說可以在兩天內開始運送。大約一週後就會有一顆原子彈可以轟炸日本。

✶✶

史汀生的朋友和合作夥伴馬歇爾將軍也在考慮再對日本進行一次原子彈攻擊——實際上是原子彈火力連發。第一顆炸彈投到廣島後不久，在與馬歇爾和陸軍首席戰略規劃師林肯少將（George Lincoln）的會議上，麥克洛伊提出一個沒有人問過的問題：「我們是否應該在投下另一顆炸彈之前暫停一下？」不，馬歇爾說。「這傢伙，」他說，「已經快倒了。我們要推他一把。」[6]陸軍總參謀長並不打算撤銷史帕茨將軍隨身攜帶的正式指令——先轟炸廣島，然後在炸彈「準備好」後再轟炸其他三個目標。唯有當杜魯門在長崎轟炸後直接介入，原子彈轟炸才停止，而且只是暫時停止。

現在，隨著情報顯示日本還沒有要放棄，還在加固陣地，馬歇爾不得不考慮該大幅升級。八月十二日，馬歇爾的首席情報顧問比塞爾少將（Clayton Bissell）預估，「原子彈在接下來的三十天內不會產生決定性效果」，並指出日本軍隊（與平民不同）已經儲備了四到六個月的食品和物資。[7]換句話說，光用原子彈轟炸城市並不足以逼日本投降。陸軍出身的馬歇爾一直認為空中轟炸和海上封鎖是不夠的，必須派出地面部隊。同時，他也在研究破譯的情報：美軍預定在十一月一日進攻九州南部海灘，而情報顯示日軍正在那裡大規模集結。馬歇爾開始思考美國登陸部隊能否把原子彈運用在戰場上——如同常規炸彈或砲彈那樣運用，只是原子彈要強大得多。

八月十三日下午，馬歇爾的首席作戰官赫爾中將（John Hull）致電格羅夫斯的助理西曼上校（Lyle Seeman）。赫爾說：「馬歇爾將軍想知道……」到十一月一日可以準備好多少顆原子彈（「很可能」有七顆），以及可否用於清除敵軍的灘頭陣地。[8]西曼表示，進攻部隊在投彈時可能需要「距離約九點六公里遠」，並需要等待「四十八小時」的「安全考慮因素」後才能通過爆炸區域，以防炸彈中有「啞彈」。馬歇爾在思考要用九顆原子彈來支援登陸九州海灘，其中三支進攻部隊每隊兩顆，再加上最多三顆用來摧毀日本的增援部隊。令人驚訝的是，沒有人討論美軍穿越輻射線戰場的風險。②

＊＊

八月十一日，《紐約時報》報導日本提出投降的標題是〈太平洋上的士兵們雀躍不已，他們說：讓日本人保留天皇吧〉。[10]在華府，大批群眾開始在白宮外的拉法葉公園聚集，等待消息。

高層決策者都在辦公室煎熬地等待。國務卿伯恩斯後來回憶道：「我從未覺得時間過得如此緩慢！」[11]杜魯門總統不得不考慮還有什麼選項。最有力的選項是史帕茨將軍從天寧島發來的電報中所建議的，在皇宮附近投下一顆原子彈，試著在不殺死天皇的情況下，把日本領導人嚇到投降。

杜魯門一開始只是因緣際會承接了S-1。但杜魯門愈來愈果決，開始獨攬大權，逐漸成為那位未來會在總統辦公桌上以「責任推託到此為止」為座右銘的總統。他在得知第二顆原子彈投往長崎後，遂收回決策權。看過廣島被毀滅的空拍照片後，他本不想再動用原子彈。但現在，他開始認真考慮親自下令執行第三次轟炸。

八月十四日中午，歷經戰時流亡之後正要返回英國的溫莎公爵和英國大使貝爾福（John Balfour）來到白宮。杜魯門告訴兩位英國訪客，他在等美國駐瑞士伯恩大使館的消息，瑞士這個中立國是日本跟同盟國的外交管道。最新的電報讓人失望。杜魯門坦言，最新來的日本電報「並沒有全世界都在期盼的消息」。[12]貝爾福大使向倫敦報告說，杜魯門總統「沉重地表示，他現在別無選擇，只能下令對東京投下原子彈。」[13]

＊＊

此時，杜魯門已經下令美軍恢復對日本的常規轟炸，包括航母飛機和裝載高爆炸藥和凝固汽油彈的B-29「超重型轟炸機」。八月十三日，馬歇爾指示史帕茨：「關於超重型轟炸機，總統指示我們全力以赴。」[14]在華府的阿諾德將軍與史帕茨進行了一次「特別無線

② 作者注：格羅夫斯將軍極力淡化所謂「原子落塵」的後果。當他在十一月向國會作證時，輻射線的致命性已經非常明顯，但他輕描淡寫地說：「據我從醫生那裡所知，這是一種非常愉快的死法。」[9]（實際上，高劑量輻射會導致內臟融化。死亡過程可能極其痛苦。）

電電傳會議」，強調他希望由空軍來演出一場壯麗的結局：

阿諾德：希望你立即開始用B-29對日本展開行動。你最多能派出多少架飛機？我認為至少要一千架。你做得到嗎？你現在能做些什麼？

史帕茨：我們將派出至少九百架飛機……

阿諾德：現在談談分配。最好派出最大數量的飛機到東京，讓日本官員知道我們是認真要他們接受我們的和平條件，不得再拖延。能有多少架飛機用在東京？

史帕茨：東京不是一個好目標，除了原子彈以外。

史帕茨評估，日本帝國的首都已被燒毀殆盡，不適合再做常規轟炸，應該把裝載高爆炸藥和燃燒彈的B-29轟炸機派往其他目標。但無論是用常規炸彈還是原子彈，轟炸並不是唯一的目的，還必須向日本人民傳達訊息。一直以來，航空隊在轟炸日本城市之前都會先空投傳單，警告平民撤離——這既是一種仁慈的行為，也展示美國的強大（傳單上說美國將攻擊名單上的某些城市，進一步製造恐慌）。八月十三日夜晚，七架B-29轟炸機裝載了五百萬張十乘十二點七公分用日文書寫的藍色傳單，上面寫道：

致日本人民：

今天，這些美國飛機不是向你們投放炸彈，而是投放傳單，因為日本政府已經提出投降，而每一個日本人都有權知道投降的條件，以及美國政府代表自己、英國、中國和俄國對此的回應。你們的政府現在有機會立即結束這場戰爭。

黎明前夕，一架B－29轟炸機直接飛越東京皇宮上空。傳單裝在箱子裡，箱子在空中打開讓傳單隨風散落。其中一張傳單落在一個庭院，一名皇宮侍從撿起傳單，立即送交木戶內大臣。天皇的掌璽官睡在一間備用房間，以免被刺客找到。木戶讀了這張傳單。「我看了一眼，」他日後回憶道，「我感到極度不安。」[15]

13.

忍所難忍

To Bear the Unbearable

「如仲夏夜一夢。」

圖16　一九四五年九月二日在美國軍艦「密蘇里號」上的投降儀式。日本代表是東鄉的副手與繼任外務大臣的重光癸，以及陸軍總參謀長梅津美治郎。

東京，一九四五年八月十四日至十五日

木戶侯爵立刻知道結局即將來到。在過去幾天裡，日本人民一直被蒙在鼓裡，不知道政府內部為了投降爭吵不休。現在沉默已被打破。當內大臣又讀到幾張飄落在東京街頭的傳單後，他愈發警惕，而且他可以肯定，這些傳單也會出現在許多其他城市。美國人的傳單完整印出日本在八月十日提出只求保留天皇的投降條件，以及美方在八月十一日的回覆，即天皇必須「隸屬於」盟軍最高指揮官。木戶知道，這些煽動性的傳單可能會激發不滿的軍官發動政變，進而演變為內戰和無政府狀態。他急忙請求覲見天皇。

在注重共識的日本，尤其是在皇宮中，事情通常進展緩慢，但裕仁天皇知道時間所剩不多。面對美國的原子彈和軍方狂熱派，天皇充滿求生意志，想拯救已陷入危急存亡的國家。他要召集政府高層進行第二次「聖斷」，他將接受華府的投降條件，徹底結束戰爭並維持民族存續。鈴木首相提議在四小時後，即下午一點鐘召開會議。不，天皇說，要更快。立刻。他不想留時間給軍方發動政變。[1]

裕仁已聽到一些傳聞，而且都是真的。[2]密謀者計畫在十點鐘發動政變，切斷皇宮對外聯繫，孤立天皇，逮捕「巴多里奧分子」，宣布戒嚴，然後作戰到底。有激進派說要衝進御文庫，用機關槍把所有人（除了要「保護」的天皇）都幹掉後再用手榴彈自殺。比較

冷靜的一派則在拉攏陸軍大臣阿南，希望其他陸軍高層能隨他一起加入。

此刻，阿南正與西本州和九州防衛軍指揮官畑俊六元帥共進早餐。畑俊六剛從廣島回來。他報告說，白色衣物能很好地防護原子輻射，而且在地表下僅二公分多處，地瓜根仍然生長良好。[3]阿南興奮地叫道：「你必須告訴天皇！」

阿南回到陸軍省，開始面對現實。他的妹婿竹下中佐和同夥正在七嘴八舌，陸軍總參謀長梅津突然打斷他們，直截了當表示不會支持政變。[4]梅津告訴阿南，若違抗天皇發動政變，只會導致軍隊分裂和內戰。阿南似乎接受這位以冷靜著稱的「鐵面人」的判斷。

事情本該就此結束，因為如果直屬梅津的東部軍和皇宮近衛師團沒有加入，政變不可能成功。但梅津似乎又有所軟化……他說他並不是「絕對」反對政變。這也可能是竹下等人片面要這麼解讀，我們很難確定。阿南本人則依然模稜兩可，神態自若。[5]

＊＊

當天早上，在被燒毀的皇宮裡的臨時政府辦公室中，工作人員看到一幕奇特的景象：內閣官員忙著向助理借用領帶、大衣、褲子等，穿戴整齊趕赴天皇在十點三十分的臨時召見。[6]二十幾位曾經趾高氣揚但現在焦慮不堪的人魚貫進入御文庫厚重的大門，天皇召見他們來放棄殘害亞太地區超過十年的帝國。御文庫是皇宮唯一的鋼筋混凝土建築物，其地下掩體悶熱如三溫暖。在溼熱的八月天，溼氣讓牆壁都滲出水來。

天皇身著軍裝走進來，眾大臣低頭鞠躬。鈴木首相再次為未能達成共識道歉。[7]海軍和陸軍將領最後一次重申他們戰鬥到底的論點，「不惜付出一億人的生命代價」（「一億玉碎」是當時耳熟能詳的愛國口號）。天皇握住劍柄說道：「我已仔細聆聽，但我的看法沒有改變。」[8]

裕仁天皇宣布他「同意東鄉外相」的看法，即同盟國會保留日本的天皇制度。他對軍方感到抱歉，但必須拯救日本人民。他引用其祖父明治天皇在半個世紀前受屈辱，也就是在西方列強干預迫使日本放棄滿洲的一個半島時所說過的話：「我們必須忍所難忍。」裕仁特別指出：「陸軍和海軍大臣告訴我，陸軍和海軍內部有反對意見。我希望軍方能理解我的想法。」為了確保他的話不被歪曲，他宣布將用廣播對全國發表講話，這在當時前所未聞！

房間裡的反應很激烈。兩位大臣從座椅滑落在地，喘息悲鳴。多數人都流下淚來。正如東鄉在回憶錄中所載，當他們離開時，「每個人想著想著又都哭了。」

午餐是鯨魚肉和黑麵包。除了鈴木首相之外，沒有人進食。鈴木儘管年事已高，精神卻出奇地飽滿。[9]道家式的消極主義對他身體頗有裨益。

阿南似乎處於近乎妄想的狀態。他把副官林三郎大佐拉到一間廁所，激動地說，有一支裝載大量登陸部隊的美國海軍艦隊現在正在東京灣。[10]陸軍大臣說，如果我們用全部力量發動攻擊，我們會取得更好的和平條件。林三郎瞪著他的上司，對此感到難以置信。他說，這支美國海軍部隊只是謠言。

阿南回到市谷高地，陸軍省裡擠滿了激動不安的軍官。竹下中佐勸他從「最高戰爭指導會議」辭職，這樣就可以讓政府倒台，製造一個只能由軍方接管才能解決的混亂局面。[11]阿南似乎一度心動，說：「拿墨水和紙來。」但隨後他又改變主意。

他忠於天皇，也許一直都是。「聖斷已下，現在只能服從。」阿南對周圍的狂熱派說。[12]他挺直身子，怒目而視。「不服從的人，」他說，「就從我的屍體上跨過去。」最狂熱的政變策劃者，阿南的「愛將」畑中少佐放聲大哭。

＊＊

位於市谷高地的陸軍省已經冷冷清清。[13]一些軍官因為擔心美國傘兵來襲，開始在院子裡生火燒毀文件。其他人則關上大門，打開威士忌和清酒想要切腹自盡。大樓的警衛逃走，帶走了食物和衣服。

✶✶

內閣成員聚集在首相官邸草擬天皇向全國廣播的詔書。①阿南再次顯得冷靜從容，但其他內閣成員皆對他抱有戒心。[14]他們擔心他最後會不會辭職，破壞艱難的和平進程。

陸軍大臣的確反對天皇演講稿中的一句話。草稿中講到「戰勢日非」。這個說法似乎沒什麼不對，因為在不到兩週內，日本就有兩座城市被原子彈摧毀，日軍在滿洲也被俄國人打得節節敗退。但阿南反對，堅持日軍還沒有戰敗。不論事實為何，戰敗之說將使多年來對民眾的勝利宣傳變成謊言，傷害軍隊的榮譽。

於是文字被改為「戰局未必好轉」。[15]這種輕描淡寫的說法實為可笑，但阿南很滿意，其他人也不想惹阿南不高興。

外務大臣東鄉想討好阿南，擬了一份正式照會，要求同盟國讓日軍自行解除武裝，軍官也可以保留武士刀。阿南挺直了身子，對東鄉表露感激之情。「感激不盡。」他說。東鄉後來在回憶錄中說他覺得阿南「過於客氣」，但無論如何，他很高興能笑著告別。[16]

阿南將軍回到辦公室收拾東西，包括一把有櫻桃木刀鞘的短軍刀。

✶✶

撰寫詔書耗時數小時，由宮中書法師以謹慎而優雅的筆法完成。終於，在午夜之前，天皇離開御文庫，乘車前往宮內省。此時空襲警報響起，警告有「敵桑」，也就是「敵人先生」來襲，B-29轟炸機此時正在轟炸九十多公里外的一座城市。

裕仁天皇由政府廣播網NHK的工程人員迎接，他們將錄製天皇的講話，在第二天中午向全國播出。天皇用他尖細而顫抖的聲音對麥克風朗讀詔書。「這樣可以嗎？」他問道。[17] 沒人敢說天皇的聲音在顫抖。裕仁說或許他的聲音太低了。他再次朗讀詔書，大家都說很好，儘管天皇漏掉了一兩個連接詞。

天皇乘坐深紅色的賓士轎車離開後，大家討論今晚要把錄音盤放在哪裡。NHK人員不想承擔責任。他們說，放在東京電台廣播大樓裡太危險。一位宮廷侍從將兩份錄音盤裝入布袋拿到皇宮中一個宮女的房間，把布袋放進書架上的一個小保險箱裡，再用一堆文件和書籍遮住保險箱。[18]

✶✶

---

① 作者注：詔書是為答覆請求而以書面寫成的命令，其概念是天皇永遠會回應子民的需求。

午夜過後不久，狂熱的畑中少佐和幾名死硬派政變密謀者來到近衛師團指揮官森赳中將的辦公室。畑中目光閃爍，懇求森赳加入他們。「英明的天皇」被奸臣誤導，畑中說，我們必須拯救天皇，拯救日本！

森赳小心翼翼，既不答應也不拒絕。他拖延時間，談到自己的人生哲學，還說要去明治神宮散步。房間狹小而擁擠，炎熱難耐，畑中失去了耐心。突然間，他掏出佩槍射殺驚愕的森赳將軍，森赳當場倒地身亡。[19]此時森赳的女婿正好來訪，畑中和另一名密謀者揮劍砍下了他的頭。

畑中原本想讓森赳簽署「近衛師團戰略命令第五八四號」，指示近衛師團占領皇宮以「保護天皇並維護國體」，即天皇制度（以及軍隊的特權地位）。如今，畑中跨過森赳的屍身，用將軍的公章在多份命令上蓋章。

在皇宮那邊，近衛師團忠實地執行新命令。電話線被切斷，刺刀上膛，機槍設在皇宮四周的大門和橋梁上。宮內侍從被聚集起來審問：天皇講話的錄音在哪裡？侍從們勇敢地拒絕透露。軍隊開始搜查漆黑的皇宮，而天皇則還在安睡著。

✶✶

竹下中佐去見他的大舅子阿南將軍，表面上是為了最後一次爭取他對政變的支持。但竹下心情矛盾，不知道該說什麼。

他發現阿南在臥室裡，正坐在床前的蚊帳旁。陸軍大臣正在寫筆記。「我在想今晚切腹自殺。」阿南說道。[20]

「沒有必要今晚就這樣做吧？」竹下問道。

阿南回答說，他無法忍受在早上聽到天皇的講話。

兩人喝著一大瓶清酒。竹下說：「你這樣喝下去，會不會搞砸？」

阿南回應道：「劍道五段的人不用擔心這個。」而且，他說，酒精會讓他的血流得快一些。但為防他的手打滑，他要竹下擔任他的「介錯人」，送他上路。

一名軍官前來報告政變已經開始，近衛師團已占領皇宮。阿南不以為然，東部軍將會鎮壓這場草率的政變，他預測。

兩人又繼續喝酒。黎明前夕，阿南穿上一件純白的寬大襯衫，露出腹部。他提到當年是天皇在他擔任侍從武官時送了他這件襯衫。他從劍鞘中拔出短劍，猛然刺入腹部，然後一橫再向上用力一扯刀刃。接著，他拿起一把匕首，用手指在脖子上尋找動脈，然後刺入匕首，鮮血噴湧而出。

按照指示，竹下從將軍手中取出匕首，將滴著血的刀刃對準阿南仍在抽搐的身體施予致命一擊。然後，他將阿南掛滿勳章的軍裝披在他身上。他撿起阿南寫的兩張便箋。一張寫道：「堅信神州不滅，一死以謝大罪。」阿南是在謝什麼罪呢？直到今天，仍然沒有人能確定。另一張便箋寫著：「深受君恩身，無言可遺世。」

阿南差一點就發動或至少縱容一場政變，但也可能自始至終他都在演一場戲。也許阿南直到死前都在玩弄「腹藝」。②

✶✶

在皇宮，擔任東部軍司令官的田中靜壹大將抵達現場恢復秩序，他是一位牛津大學畢業生和嚴格的紀律執行者。一名政變共謀者建議畑中放棄抵抗，一切都將「如仲夏夜一夢」被遺忘。[21]但畑中已經太過瘋狂。他衝到廣播局，狂亂地揮舞著手槍要求廣播。技術人員設法以技術問題拒絕，最後他逃到皇宮前的草坪，在那裡切腹並飲彈自盡。[22]

大約在早上六點三十分，裕仁天皇穿著睡袍出現，比平常起床時間還要早半小時。他的一位侍從官後來堅稱天皇睡過了整個事件，但這似乎不大可能；另一種說法是他透過百葉窗縫隙觀看士兵在外頭奔跑。此刻，蒼白、衣衫不整但堅定的裕仁要求向軍隊講話，懇求道：「難道他們不明白嗎？」[23]他被告知這不必要。內大臣木戶從地下室的儲藏間出現，他在那裡躲藏了一夜，並擔心自己會像「四十七浪人」中的吉良大人一樣被殺。[24]在皇宮大門外，警衛與攜帶手榴彈、手槍和刀劍的叛軍士兵作戰，後者正攻擊內大臣的私人住所。這場政變結束得就像它的開始一樣倉促，部分是悲劇性鬧劇，部分是致命危險。③

＊＊

「茲告爾忠良臣民……」這就是被稱為「鶴音」的天皇開場白。鶴這種神聖的鳥雖能聽聞其聲，卻從不現其蹤。很少有日本人聽過天皇尖細而顫抖的聲音，但在一九四五年八月十五日這天中午，數百萬忠誠的子民聚集在街道或公園的公共收音機旁收聽，而且這往往是村裡唯一的收音機。他們在早上七點二十一分收到廣播通知，預定播出時間的前一分鐘還短暫地播放了空襲警報。

裕仁天皇不使用禁忌的「投降」（降伏和降散）或「失敗」（敗戰）等字眼。[25]天皇在

② 作者注：沾滿阿南鮮血的自殺便箋被保存於東京的靖國神社和戰爭紀念館。
③ 編按：這場政變指的便是「宮城事件」，該事件在東部軍司令官田中靜壹鎮壓下落幕，唯田中在政變結束後的八月二十四日也開槍自殺。

（按照阿南所堅持的字眼下）指出「戰局未必好轉」之後，接著說：

> 加之敵新使用殘虐爆彈，頻殺傷無辜；慘害所及，真至不可測。[26]

如果日本再繼續打下去，他警告說：「終不僅招來我民族之滅亡，延而可破卻人類文明。」天皇（其年號為昭和，意即「和平」）不僅要拯救日本，還要拯救全世界。「朕堪所難堪、忍所難忍，欲以為萬世開太平。」

他同情人民的苦難，但警告人民不要因「情之所激」而「為誤大道」。不要「排擠同胞、互亂時局。」

全國一片寂靜。有些人未能理解天皇的宮廷古典日語和他那迂迴的說法。廣播播音員急忙用普通日語解釋天皇剛剛說的內容。大多數人對著收音機鞠躬，有的精神恍惚不發一語地漫步離去。

皇宮外頭聚集了大批群眾，一些人高喊戰鬥口號「萬歲！」

在廣島一家醫院，八田道彥醫生的病人們在聽完天皇演說後憤怒不已，這讓八田大為驚訝。「我們怎麼能輸掉這場戰爭？……只有懦夫會在這個時候退縮！……我寧願死，也不願戰敗！」[27]他意識到，這些重傷的病人無法接受自己所受的痛苦竟會變得徒然。當晚，這位醫生在日記中寫道：「我愈想，愈覺得可憐和悲慘。」日本投降，一切都那麼荒謬和無謂。但至少日本投降了。過程中只要有一個差錯或不幸，都可能讓脆弱的終戰過程陷入混亂。天皇發布另一道詔書，派出親王去安撫駐紮在外的日軍。[28]幾架不遵皇命的神風特攻隊最後一次出動。當第一批美軍全副武裝登陸日本海灘時，他們本來以為會遭遇狂熱的保皇派，但反而是有一些婦女跟他們打招呼。[29]大多數街道上都看不到女性，因為有傳言說美軍會大規模強姦婦女。在日本及其征服的領土上，死亡人數超過二千萬人。[30]

✶✶

東京時間八月十五日下午兩點，內閣總辭。外務大臣東鄉被邀請加入正在籌組中的新內閣，但他拒絕了。儘管他在一九四一年曾試圖避免戰爭，一九四五年又奮力謀求和平，但他認為自己還是會被當成戰犯，因為他在珍珠港事件發生時擔任政府官員。[31]他沒有不滿。在日本社會，出了事就要有人負責，不管這個人是否真的有責任。

14.

無高地可據

No High Ground

「要讓一個人值得信任，你得先信任他。」

圖17　圖為「亨利．史汀生號」潛艇，呼籲廢除潛艇這種邪惡戰爭工具的史汀生，會怎麼看待身後國家以他的名字命名潛艇呢？

關島、紐約、華府，一九四五年八月十五日

當東京廣播電台在八月十五日中午播出天皇的演說時，美國仍在轟炸日本。[1]華府的阿諾德將軍催促人在關島總部的史帕茨將軍要派出一千架轟炸機。史帕茨勉力派出了八百四十三架B－29，其中包括第五〇九混合飛行大隊的七架（每架投擲一枚南瓜炸彈），再加上有一百七十三架戰鬥機護航，空軍宣傳人員得以宣稱要派出一千架飛機對日本帝國進行決戰。[2]

但飛行員和指揮官對這次最後的攻擊都頗感矛盾。這次任務對四個軍事目標和二個城市工業區投放一千二百萬磅的炸藥和燃燒彈，摧毀了一個城市的一半和另一個城市的六分之一。在飛往目標途中，有一架B－29的機組人員從無線電聽到日本投降的消息，他們討論此時該怎麼辦。他們是否應該掉頭把炸彈丟進海裡呢？儘管接到命令繼續飛行，他們還是掉頭飛回基地，謊稱是機械故障。[3]

前一天，阿諾德透過「無線電傳會議」不斷催促史帕茨：「杜立德能從沖繩派出（B－29轟炸機）嗎？有多少架？什麼時候？」[4]

史帕茨淡淡地說：「杜立德無法從沖繩派出飛機」，因為機場都用來運送要去進攻日本的部隊。這話是事實，但不是全部的事實。兩天前，史帕茨去找他在歐洲戰場的老朋友

杜立德將軍，詢問第八航空隊是否想參與最後行動。杜立德拒絕了。[5]他不想在日本顯然已經戰敗的情況下還派飛行員去冒險。杜立德在戰爭初期率先空襲日本，成為國家英雄，但他不想在戰爭快結束時還濫殺無辜。當空軍指揮官們在討論原子彈攻擊目標時，有人建議：「為什麼不攻擊東京？讓我們把它投放在皇宮，絕對會嚇死他們。」杜立德冷冰冰地回說：「是的，如果我們這樣做，誰來和我們締結和約呢？」[6]

史帕茨也屬於那些想把原子彈投放到東京的指揮官之一，但並不是投到東京市中心，也不是皇宮，而是遠離市中心已經被燒毀的郊區，目的是展現威力。在十四日的午夜之前，史帕茨與阿諾德將軍進行另一場「無線電傳會議」，他對於在最後階段對日本施展暴力也感到不安。阿諾德和史帕茨對話的文字紀錄如下：

阿諾德：這些行動已和所有上級協調過，直到最高層。

史帕茨：感謝上帝。[7]

在繞過半個地球打到華府的電傳會議中，史帕茨也與史汀生的助手洛維特溝通。洛維特是航空隊的文職上司。洛維特曾前往歐洲到史帕茨位於英國和法國的總部觀察空戰，兩人建立了親密聯繫。史帕茨在關島用電傳告訴洛維特，第二十航空隊是「我們的最佳空中部隊之一」，並敦促戰爭助理部長來太平洋，「在這場秀結束之前親自來看看」。

洛維特回答道：「我被困在這裡，暫時沒有離開的可能，要靠你來掌握高地。」「高地」是軍事術語。西點軍校向來教導學生，聰明的指揮官要試圖掌握高地，以便居高臨下向敵人開火。史帕茨半開玩笑地回應：「高地將被掌握，如果僵持的話，會合理施肥。」[8]「合理施肥」是指他和洛維特對威士忌的共同愛好。但隨後，史帕茨拿「高地」二字用作道德隱喻：

> 今天看了廣島現況的清晰照片。原子彈摧毀了所有高地。希望再也沒有機會動用另一顆原子彈。

✶✶

史汀生是在奧薩布爾俱樂部透過「加密電話」得知日本投降的消息。[9]麥克洛伊打來告訴他這個令人開心的消息。當天晚上，當史汀生和梅寶走進俱樂部餐廳時，現場響起熱烈歡呼。[10]

但史汀生在日記中寫道，他「瀕臨情緒和冠狀動脈破裂的邊緣」。[11]他焦躁不安，擔心自己參與製造的原子彈會毀掉他一生奉為圭臬的道德進步之路。從與奧本海默的談話中，他得知與未來的核彈相較，廣島的原子彈只是小巫見大巫。他擔心科學的誘惑會壓倒人類的道德和自制能力。

趁著麥克洛伊飛來與他家人團聚時，史汀生和麥克洛伊進行冗長而痛苦的討論，想找出辦法將精靈裝回瓶中。首先，他改變了自己的想法。幾個月來，史汀生一直將S-1視為對付蘇聯的「王牌」和「同花大順」。他想用原子彈的威脅當籌碼，迫使俄國人放鬆其警察國家體制，加入自由國家的陣營。但當麥克洛伊告訴史汀生，國務卿伯恩斯正在吹噓他準備「口袋裡揣著」原子彈去參加同盟國外長會議時，史汀生卻退縮了。[12]

史汀生可以說是一個頑固的道德主義者，但他並非沒有自覺，他的宗教信仰也教導他要謙遜。他有謙沖的自信：雖不總是，但他經常能夠看穿傲慢，包括他自己的傲慢。他明白，威脅本就有偏執狂的蘇聯人只會適得其反，只會讓莫斯科更多疑和更警戒，會逼他們更快製造出自己的末日武器。後果只會是一場代價高昂的軍備競賽，甚或是世界末日。

史汀生已年老力衰。他穿西裝會把扣子扣到最上面，舉止謹慎刻板。他刻意保持一種舊時代的作風，在那個已去不返的時代，騎兵是騎馬而非開坦克，紳士在女士面前不會說粗話。但他也是個有遠見的人。他明白，應該擔心的不是那些已經落在廣島和長崎的炸彈，而是尚未製造出來但卻更加致命的武器，它們將威脅到世界上每一座城市和每一個人。作為一名老兵和政治家，他要阻止這些未來的恐怖武器，以公職的身分最後一搏。

史汀生回到華府度過他的最後任期。九月十二日，他呈給杜魯門一封私人信件和一份長篇備忘錄。他提到自己在大學時學到並試圖在現實世界中遵循的準則。他寫給總統說：「我在漫長一生中學到的最大教訓是，要讓一個人值得信任，你得先信任他；而讓人不值得信任的最佳方法就是不信任他，並向他表示你的不信任。」[13]史汀生建議要信任俄國人。他不希望像西部槍手那樣把原子彈「明白掛在腰上」。史汀生希望與美國的前盟友和未來的敵人分享原子彈的祕密。史汀生實際上是在呼籲凍結核武器：美國停止研發核武器，並與俄國人談判軍備控制條約。

杜魯門以他看似同意卻未必真正同意的風格，給史汀生機會在內閣會議中陳述己見。九月二十一日是史汀生七十八歲生日，也是他擔任公職的最後一天。他在近半個世紀來服務過六位總統。生日會上有蛋糕、演奏和十九響禮砲。一百二十位將軍排隊祝福他一路順風。在內閣會議室中，史汀生熱情地發表意見，沒有用小抄。「未來的世界和平」要靠國際軍備控制，他說。[14]不然的話，新武器的發展將「終結這個世界」。

總統和內閣敬重地聆聽這位老政治家的意見。史汀生受到鼓舞。他離開會議室，搭上部長專機前往海霍德莊園離開華府，他相信「總統已決定如數照我的建議去做」。[15]

但為時已晚。[16]杜魯門政府對軍備控制的意見分歧，猶豫不定，杜魯門自己也一樣。

海軍部長福瑞斯特認為史汀生的看法有如當年姑息希特勒（福瑞斯特在一九四七年設立國防部後當上國防部長）。國會也堅持不能和俄國人分享原子彈的祕密。五角大廈已擬定一份六十六個俄國城市的名單，作為第三次世界大戰爆發後的原子彈轟炸目標。格羅夫斯將軍也已開始談論要先發制人。

無論如何，克里姆林宮都不可能接受史汀生的主張，也不可能讓任何外國檢查員靠近蘇聯的軍事設施。史達林已嚴令其祕密警察頭子盡速造出蘇聯的原子彈。四年後，一九四九年八月二十九日，蘇聯在哈薩克進行了第一次原子彈試爆。

冷戰愈來愈加劇。到了一九四六年夏天，史汀生自己也懷疑能否說服俄國人加入有意義的軍備控制體系。一九四七年十月，他在外交界的菁英刊物《外交事務》上寫道：「我常說，要讓一個人值得信任，你得先信任他。但我必須補充，這並不一定適用於那些決心要愚弄你的人。」[17]

私底下，他向朋友透露說，「過去兩年來，我的看法愈趨保留。」他寫道，我們也許必須「準備好我們所有的炸彈，等到俄國變得正派。」[18]

這個等待是漫長的。一九六一年十月，在北冰洋一個島嶼上，俄國人引爆了一枚名為「沙皇炸彈」的熱核武器。[19]它的當量為五千萬噸，相當於廣島爆炸威力的三千倍。一九六六年，美國海軍下水一艘新的核動力「水下轟炸機」潛艇——「亨利・史汀生號」，配備十六枚核彈頭飛彈，攜帶彈量約為「小男孩」和「胖子」的四百倍。[20]史汀生在一九三〇年當國務卿時曾呼籲廢除潛艇這種邪惡的戰爭工具。他會怎麼看待一艘以他為名的潛艇可以在一擊之間殺死數百萬人，而且其中絕大多數都是平民呢？①

在一九四七年十月《外交事務》那篇文章中，史汀生寫到他想留給後世的遺產。他呼籲要重建歐洲。他警告美國絕不能再回到孤立主義，不能再當個「只顧自己的島嶼」。雖然會遇到挫折，但他寫道：「我看不出任何人能對美國的未來沒有信心。」

史汀生最親近的兩位助手，麥克洛伊和洛維特，他們曾被他戲稱為「小惡魔」，回應了時代的召喚。麥克洛伊成為德國戰後重建的高級專員。足智多謀的洛維特在國務院擔任馬歇爾的副國務卿，說服國會批准馬歇爾計畫和「西方聯盟」（即北大西洋公約組織，NATO），隨後在朝鮮戰爭期間擔任國防部長。一九六〇年，洛維特拒絕了甘迺迪總統邀請他擔任國務卿、國防部長或財政部長。一九六二年十月古巴飛彈危機期間，甘迺迪總統請洛維特來當顧問。[21]在與甘迺迪的國家安全顧問麥喬治．邦迪會面時，洛維特注意到邦迪桌上有一張史汀生的照片。洛維特說：「麥克，我認為我們能為甘迺迪總統提供的最好建議，就是按照史汀生上校的方式處理這件事。」邦迪同意。史汀生結合了現實主義與理想主義，結合了外交手腕與軍事實力，這將成為他們的「基準」。洛維特後來回憶說：「在整個談話過程中，老上校似乎一直在盯著我看。」最終，甘迺迪總統用史汀生的方式處理世界上最危險的一場核對峙。美國要求俄國從古巴撤除核子飛彈。與此同時，甘迺迪也給克里姆林宮的對手赫魯雪夫面子，從土耳其和義大利撤出美國飛彈。

和克里姆林宮的最終協議是麥克洛伊去祕密協商的。立場堅定加上外交手腕，世界避免了一場遠甚於廣島和長崎的大災難。

✶✶

一九四五年夏末，日本政府官員著手燒毀會讓他們變成戰犯的文件，回國的士兵則搶奪儲糧。美國開始提供補給，有小麥、麵粉、玉米、糖、奶粉、醃牛肉罐頭、稻米。「就像大旱中的及時雨。」有一本日文書籍記載道。[22]

九月二十七日，裕仁天皇穿著正式外交禮服，拜訪穿著開領卡其制服的盟軍最高指揮官麥克阿瑟將軍。[23]他們在麥克阿瑟位於東京皇宮附近的總部會面。兩人並肩而立拍照。麥克阿瑟雖然表現得很恭敬，但這張登上日本和美國每家報紙的照片清楚顯示出，誰才是

① 作者注：其裝載導彈的發射管艙蓋上塗著《花花公子》兔女郎徽標，真不曉得史汀生這位維多利亞時代的老派紳士會怎麼想。

老大。

一九四七年十二月七日，珍珠港事件六週年，裕仁來到廣島，站在「艾諾拉・蓋伊號」所瞄準的市中心那座橋上。[24]廣島已大致重建起來。樂隊演奏，有七萬人同聲歡呼。一九七五年十月，裕仁訪問美國，曾在太平洋戰場服役的福特總統設國宴款待天皇，天皇宣布美日兩國「永遠親善」。[25]一九七八年，天皇得知有十四名被定罪為甲級戰犯的戰時領導人，被加進東京靖國神社的戰亡英靈名單。天皇再也沒有去過這個神社。[26]

後記

清算

Reckonings

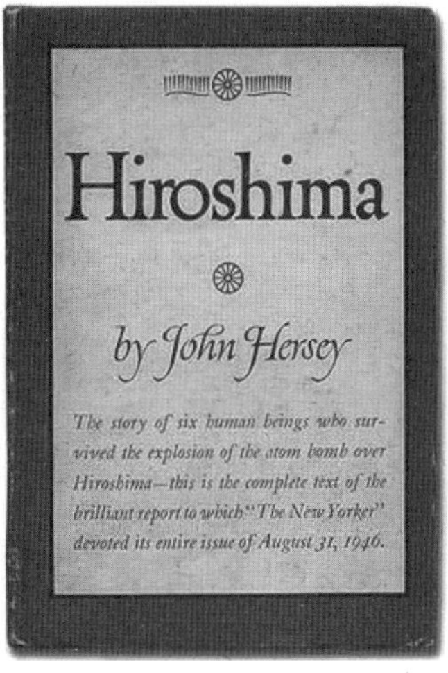

圖18　約翰・赫西《廣島》的初版封面，一九四六年。

當洛斯阿拉莫斯的科學家在八月六日得知轟炸廣島成功的消息時，奧本海默在基地的戲院裡受到排山倒海的歡呼。這位對製造原子彈貢獻最大的人，像拳擊冠軍一樣高舉雙手。在當晚的慶祝派對上，有幾對情侶在跳舞，但其他人只是靜靜地交談和喝酒，心中百感交集。奧本海默躲在一個角落討論一份剛從華府發來的破壞報告。這位首席科學家感到沮喪。當他離開派對時，他看到一位年輕的科學家在灌木叢中嘔吐。他對自己說：「連鎖反應已經開始。」[1]

但其實還沒有開始。大多數美國人都贊成對日本投下兩顆原子彈，有些人甚至認為應該投下更多。[2]幾百萬終於可以返鄉的士兵都很高興不用進攻日本。他們比較擔心的是俄國會不會造出原子彈，能不能買新車或新房，能不能找到工作和老婆。

一九四六年八月三十一日，日本投降一年後，《紐約客》雜誌用一整期的篇幅刊出戰地記者約翰．赫西（John Hersey）的文章，講述原子彈在廣島爆炸當天的情景。[3]赫西以只陳述事實的風格寫作，這種低調敘述的手法更讓人不寒而慄。赫西逐小時，甚至逐分鐘地描述了六位倖存者的故事。這些細節平淡而恐怖。赫西首度向大多數讀者介紹了輻射汙染的嚴重後果。

這篇文章的名稱就叫〈廣島〉（Hiroshima），立刻引起廣大迴響。有廣播電台逐字逐句把三萬字都唸出來。①報紙社論呼籲讀者要去看全文，普林斯頓市長也要市民去找全文來看。[4]人住在普林斯頓的愛因斯坦買了一千份雜誌，正是他在一九三九年首先提醒羅斯福要發展原子彈。[5]赫西的文章不做道德說教或情緒渲染，而是透過人性化的敘述揭露了空軍宣傳人員一直避而不談的問題：平民的死亡。

哈佛大學校長、也是曼哈頓計畫關鍵人物康南特對赫西的〈廣島〉引發轟動感到不安。他尤其擔心科學家和知識分子的質疑聲浪。他說，這些人會教育出下一代，會削弱未來冷戰領導人的決心。他也不希望自己的學生把康南特或任何一位為「小工具」辛苦工作的正派科學家當成戰犯。康南特希望有一個具有高度且深思熟慮的回應，他認為有一個人最適合。他寫信給史汀生的前助理哈維・邦迪說：「沒有人比史汀生更適合做這件事。」[6]

一九四六年秋天，史汀生在海霍德莊園休養。他離開華府一個月後經歷一次幾乎致命的心肌梗塞，還在康復中。不過，他還是盡責地承擔起這項任務。這位老律師與哈維・邦迪的兒子麥喬治・邦迪合作，起草了一份鏗鏘有力的辯護狀。②這篇文章與赫西的〈廣島〉

---

①編按：文章刊出後不到幾個月，出版商克諾夫（Alfred A. Knopf）就將其出版成書，至今已售出三百萬本。

②作者注：麥喬治・邦迪當時是哈佛大學的新進教師，他到海霍德幫助史汀生撰寫回憶錄。麥喬治後來當上哈佛大學教務長，甘迺迪總統任命他為國家安全事務特助。

一樣不帶偏見，只陳述事實。日本已經部署了將近一百萬人和數千名各種類型的神風特攻隊（飛機、魚雷、船隻、蛙人），準備對付美國進攻九州。據推算，這將導致數十萬美國人傷亡。史汀生寫道，投下兩顆原子彈是「最不令人厭惡的選擇」。[7]這篇文章刊登在一九四七年二月號的《哈潑雜誌》（*Harper's Magazine*），封面標題是〈史汀生解釋為何我們動用原子彈〉。[8]

權威人士的反擊卓有成效。《紐約時報》在頭版宣傳了史汀生在《哈潑雜誌》的文章，大多數主流媒體也跟進報導。主流觀點聚焦於史汀生的結論，即確實別無選擇。[9]這一說法保持主流，直到修正主義學者開始戳穿故事中的一些漏洞。他們指出，史汀生輕描淡寫他自己時有時無放棄無條件投降和允許日本保留天皇的行動，並且完全省略了杜魯門政府關於利用原子彈來對蘇聯施壓的討論。關於廣島和長崎毀滅的輿論開始翻轉。人們會問，兩顆炸彈真的有必要嗎？為什麼不先進行示範性爆炸？

早在修正主義者開始批評之前，史汀生就對自己公開為原子彈辯護感到不安。一九四六年十二月，在與邦迪一起寫好給《哈潑雜誌》的初稿後，史汀生寫信給他的老朋友和從前的法律助理、最高法院法官法蘭克福特，他說：「很少有一篇文章會在最後一刻讓我如此猶豫。」[10]史汀生承認：「我認為，詳述這場悲劇的每一步，會讓那些認為我是善良基督徒紳士的朋友們感到震驚。讀完這篇文章後，他們會覺得我冷血殘忍，不再是那個曾在胡佛先生手下為和平努力的人。」

法蘭克福特法官讀了該篇文章的初稿，經過兩個晚上的考慮，他告訴老上司要振作起來。法蘭克福特寫道，對抗「無聊的多愁善感」是很重要的。這篇文章將讓那些「自以為是的批判者」閉上嘴巴。史汀生一向討厭只會抱怨的人，自然心有戚戚焉。

然而，在《哈潑雜誌》的文章發表後，前代理國務卿格魯寫信給史汀生，讓史汀生頗不開心。曾長期負責日本事務的格魯提醒史汀生，在一九四五年五月，這位前駐東京大使曾率先敦促杜魯門總統向日本提出條件：用投降來換取保留天皇制度。史汀生當時贊同格魯的建議，但認為時機不對，太早提出條件會被視為軟弱。格魯認為史汀生（以及格魯的繼任者國務卿伯恩斯）當初錯失了在投下原子彈之前達成和平的機會。他寫道：「原子彈可能根本不必使用，世界將因此受益。」11

史汀生對格魯的信默不作聲長達六個月，最後寄給他一封含糊其詞的回信。然而，在他一九四八年出版的回憶錄中，史汀生隱晦地表達出後來的修正主義者觀點，即「歷史將會發現，由於美國延遲表明其立場（允許日本保留天皇），戰爭被延長了。」

＊＊

在後來的歲月裡，與史汀生關係密切的兩個人（麥喬治．邦迪和傑克．麥克洛伊）都表示，他們看得出這位受人愛戴的上校對動用原子彈有不少遺憾。[12]但史汀生的內疚和不安是否合理呢？[13]

簡單來說，答案是否定的。從日本統治者的回憶錄和檔案紀錄，以及外務大臣東鄉與駐莫斯科大使佐藤之間的電報往來中可以清楚看出，日本政府在一九四五年五月時根本不會接受格魯提出的條件。儘管在軍方的陰影下，東鄉還是會考慮這一提議，而天皇本人及其重要顧問，尤其是木戶，也開始尋求替代方案避免最終毀滅，但藉由明治憲法和恐怖統治，實質上控制日本的軍方態度非常堅決。他們決心打一場全面性的「決戰」，讓「美國入侵者」傷亡慘重而不得不求和。軍方不僅想保留天皇，還希望避免被盟軍占領、解除武裝及戰爭罪行審判。儘管他們的求死決心異於常人，但他們所想的也並非無稽之談。從未有哪支軍隊能在一個有數百萬人願意拚死守衛的海岸登陸過。如果美國被迫發動進攻，在日本人最終投降之前，死傷絕對非常慘重。

原子彈確實有拯救人命。然而，史汀生的文章有一個很明顯的錯誤。就最終結果來說，「小男孩」和「胖子」救到的也許不是美國和盟軍士兵的生命，因為按當時的情況，原定於十一月一日對九州的進攻可能根本不會進行。根據公認的軍事準則，要成功登陸，兩棲部隊在人力上必須對守軍至少有三比一的優勢。然而，正如亞太戰爭歷史學家弗蘭克所指出，到一九四五年八月初，MAGIC和ULTRA所攔截到的訊息顯示，麥克阿瑟將軍集結的進攻部隊已由原本二比一或三比一的優勢縮小到一比一甚至更少。儘管麥克阿瑟頑固地（或輕率地）忽視敵方重兵集結的情報，但海軍作戰部長金上將（Ernest Joseph King）立即取消了原來核准的進攻方案。總參謀長馬歇爾在堅持要投入地面部隊的同時，也在焦急地尋找替代方案，包括在戰場上使用多顆原子彈。

如果不入侵日本，美軍可能採用封鎖來餓死日本人民。史帕茨將軍的新方案是用精準轟炸取代「火攻」，目標是日本的鐵路網，這些鐵路負責將稻米運往大多數日本人所居東京附近的關東平原。一九四五年八月，多數日本人僅靠微薄的口糧過活。到了聖誕節時，由於被封鎖和掐斷供應線，數百萬日本人將會餓死，而最後餓死的是握有戰備存糧的軍隊。在最可能的情境中，日本會陷入混亂和內戰，而俄國會乘機攪局，他們在八月底入侵了北方的庫頁島和千島群島，並試圖在日本本土建立占領區，但被杜魯門逼退。美國占領後，最高指揮官麥克阿瑟將軍向極度營養不良的日本人發放了幾萬噸食物。

原子彈不只拯救了幾百萬日本人的性命，也拯救了日本以外許多亞洲人的性命。在日軍殘酷統治下，中國、東南亞和印尼每個月要死掉二十五萬人。假如戰爭繼續下去，從滿洲到緬甸的廣大區域都將陷入浩劫。原子彈確實可怕，卻避免了更大的災難。而且，可能非得要兩顆原子彈（再加上蘇聯入侵滿洲）才能動搖日本軍方的執念，並最終讓天皇願意求和與自保。

一顆原子彈也許就足以說服天皇，但至少要兩顆才能讓日本軍方明白原子彈將陸續到來，才有下台階願意投降。這就是所謂「天賜的禮物」（gift from the Gods）。③可以確定的是，如果光是展示原子彈的威力，並不足以震懾阿南將軍這種人。雖然史汀生從攔截到的電報得知一些情況，但他並不知道日本人到底頑強到什麼程度。他以為除了外務大臣東鄉和一些想求和的官僚之外，日本還有很多「隱藏的自由派」。但歷史證明，唯有強烈的震撼才能讓日本投降，而他的看法是正確的。

* *

史汀生永不放棄他對「道德進步規律」的信念，他相信人類必然從專制走向自由，儘管中途會有一些曲折。在戰犯審判中，戰爭部長史汀生看到了將戰爭非法化的機會。[14]作為聯邦檢察官，他曾利用「共謀法」來追究那些雖未親自實施詐欺等犯罪行為，但實際操控犯罪企業的大老闆。在一九四五年十一月開始的紐倫堡戰犯審判中，史汀生這種方法成功了。操控納粹德國的犯罪集團的確是一個共謀組織，他們還留下紀錄，精確記載了殺害六百萬猶太人的「最終解決方案」。

但要把法律上的共謀理論應用於日本的戰時領導人，這種方法不無疑問。相較之下，地方性的戰犯審判就比較直接。在亞洲各地舉行的大約五十場軍事審判中，有近千名日本軍官因為具體暴行被處決，其中甚至包括「食人罪」。然而，在東京遠東國際軍事法庭上，對主要戰犯的審判基礎並不穩固。該審判耗時兩年多，直到一九四八年。在市谷高地舊陸軍省大樓改造成的大型法庭中（新裝了空調），二十五名日本高官因為「反和平罪」被審判。[15]其目的是向全世界宣告，國際社會不再容許侵略戰爭，只允許防禦性戰爭。

一開始，美國人就打算要保住天皇，不只是因為裕仁在戰爭中的角色很模糊，也因為要把他當成穩定的象徵。麥克阿瑟將軍及其幕僚擔心，如果沒有天皇作為象徵團結的人物，日本會陷入饑荒和混亂，共產黨會趁亂而起。

對日本人來說，東京審判只是「戰勝者的正義」。日本被告可以主張說他們只是因為戰敗才被起訴，而這話也不是沒有道理，因為幾乎所有法官都是來自大英國協、法國、荷

③作者注：日本軍方從自身製造原子彈失敗的經驗中了解到，即使要造出一顆都需要耗費大量人力。在勉強承認廣島是被原子彈摧毀後，有些日軍領導人認為美國人不可能造出更多的原子彈。但長崎的轟炸改變了他們的看法。如果第二顆原子彈的投放有所延遲，可能會增強狂熱派的影響力，使局勢朝著不利於和平的方向轉變。事實上，到八月初，美國只有兩顆原子彈可用，第三顆要到八月底才準備就緒。

蘭和美國等殖民強權的白種人。④

指控日本戰犯全都共謀顯得牽強：所有被告都被控從一九二八到一九四五年共謀發動「侵略戰爭」，無論他們是否在政府中任職。

＊＊

史汀生曾將日本人比作「化身博士」（Dr. Jekyll and Mr. Hyde）。大多數日本人既聰明又守法，卻被變成怪物，如同史蒂文森（Robert Louis Stevenson）小說中那位原本正直的醫生，喝下藥劑就變成邪魔。東鄉並沒有喝下這種藥劑，但他也被視為「化身博士」之一。他沒有被送上絞刑台（這是其他七名被告的命運），但由於他在珍珠港事件期間擔任外務大臣時，沒有用辭職來阻止偷襲，便被判入獄二十年。⑤

在五天的審判過程中，東鄉抗辯說當他的外交努力失敗後，他無從選擇，只有支持戰爭。[18]他說他辭去外務大臣根本無濟於事，這話也許沒錯：好戰派只要再找個聽話的人來當外務大臣就好了。

在法庭中，東鄉的妻子和女兒都有到場。她們很高興東鄉沒有像東條英機首相和其他帶領日本走向戰爭的人一樣，被處絞刑。但東鄉的家人只能每月兩次去巢鴨監獄，探望病重且單獨囚禁的東鄉。

他沒有怨懟。事實上，在判刑後，他似乎在精神上得到重生。他沒有和其他囚犯一起玩牌，而是閱讀古典文學、創作詩詞、反思人性，期待有一天東西方文明的精華能融合為一。他用妻子的母語德語寫給妻子伊迪莎說：「就像你一樣，我在精神上很堅強。我經常遇到這種危險的情況。就算我被迫結束自己生命，我的心也不會動搖。我的心裡很平靜。」

他憑著記憶和戰犯審判時的證詞撰寫回憶錄。他沒有為自己的錯誤找藉口，對天皇依然恭敬，也很體諒政敵阿南將軍。他的家人在一九五〇年七月中去探監時，他交給他們一疊筆記，其中最後一段寫道：

④作者注：當然，日本人也沒有立場指控別人種族主義。[16] 驕傲的「大和民族」將中國人、韓國人，當然還包括白人，一概視作次等人類，認為他們在精神上和身體上都有缺陷。事實上，日本人之所以在研發雷達方面進展緩慢，部分原因是他們對自己的夜間視力極為自豪。雙方都殘酷地將對方妖魔化。例如，英國在緬甸的指揮官斯利姆元帥（William Slim）就形容日本士兵為「歷史上最強大的戰鬥昆蟲」。[17]

⑤作者注：東鄉是十四位「甲級戰犯」之一，這些人的名字在一九七八年被放進靖國神社。

天皇在御前會議決定投降的情景猶歷歷在目，當時的感受又湧上心頭：日本將萬世長存，能夠結束這場最可怕的戰爭，終止我們國家的痛苦並拯救數百萬蒼生，是一種難以估量的福分；我一生的工作已經完成，自己怎麼樣已經不重要了。

兩週後，一九五〇年七月二十三日，東鄉死於心臟病發，時年六十七歲。

＊＊

史汀生被關節炎折磨，受心臟病困擾，已經無法再騎馬。他嘗試騎木馬鍛鍊四肢，但無濟於事。一九五〇年十月二十日，東鄉去世三個月後，八十三歲的史汀生也因心臟病發去世。[19]他臨終前握著梅寶的手，叫著她的名字。此後每到晚餐時間，梅寶仍然為她的丈夫留一個座位。

＊＊

美國空軍獨立成軍後，史帕茨短暫當過部長。他反對格羅夫斯將軍等人說要對俄國先發制人。就算戰爭爆發，他還是反對率先動用核子武器。他退休後拒絕到國防工業任職，只想玩牌、釣魚。他喜歡和飛行員老同事去打獵，但不再帶槍，而是成為一名熱心的賞鳥人。他愈來愈難以入眠。在生命的最後階段，他與孫女凱瑟琳最親近。凱瑟琳和他一樣，性格堅強但沉默寡言。有一天，他把她叫到書房，握著她的手，一生中第一次談到動用核武器的錯誤和愚蠢。她回憶說，他發出熟悉的悲嘆聲——她聽過祖父在午後小睡時發出過這種悲嘆。他顯得非常悲傷。

一九七四年七月十四日，史帕茨死於中風，時年八十三歲。[20]他被風光葬在他協助創立的美國空軍學院。

✶✶

諷刺的是，在這三人裡面，只有戰敗的一方死得很平靜。這也許是因為東鄉關心的是停止殺戮和挽救生命，既要維護天皇，也要拯救整個日本免受末日般的災難。史汀生和史帕茨則面臨更衝突的兩難——為了救更多的人而不得不殺死很多很多人。而阿南將軍這種一心求死的頑固分子讓他們的選擇更困難。

由於史汀生幾乎是宗教般地相信，文明在道德上會變得愈來愈好，而且他的出身和教育天生就是要當領導人，所以他不得不痛苦到最後一刻。他擔心科學的誘惑，尤其是他協助製造的核武器的威力，會超出人類做道德選擇的能力。[21]隨著時間推移，他只能背著難以承受的重擔蹣跚而行。相較之下，史帕茨並不覺得自己有那麼重要，他也可以用軍人的服從天職當藉口。這在白天是夠的。但在午夜時分，正如他從歐洲總部寫信給妻子所透露的，想到他投下的炸彈如雨點般落在平民百姓身上，他會無法入眠。難怪他在將死之前會難以入睡，時時發出悲嘆。

在一九四五年春夏之間，這些人皆面臨難以想像的壓力。日本投降了，但代價高昂。雙方決策者都有各自的一廂情願和拒絕現實，就連戰勝者也難以找到心靈的平靜。然而，日本的確是在多犧牲數十萬條（可能數百萬條）生命之前就投降。史汀生、史帕茨和東鄉竭盡所能尋求和平，他們也終於成功了。

謝詞

我對日本投降及動用原子彈的興趣，是緣於我本身是二次大戰老兵的後代。有很長一段時間我都相信，假如美國沒有用原子彈轟炸廣島和長崎，我可能不會出生在世上。

在二戰期間，我的父親伊凡．湯瑪斯二世（Evan W. Thomas II）是美國海軍的一名初級中尉，在海外一艘坦克登陸艦上服役。在歐洲作戰後（包括諾曼第登陸），他的艦艇被調往太平洋參與進攻日本。我母親在他出征前要去探望他。她告訴我外婆說：「我希望我能懷孕。」我外婆在日記中則寫道：「我希望她不會。」外婆擔心我的父親沒法活著回來。

所以在一九四五年八月，當我的家人聽說日本投降時，他們和許多人一樣欣喜若狂。我的父親和成千上萬像他那樣的人都可以活下來。

這是一個富有戲劇性且讓人熟悉的故事，但就像許多戰爭故事一樣，它掩蓋了更複雜的真相。我逐漸意識到，真實的故事會更出乎意料。

我要謝謝一些朋友幫助我了解三位人物，這三位人物在一九四五年夏天面臨幾乎無解的困境。

我非常感謝東鄉茂德兩位雙胞胎孫子，他們是東鄉和彥以及東鄉茂彥，與我分享他們的研究和回憶。東鄉和彥久任日本外交官，他提供我一篇關於外務大臣東鄉茂德在投降中角色的未發表論文，其中有他祖父私人日記的摘錄。這篇論文由布萊恩・沃許（Brian Walsh）替我翻譯，他是普林斯頓博士，在關西學院大學教授國際事務，專長研究日本戰後時期。布萊恩仔細閱讀了我的草稿，他的幫助和友誼對我來說是無價的。介紹我認識布萊恩的人是他在普林斯頓的教授保羅・邁爾斯（Paul Miles）。邁爾斯是退休陸軍上校，多年來在西點軍校和普林斯頓大學教授軍事史，一直是我的良師益友。布萊恩又引介我其他研究日本帝國覆滅的學者：西雪梨大學的彼得・毛赫（Peter Mauch）、埼玉大學的羅傑・布朗（Roger Brown），以及關西學院大學的柴山富士。

我對其他幾位二次大戰史學家的建議和指導深為感激。瑞奇・弗蘭克正確地將這場戰爭正名為「亞太戰爭」，他一直是我明智而慷慨的導師。亞歷克斯・韋勒斯坦研究了杜魯門對原子彈的了解（以及不了解），讓我非常著迷。透過與馬克・加利基奧（Marc Gallicchio）交談以及閱讀他敏銳的研究《無條件投降》（*Unconditional*），我學到很多關於投降當時政治複雜性的知識。非常感謝謝爾登・加倫（Sheldon Garon）讓我和我的妻子參加二〇一五年秋季在普林斯頓舉行有關廣島遺產的研討會，該會議有許多專家參與，包括韋勒斯坦、傑瑞米・耶倫（Jeremy Yellen，他對日本革命的陰影有獨到見解）和席恩・馬洛伊（Sean Malloy），他是研究史汀生和原子彈的頂尖學者。研討會論文後來編輯為《廣島的時代》（*The Age of Hiroshima*）一書，由《八月的五日》（*Five Days in August*）的作者麥可・戈丁（Michael D. Gordin）主編，還有約翰・艾肯貝里（G. John Ikenberry）。另外也感謝華盛頓州立大學的川村紀子（Noriko Kawamura），她是《裕仁天皇》（*Emperor Hirohito*）的作者，與我分享了她對天皇角色的同情見解。

我最開心的發現是從一位共同的朋友那裡得知，凱瑟琳・「塔蒂」・格雷沙姆（Katharine “Tatty” Gresham）正在寫一本關於她外公史帕茨將軍的書。他那低調的領導能力長期被歷史學家忽視。塔蒂不僅分享了她的書稿，還提供了她外公在戰時的日記和信件。美國陸軍戰爭學院的兩位專家，塔米・比德爾和康拉德・克萊恩，他們教我很多關於美國在二戰中戰略轟炸的知識。他們審核了書稿，克萊恩還引介我特雷弗・阿爾伯特森（Trevor Albertson），他在空軍指揮與參謀學校任教，幫助我了解常被誤解的李梅將軍。同時也感謝強納森・范頓（Jonathan Fanton），他撰寫了一篇關於聰明絕頂但難以捉摸的洛維特的優秀論文。也謝謝即將出版洛維特傳記的作者安妮・卡拉萊卡斯（Anne Karalekas）與我交流。

我的朋友艾爾・基爾伯恩（Al Kilborne）是華府馬雷特學校（Maret School）一位才華

橫溢的歷史老師。這間學校就在史汀生當年所住的伍德利莊園。他鼓勵並幫助我體諒這位有點太嚴肅的上校。艾爾介紹我認識埃莉諾・帕金斯（Eleanor Perkins），她是史汀生最後一位還在世的家庭成員，真正熟識史汀生本人。我很喜歡和特德・奧爾德里奇（Ted Aldrich）分享史汀生的故事，他寫過一本史汀生和馬歇爾的聯合傳記《夥伴關係》（*The Partnership*），於二〇二二年出版。

在國家檔案館，感謝埃里克・范・斯蘭德（Eric Van Slander）引導我尋找東鄉茂德的戰犯審判和監獄檔案紀錄。一如既往，我要感謝我的朋友麥克・希爾（Michael Hill），他是一位出色的研究者。麥克、我的妻子奧希和我多年來組成一個三人團隊，分享許多發現和歡笑。在日本，高山秀子對奧希和我在撰寫我前一本書《雷霆之海》（*Sea of Thunder*）時提供了巨大的幫助，她協助我閱讀角田房子所寫的阿南將軍的日文傳記，後來更成為我們的好朋友。我的朋友喬恩・米查姆（Jon Meacham）和我是《新聞週刊》多年同事，他帶我進入蘭登書屋出版社。我非常喜歡和他及他美好的家人相處。

我很幸運有凱特・梅迪納（Kate Medina）當我的編輯，還有阿曼達・厄本（Amanda Urban）當我的經紀人，她們都不負名聲。在蘭登書屋工作時，凱特的助理路易莎・麥卡洛（Louisa McCullough）是一位令人愉快的合作夥伴。我還要感謝蘭登書屋的許多專業人士，包括麥可・霍克（Michael Hoak）、史蒂夫・梅西納（Steve Messina）、拉爾夫・福勒

（Ralph Fowler）、蕾貝卡・伯蘭特（Rebecca Berlant）、理查・艾爾曼（Richard Elman）和史泰西・斯坦（Stacey Stein）。再次感謝卡蘿・波提奇尼（Carol Poticny）在照片方面提供的專業協助。同時也要特別感謝道格拉斯・哈萊特（Douglas Hallett），他從律師的角度審閱我的草稿。

我在各方面的夥伴，我心愛的妻子奧希，從頭到尾塑造（並且精雕細琢）了這本書。我們的女兒路易莎和瑪麗給予我無窮的歡樂和智慧。

伊凡・湯瑪斯

二〇二二年五月於華盛頓

14. 卓有見地且同情史汀生的動機和人格的分析，見Bonnett, "Jekyll and Hyde," 174–212。史汀生自己的看法可見Stimson, "Nuremberg Trial"。
15. 關於戰罪審判的問題，見Dower, *Embracing Defeat*, 443–84。最近一本對戰罪審判持比較正面看法的著作，見Yumi Totani, *Justice in Asia and the Pacific Region 1945–1952: Allied War Crimes Prosecutions* (New York: Cambridge University Press, 2015.
16. 關於美日雙方的種族主義，見Dower, *War Without Mercy*，全書。
17. Hastings, *Retribution*, 49.
18. 出自作者訪問東鄉和彥和東鄉茂彥。戰罪審判的紀錄和東鄉的檔案收錄在NA II。東鄉的律師Bruce Blakeney有力地論證東鄉不該被定罪為戰犯並被判二十年，見Bruce Blakeney's "Petition to the Supreme Commander for the Allied Powers: For Review of the Verdict and Sentence at the International Military Trials for the Far East in the Case of Togo Shigenori," November 19, 1948。在十一位法官中，至少有三位投票認為無罪。（Records of General Headquarters, Far East Command, Supreme Commander Allied Powers, NA II）
19. Morison, *Turmoil and Tradition*, 540–42；以及作者訪問史汀生的外甥女埃莉諾・帕金斯。
20. 作者訪問凱瑟琳・格雷沙姆，另見Gresham, *General Tooey*。史帕茨推掉國防企業的工作，因為他認為自己擔任過空軍司令，「不適合」向空軍討生意。在一九五〇年代，他曾為《新聞週刊》寫過專欄（實際撰稿者是由他的朋友，《新聞週刊》駐華府站主任Champ Clark代筆）。
21. 史汀生不是第一個擔心科學會掏空道德的人。Martin Sherwin的*Gambling with Armageddon*的卷首扉頁就引用Henry Adams在一八六二年的話（且史汀生肯定有讀過）：「人類已經掌握了科學，現在卻被科學所驅使。我堅信，在未來的幾個世紀中，科學將成為人類的主宰。他所發明的機器將超出他能夠控制的能力。總有一天，科學可能掌握人類的生存，而人類將毀滅世界自殺。」

22. Dower, *Embracing Defeat*, 114, 92–93.
23. 同前注，頁294–95。
24. Bix, "Japan's Delayed Surrender," 225.
25. "Hirohito Extols Japanese-U.S. Ties," *New York Times*, October 3, 1975.
26. Kawamura, *Emperor Hirohito*, 192.

後記

1. Wyden, *Day One*, 290.
2. Malloy, *Atomic Tragedy*, 221n6，引用了一份《財星雜誌》的民調，百分之二十二點七的美國人認為應該在日本投降之前投下更多原子彈。
3. 參見Blume, *Fallout*，全書。
4. Lifton and Mitchell, *Hiroshima in America*, 87.
5. 同前注，頁148。
6. Hershberg, *James Conant*, 291–97.
7. Bird, *Color of Truth*, 90–100.
8. Bernstein, "Seizing the Contested Terrain."
9. Walker, *Prompt and Utter Destruction*, 98–104。雖然我不同意Alperovitz認為投下原子彈是可以避免的修正主義觀點，但他的*Decision to Use the Bomb*的「第二冊：迷思」確實是資料豐富且論述精采。
10. Stimson to Frankfurter, December 12, 1946; Frankfurter to Stimson, December 16, 1946, Stimson Papers.
11. Stimson and Bundy, On Active Service, 626, 629; Malloy, *Atomic Tragedy*, 166。格魯自己也在搞修正主義。作為代理國務親卿，他最終還是主張對日本採取更強硬立場，而一直到五月三日，他都反對保留天皇。當然，並不是只有日本人才會玩腹藝。（Iokibe, "American Policy," 46）
12. Lifton and Mitchell, *Hiroshima in America*, 109; Bird, *Chairman*, 263.
13. 尤其參見Frank, *Downfall*, 349–60。另見Walker, *Prompt and Utter Destruction*, chap. 7; Newman, *Truman and Hiroshima Cult*, chap. 6。關於學界對死傷人數的辯論，見Bernstein, "Truman and the A-Bomb," 551–52。關於直接駁斥修正主義派認為日本當時就快投降的看法，參見Asada, "Shock of the Bomb," 501。根據Bix的分析：「日本向蘇聯『求和』的動作……非常模糊、微弱、適得其反，總的來說根本沒有作用。這些花招絕對不是認真要結束戰爭。東鄉在一九五〇年八月十七日也承認：『雖然我請求蘇聯當調人，但我也提不出任何具體的和平條件』。」（Bix, "Japan's Delayed Surrender," 224）

在Robert Terry Jones Collection, accession no. 2021.143, National World War II Museum.

4. Special Radio Teletype Conference, August 14, 1945, Spaatz Papers.
5. Doolittle, *I Could Never*, 422–23.
6. Gen. Paul Tibbets, "Reflections on Hiroshima" (1989), Voices of the Manhattan Project, National Museum of Nuclear Science & History, AHF.
7. Special Radio Teletype Conference, August 14, 1945, Spaatz Papers.
8. 同前注。
9. Stimson and Bundy, *On Active Service*, 641; Bird, Chairman, 261.
10. Stimson diary, entries for August 12– September 3。在奧薩布爾俱樂部期間，史汀生第一次就核武控管發表演說。
11. 同前注。
12. 同前注；Stimson and Bundy, *On Active Service*, 644; McCloy diary, entry for September 2, 1945, McCloy Papers; Bird, *Chairman*, 261.
13. Stimson to Truman, September 11, 1945, and Memorandum for the President, September 11, 1945, in Stimson and Bundy, *On Active Service*, 642.
14. Morison, *Turmoil and Tradition*, 532.
15. Stimson dairy, entry for September 21, 1945, Stimson Papers.
16. Malloy, *Atomic Tragedy*, 154–55.
17. Stimson and Bundy, *On Active Service*, 649; Stimson, "Challenge to Americans."
18. Stimson to George Roberts, June 11, 1947, Stimson Papers.
19. Alex Wellerstein,"An Unearthly Spectacle," *Bulletin of Atomic Scientists*, October 29, 2021.
20. Malloy, *Atomic Tragedy*, 181–82.
21. Isaacson and Thomas, *Wise Men*, 624–30。在*Gambling with Armageddon* (2021)一書中，Martin Sherwin認為能夠避免核戰完全是「剛好運氣」。他批評史汀生想搞「原子外交」，為冷戰的核武緊繃埋下種子。Martin Sherwin（他也與Kai Bird合著*World Destroyed and American Prometheus*一書）是偉大的學者和分析家，我認為他對伯恩斯動機的看法是對的，對杜魯門的分析也大致沒錯，但他低估了對史汀生來說，把日本人嚇到投降是非常重要的。正如我所主張的，仔細看當時日本人死不投降的各種檔案紀錄，就可知道史汀生是對的（更詳細的分析參見Asada, "Shock of the Bomb," 497）。至於古巴飛彈危機，我同意Martin Sherwin的看法，鴿派的阿德萊．史蒂文森（Adlai Stevenson）要比鷹派的邦迪與洛維特更值得讚賞，但甘迺迪總統最後的解決方案——混合現實主義和理想主義的胡蘿蔔加棒子策略，這就完全是典型史汀生的手法。

16. Togo, *Cause of Japan*, 335.
17. Pacific War Research Society, *Japan's Longest Day*, 211–12.
18. Toland, *Rising Sun*, 839.
19. Hasegawa, *Racing the Enemy*, 245; Pacific War Research Society, *Japan's Longest Day*, 106, 219–30.
20. Forrest, "Eat Grass," 5; Butow, *Japan's Decision*, 219–20; Toland, *Rising Sun*, 846–47.
21. Pacific War Research Society, *Japan's Longest Day*, 246.
22. 同前注，頁324。
23. 同前注，頁274、300。
24. Toland, *Rising Sun*, 842。木戶大約凌晨三點醒來，先躲到侍從的防空洞，後來又回到房間把文件撕毀，沖到馬桶。然後躲到宮內省的「庫房」裡「暗中查看情況」。他說他在早上見到天皇。（Kido, Diary, entry for August 15, 1945）
25. Wetzler, *Imperial Japan*, 159.
26. Butow, *Japan's Decision*, 1–6; Dower, *Embracing Defeat*, 35–39.
27. Hachiya, *Hiroshima Diary*, 82.
28. Butow, *Japan's Decision*, 225.
29. Dower, *Embracing Defeat*, 23。沃許指出，路上通常看不到婦女，因為謠言盛傳會被強姦。占領軍後來成立了妓院。
30. 明確數字仍然未知。Frank, *Tower of Skulls*, 8認為「有幾千萬」。二次大戰紀念館的網站上有一篇文章說：「保守預估有二千五百萬人死於太平洋戰爭。」其中六百萬是軍人，主要是中國人和日本人，一千九百萬是平民。「除了日本人以外，戰爭中每天都要死掉八千到一萬四千個平民。」（Richard B. Frank, "The Miraculous Deliverance from a Titanic Tragedy," National World War II Museum, nationalww2museum.org /war/articles/asia-pacific-war-1945）
31. 出自 Togo, *Cause of Japan*, 339；以及作者訪問東鄉和彥和東鄉茂彥。

14. 無高地可據

史汀生的日記收錄在Stimson Papers。

1. Bernstein, "Perils and Politics of Surrender," 17.
2. Coster-Mullen, *Atom Bombs*, 84.
3. 出自作者訪問Landon Jones。Jones講了他大伯Robert Jones少校的事，此人是第二十航空隊三三一轟炸小組的領航員。Jones少校的作戰紀錄保存

10. Feis, *Japan Subdued*, 126.
11. Byrnes, *All in One Lifetime*, 306.
12. Washington Embassy Telegram 5599 to Foreign Office, August 14, 1945, Top Secret, Doc. 91, NSA.
13. Bernstein, "Eclipsed by Hiroshima and Nagasaki," 457.
14. Marshall to Spaatz, August 13, 1945, Spaatz Papers.
15. Butow, *Japan's Decision*, 206; Kido, *Diary*, entry for August 14, 1945.

13. 忍所難忍

1. Frank, *Downfall*, 314。裕仁相信美國人有意願保留天皇。日本駐瑞典大使岡本末正於八月十三日送來一封有說服力的電報，認為美國人已說服其盟友接受保留天皇制度。這也讓猶豫不決的鈴木首相改變態度。（Shoji, "Japanese Termination," 63）
2. Forrest, "Eat Grass," 3.
3. Frank, *Downfall*, 431.
4. Hata, *Hirohito*, 72; Hasegawa, *Racing the Enemy*, 241–43.
5. 關於阿南的動機分析，見Wetzler, *Imperial Japan*, 158; Hata, *Hirohito*, 78–81。津野田房子所寫的日文版阿南惟幾傳記（由高山秀子為作者導讀）引述了兩位阿南同事的說法，這兩位同事曾在七月三十一日和八月一日與阿南交談，他們說，阿南一直明白自己必須服從天皇並投降。其中一人引用阿南的話說：「在本土不會有任何戰鬥。天皇不會允許。」
6. Togo, *Cause of Japan*, 333.
7. Butow, *Japan's Decision*, 207。情報局總裁下村宏在六個星期後對這場會議有詳細的描述，包括眾人啜泣的場面，見Hiroshi Shimomura: "The Second Sacred Judgment," August 14, 1945, Doc. 89, NSA.
8. 同前注。這場會議訂於十點三十分召開，但拖到十點五十分到十一點鐘才開始。開完後，木戶在日記中寫道：「我去面聖。陛下含淚談著局勢，我只能低頭無語。」（Kido, Diary, entry for August 14, 1945）
9. Pacific War Research Society, *Japan's Longest Day*, 94.
10. 同前注，頁87。
11. Hata, *Hirohito*, 73.
12. Pacific War Research Society, *Japan's Longest Day*, 91.
13. Hata, *Hirohito*, 92; Hasegawa, *Racing the Enemy*, 203
14. Pacific War Research Society, *Japan's Longest Day*, 104.
15. 同前注，頁145–46, 165。

係到底為何仍不清楚。（*Frank, Downfall*, 318–19）

12. 下一個是東京嗎？

史汀生的日記收錄在Stimson Papers。

1. Stimson and Bundy, *On Active Service*, 41, 96, 351, 499, 660.
2. 同前注，頁478。關於史汀生「戰鬥心理學」（psychology of combat）的精闢分析，參見Bonnett, "Jekyll and Hyde," 186–88：「他的第一信條，源自他在法庭到戰場之間，應用於所有衝突的準則：參與衝突者的成功，取決於其是否願意掌握主動權，並施加不間斷的壓力給對手，直到說服對方讓步。」（頁186）Bonnett寫道，正是這種哲學，而非道德偽善，解釋了史汀生在一九四五年夏天的「心態」。
3. Frank, *Downfall*, 326–27; "Magic"—Diplomatic Summary, War Department, Office of Assistant Chief of Staff, G-2, no. 1236—August 13, 1945, Top Secret Ultra, Doc. 88, NSA。截獲的電報顯示，前線指揮官表示他們收到阿南的命令，要「勇往直前——（詞句不確定，可能是『堅持到底』）」。
4. Hasegawa, *Racing the Enemy*, 238–39; McCloy diary, entry for August 13, 1945, McCloy Papers.
5. Gallicchio, "After Nagasaki"; Gen. L. R. Groves to Gen. George C. Marshall (memorandum), August 10, 1945, Top Secret, with a handwritten note by General Marshall, Doc. 82, NSA.
6. Col. Paul Miles, interview by author。邁爾斯曾是西點軍校和普林斯頓大學的軍事史教授，這個故事是他的同事林肯將軍告訴他的。
7. Frank, *Downfall*, 312; Maj. Gen. Clayton Bissell, assistant chief of staff, G-2, to chief of staff, "Estimate of Japanese Situation for Next 30 Days" (memorandum), August 12, 1945, Top Secret, Doc. 85, NSA.
8. Gallicchio, "After Nagasaki," 400; General Hull and Colonel Seaman [sic]—1325, telephone conversation transcript, August 13, 1945, Top Secret, Doc. 87, NSA.
9. Malloy, " 'Very Pleasant Way to Die,' " 518。無論他是有意還無意地透過嚴格地資訊區隔來讓自己否認輻射影響，關於格羅夫斯當時的態度，參見P. L. Henshaw and R. R. Coveyou to H. J. Curtis and K. Z. Morgan, "Death from Radiation Burns," August 24, 1945, Confidential, Doc. 92, NSA，以及General Groves and Colonel Rea, Oak Ridge Hospital, memorandum of telephone conversation, August 28, 1945, Top Secret, Doc. 93, NSA。亦參見Nolan, Atomic Doctors, passim.

Japan, 153.

13. Butow, *Japan's Decision*, 193; Hasegawa, *Racing the Enemy*, 229; Hata, *Hirohito*, 62。這些主要角色在這時的動機既微妙，也都掩蓋得很好。海軍大臣米內光政就是一例。雖然他在六巨頭會議上講話給東鄉難看，但從其屬下高木大將在八月十二日的日記來看，米內還是頗有骨氣，也非常機靈。海軍大臣私下責罵梅津美治郎和豐田副武，批評他們跑去懇求天皇繼續打下去（「他們說我是膽小鬼。」米內告訴高木）。米內光政很懂得為人保留臉面。他對高木說：「這樣說也許不適當，但原子彈和蘇聯加入戰局，在某種意義上乃是天賜大禮。我們現在可以結束戰爭，又不用明說是因為國內局勢而非終戰不可。」和近衛文麿等人一樣，米內光政很擔心飢餓的日本人民起來革命。（Admiral Takagi diary, entry for August 12, [1945], Doc. 84, NSA）
14. Hata, *Hirohito*, 168; Kiyotada, *Fifteen Lectures*, 269.
15. Craig, *Fall of Japan*, 147.
16. Hata, *Hirohito*, 63; Butow, *Japan's Decision*, 195.。當東鄉向掌璽大臣木戶幸一侯爵表達憂心，木戶在日記中寫道：「我焦慮萬分。」這位天皇的頭號政治顧問很少在日記中表露情感，表示壓力真的很大。（Kido, Diary, entry for August 12, 1945）
17. Butow, *Japan's Decision*, 197.
18. 同前注，頁199。
19. 同前注，頁200。
20. Toland, *Rising Sun*, 825.
21. Craig, *Fall of Japan*, 159。但他並無決斷。他嘆息大家不能如道家所言的「和」，並說：「儘管對要戰要和已殫智竭慮，但我們仍然沒有任何共識。」一位大臣在內閣會議中說：「要死易，要活難。」此時的混亂與爭執都記錄在新聞部長島村敏郎的筆記中。（"Cabinet Meeting over the Reply to the Four Powers," August 13, 1945, Doc. 86, NSA）
22. Togo, *Cause of Japan*, 328.
23. Brooks, *Behind Japan's Surrender*, 248.
24. Togo, *Cause of Japan*, 329–30.
25. Wetzler, *Imperial Japan*, 154; Kawamura, *Emperor Hirohito*, 180; Toland, *Rising Sun*, 825.
26. Butow, *Japan's Decision*, 205; Togo, *Cause of Japan*, 332; Craig, *Fall of Japan*, 164.
27. Craig, *Fall of Japan*, 162–63; Toland, *Rising Sun*, 827–28; Forrest, "Eat Grass"; Hata, *Hirohito*, 71。阿南惟幾似乎另外和荒尾興宮大佐有所密謀，但兩人關

那麼大。在轟炸廣島到轟炸長崎的中間，我在電話上提出過這個建議，但我被告知照目標進行。

15. 關於二月三日轟炸柏林，見Clodfelter, *Beneficial Bombing*, 175。史帕茨本不願下令轟炸，第八航空隊司令杜立德將軍把目標更集中於軍事目標，而不是對市中心做無差別攻擊（出自作者訪問比爾德和克萊恩）。
16. Chieko Taniguchi, "Messages from Hiroshima," *Asahi Shimbun*, n.d., https://www.asahi.com/hibakusha/english/hiroshima/h01-00034e.html.
17. Arnold to Spaatz, August 10, 1945, Spaatz Papers.
18. Arnold to Spaatz, August 11, 1945, Spaatz Papers.
19. Frank, *Downfall*, 303–7.
20. Spaatz to Arnold, August 11, 1945, Spaatz Papers.
21. Marshall to Spaatz ("eyes only"), August 11, 1945, Spaatz Papers.
22. Spaatz to Marshall, August 11, 1945, Spaatz Papers.
23. Spaatz diary, August 11, 1945, Spaatz Papers.
24. Correspondence of Sarah Bagby, courtesy of Martha Johnson.
25. Spaatz to Arnold, August 10, 1945, Spaatz Papers.

11. 密謀

1. Butow, *Japan's Decision*, 193; Hasegawa, *Racing the Enemy*, 228; Hata, *Hirohito*, 62; Kiyotada, *Fifteen Lectures*, 268.
2. Hasegawa, *Racing the Enemy*, 230.
3. Craig, *Fall of Japan*, 137.
4. Forrest, "Eat Grass," 4.
5. Barrett, *140 Days to Hiroshima*, 212.
6. 研究過收藏在日本國會圖書館的阿南惟幾日記後，Peter Wetzler看到一位在屈辱投降和光榮戰死之間掙扎的人。（Wetzler, *Imperial Japan*, 152–58）阿南最後兩者都選，而他在過程中極端矛盾。他曾一度和軍務局的荒尾興功大佐共謀軟禁天皇，不讓他接受《波茨坦宣言》的無條件投降。但他也許明知這個計畫漏洞百出，而他也沒有用辭職來讓政府直接倒台。
7. Hastings, *Retribution*, 510.
8. Butow, *Japan's Decision*, 186.
9. Toland, *Rising Sun*, 818–19.
10. Kawamura, *Emperor Hirohito*, 27.
11. Pacific War Research Society, *Japan's Longest Day*, 45.
12. 同前注，頁49；Brooks, *Behind Japan's Surrender*, 231; Wetzler, *Imperial*

4. Robertson, *Sly and Able*, 434–36; Walter Brown diary, entries for August 10–11, 1945, Doc. 81, NSA。海軍部長詹姆斯・福瑞斯特首先提出可以採取妥協。(Hasegawa, *Racing the Enemy*, 220)有趣的是，根據*Racing the Enemy*(頁218)，察覺平沼麒一郎可能設下陷阱的正是國務院中贊成保留天皇制的一派。格魯警告伯恩斯說，美國沒辦法在保留天皇特權的條件下接受日本投降。
5. Ham, *Hiroshima and Nagasaki*, 386.
6. Butow, *Japan's Decision*, 191.
7. Truman diary, entry for August 10, 1945, HSTL.
8. 歷史學者戈丁和長谷川毅對這一點有不同意見。見Gordin et al., *Roundtable on Hasegawa*。戈丁指出在八月十日到十三日間沒有再轟炸，但那只是因為史帕茨取消了轟炸。
9. Henry Wallace diary, entry for August 10, 1945, Doc. 78, NSA.
10. Frank, *Downfall*, 302, 427.
11. McCullough, *Truman*, 460.
12. Groves to Marshall, August 10, 1945, Spaatz Papers.
13. Twining to Spaatz, August 14, 1945, Spaatz Papers。八月十四日建議的城市有札幌、函館、小樽、橫須賀、大阪、名古屋。
14. Spaatz to Arnold, August 9, 1945, Spaatz Papers。史帕茨的看法可見於Carl Spaatz oral history, February 21, 1962, USAF Oral History Program, Air Force Historical Research Agency, Maxwell Air Force Base (courtesy Katharine Gresham)。史帕茨以其標準風格，用獨特的方式談論這個議題。整個對話是迂迴進行的，史帕茨一開始對燃燒彈轟炸顯得滿不在乎，但他事實上是想結束轟炸：

   問：對於用燃燒彈轟炸日本，你的態度是什麼？

   答：我沒有什麼態度。我到那裡時就已經是這樣。我沒有什麼特別的感覺。

   問：對於投下原子彈有沒有必要和應不應該，你的態度什麼？

   答：我當時想，如果我們沒有要進攻本州的話，那麼常規轟炸就足夠了。

   問：你是否同意愛德華・泰勒等人的看法，應該在投彈之前兩三天給日本人預告？

   答：我認為不應該先告訴他們。如果他們得知你想做什麼，他們一定會反擊。為了自己人著想，你絕不能告訴他們，因為我們一定會損失很多人和飛機。我們很在意自己的轟炸機成員，比他們在意得多。現在回頭看，如果可以把炸彈丟到海中或荒野讓他們見識到威力，也許會比較好，但當時沒人這麼想，我們手上也只有兩顆炸彈。我當時以為如果可以把原子彈丟到郊區，例如東京灣，對都市和居民的破壞就不會田反戰集團」一直主張及早談和，直到吉田茂在一九四五年四月被捕。（Yoshida, *Memoirs*, 26–29）近衛文麿公爵也力主結束戰爭，他在一九四五年二月警告天皇有共產革命的危機；天皇雖然有聽進去，但仍屈從於軍方強硬派。（Yellen, "Specter of Revolution," 210–13）內閣書記官長迫水久常在聖斷做成的前幾天扮演重要角色，他哄騙軍方同意接受聖斷，隱瞞真正的意圖。（Butow, *Japan's Decision*, 167）然而在談到往事時，迫水可能誇大了自己的重要性，也過分讚揚鈴木首相的腹藝。「隨著政策由戰鬥轉為投降時，迫水久常合理化和模糊了鈴木和其他戰時內閣成員的投機、猶豫不決和無能。」（Bix, "Japan's Delayed Surrender," 200）

18. Hasegawa, *Racing the Enemy*, 198。米內光政也講了同樣的話，見Asada, "Shock of the Bomb," 498.
19. Yellen, "Specter of Revolution," 209.
20. 裕仁戰後曾說明做此聖斷的理由，強調他擔心無法保護祖宗傳下的天皇寶物，整個民族可能毀滅。有些評論者認為裕仁軟弱猶豫，只有在命將不保時才敢硬起來。（Drea, *In the Service*, 215）有些人則認為他願意為拯救皇室和人民犧牲自己。（Kawamura, *Emperor Hirohito*, 185）裕仁也許非常害怕蘇聯占領日本。（Hasegawa, *End of Pacific War*, 136；另見Sumio Hatano, "The Atomic Bomb and Soviet Entry into the War," ibid., 95ff.）有關裕仁說過他願意為人民犧牲自己生命的說法可能是宣傳虛構的（出自作者訪問Roger Brown; Brown, "Desiring to Inaugurate Great Peace"）。
21. Toll, *Twilight of Gods*, 723–25; Frank, *Downfall*, 293; Butow, *Japan's Decision*, 173–76; Craig, *Fall of Japan*, 114–15.
22. Hasegawa, *Racing the Enemy*, 212.
23. Newman, *Truman and the Hiroshima Cult*, 110.
24. Toland, *Rising Sun*, 814, Butow, Japan's Decision, 184.
25. Toland, *Rising Sun*, 816; Hasegawa, *Racing the Enemy*, 217; Frank, *Downfall*, 299.
26. Toland, *Rising Sun*, 816.

10. 妙著

史汀生的日記收錄在Stimson Papers。

1. 此案死亡總數接近五十萬人。（Frank, *Downfall*, 301）
2. Stimson's "Memorandum of Conference with the President" is in his diary for August 8, 1945.
3. Gallicchio, *Unconditional*, 151–53.

9. 聖斷

1. Hasegawa, *Racing the Enemy*, 197.
2. Togo, "Foreign Minister Togo's Bitter Struggle"以及作者專訪。「粗心大意」也可譯為「愚蠢」。
3. Gallicchio, *Unconditional*, 134.
4. Hasegawa, *Racing the Enemy*, 200.
5. Hasegawa, *End of Pacific War*, 127.
6. Asada, "Shock of the Bomb," 492; Hata, *Hirohito*, 59.
7. Brooks, *Behind Japan's Surrender*, 59.
8. Butow, *Japan's Decision*, 160.
9. Hasegawa, *Racing the Enemy*, 203.
10. Togo, *Cause of Japan*, 316.
11. Asada, "Shock of the Bomb," 493。我主要根據Asada對這場會議的描寫。八月九日的「六巨頭」和內閣會議並沒有官方紀錄。（Butow, *Japan's Decision*, 160n65）據天皇侍從長藤田尚德所說，這些會議在「倉促、狂熱、慌張」的氣氛下召開。（Asada, "Shock of the Bomb," 490）阿南自己在日記中並不像他對外那麼信心滿滿。研究過這份日記的Peter Wetzler寫道：「在他八月九日的備忘錄中說：『如果無法妥善解決皇室的地位問題，大和民族將不得不為了正義奮戰到底，為國家之永存而死。』同一天又寫道：『接受三國（波茨坦）宣言？不如玉碎。』」（Wetzler, *Imperial Japan*, 157）我們無法確定他是在講自己要死，還是整個民族都一起死。
12. Bix, "Japan's Delayed Surrender," 219.
13. 同前注，頁492。
14. Brooks, *Behind Japan's Surrender*, 67.
15. 同前注，頁71。
16. Hasegawa, *Racing the Enemy*, 203–6; Hasegawa, *End of Pacific War*, 113–45; Kawamura, *Emperor Hirohito*, 155, 161–67; Kido, *Diary*, entries for July 25 ("bearing the unbearable") and August 10, 1945; Butow, *Japan's Decision*, 176; Yellen, "Specter of Revolution," 216–17。木戶幸一和天皇本人最初似乎同意阿南和軍方提出的四個條件，但重光葵和近衛文麿說服他們不要。（Kido, *Diary*, entry for August 9, 1945）東鄉在八月九日下午在幕後不斷穿梭。他在回憶錄中說，在下午兩點內閣會議之前，他告訴鈴木說，以現在的僵局，「唯一解方就是尋求聖斷；但在此之前，首相必須不使內閣被解散，比方說因為陸軍大臣辭職。」（Togo, *Cause of Japan*, 318）
17. 在戰爭期間，由前駐倫敦大使（戰後當上日本首相）吉田茂所帶頭的「吉

見Kawamura, *Emperor Hirohito*, 164; Bix, "Japan's Delayed Surrender," 210-225；以及Shoji, "Japanese Termination," 57–71）

7. Butow, *Japan's Decision*, 152.
8. Hachiya, *Hiroshima Diary*, 26–32.
9. Tamon, "Hirohito's 'Sacred Decision,'" 264.
10. Asada, "Shock of the Bomb," 487.
11. 關於東鄉面見天皇，見Togo, *Cause of Japan*, 315; Asada, "Shock of the Bomb," 488; Kido, Diary, entry for August 8, 1945; Cabinet Meeting and Togo's Meeting with the Emperor, August 7–8, 1945, Doc. 67A, NSA. Translation of excerpts from Gaimusho [Ministry of Foreign Affairs], ed., Shusen Shiroku [Historical Records of the End of the War], annotated by Jun Eto (Tokyo: Ministry of Foreign Affairs, 1952), 4:57–60.
12. 關於東鄉與佐藤的電報，見Hasegawa, *Racing the Enemy*, 185。另見高木武雄大將日記。（Admiral Takagi diary, entry for August 8, 1945, Doc. 67B, NSA）日記中記載了與海軍大臣米內光政的對話，透露出「六巨頭」在廣島轟炸後到長崎轟炸前的心態：鈴木首相依然講話強硬，擔心一旦示弱就會激起前線譁變。米內擔心群眾騷亂，提醒東京地區將自八月十一日減少大米配給。
13. Hastings, *Retribution*, 496。滿洲關東軍和日本移民，在史達林統治下處境尤其堪憐，見Andrew Barshay, *The Gods Left First: The Captivity and Repatriation of Japanese POWs in Northeast Asia, 1947–1956* (Berkeley: University of California Press, 2013).
14. Toll, *Twilight of Gods*, 711.
15. Coster-Mullen, *Atom Bombs*, 69.
16. Sweeney, *War's End*, 186; Walker, *Prompt and Utter Destruction*, 201.
17. 同前注，頁204–5。
18. Coster-Mullen, *Atom Bombs*, 72.
19. Toll, *Twilight of Gods*, 715.
20. Coster-Mullen, *Atom Bombs*, 74.
21. 同前注，頁76–82。
22. Fred Ashworth oral history, in Krauss and Krauss, 509th Remembered, 20; Coster-Mullen, *Atom Bombs*, 82–83。史威尼對Coster-Mullen表示，史帕茨告訴他，實際投彈點不在原來的投彈目標，反而讓許多高層覺得比較好。（*Coster-Mullen, Atom Bombs*, 422）

August 6, 1945, Doc. 64, NSA。Walter Brown在伯恩斯從波茨坦回程時擔任其助理。八月九日，杜魯門從MAGIC所攔截的電報得知廣島死了十萬人。（“Magic”—FarEast Summary, War Department, Office of the Assistant chief of staff, G-2, no. 507, August 9, 1945, Doc. 74, NSA）

9. Richard Russell to Harry Truman, August 7, 1945; Harry Truman to Richard Russell, August 9, 1945, HSTL.
10. Baime, *Accidental President*, 344。杜魯門對原子彈的看法一直在改變。Lewis Strauss指出，在一九四八年七月一場討論保管原子彈的會議上，「總統表示他不會讓『某個愛發射』的上校動用原子彈，原子彈不是一般的武器，而會無差別殺害婦女、兒童、老人的強大自然力量。」（Alperovitz, “Was Truman a Revisionist,” 2）
11. Wellerstein, “Kyoto Misconception,” 49, 324n76.
12. Marshall to Spaatz (“personal eyes only”), August 8, 1945, Spaatz Papers.
13. Spaatz to Marshall (“eyes only”), August 9, 1945, Spaatz Papers.
14. Norstad to Spaatz (telecon), August 8, 1945, Spaatz Papers.
15. Crane, *American Airpower Strategy*, 186.
16. Gordin, *Five Days in August*, 90; Christman, *Target Hiroshima*, 198–99.
17. Laurence, *Dawn Over Zero*, 226.
18. Kirkpatrick to Nimitz and Spaatz, August 9, 1945, Spaatz Papers.
19. Carl Spaatz oral history, February 21, 1962, USAF Oral History Program, Air Force Historical Research Agency, Maxwell Air Force Base.
20. Crane, *American Airpower Strategy*, 188。史汀生在回憶錄中指出，原子彈有一個被忽略的效果是，它終止了燃燒彈攻擊。（Stimson and Bundy, On Active Service, 633）

8. 否認

1. Walker, *Prompt and Utter Destruction*, 278.
2. Knebel and Bailey, *No High Ground*, 191.
3. Butow, *Japan's Decision*, 151.
4. Hasegawa, *End of Pacific War*, 98.
5. Kort, *Columbia Guide*, 230.
6. Asada, “Shock of the Bomb,” 486; Hasegawa, *Racing the Enemy*, 184。長谷川毅不認為東鄉有那麼想結束戰爭。Sigal在*Fighting to Finish*中認為東鄉「講得很迂迴」（頁237）。東鄉與阿南在八月七日晚上非正式會談，阿南透露出他不再有信心日本能繼續打下去。（Kiyotada, *Fifteen Lectures*，另

31. 同前注。
32. 同前注。
33. Tibbets, *Tibbets Story*, 81.
34. 同前注，頁93。
35. 同前注，頁99。
36. 這種玩鬧之舉的後果可能遠超過提貝茲的想像。日軍一直在監控第五〇九混合飛行大隊的無線電通訊。第五〇九混合飛行大隊在廣島投下原子彈後，其飛行模式就非常重要。假如讓日軍知道有第五〇九混合飛行大隊的B-29曾經瞄準皇宮，就算只是假彈也好，都會讓天皇及其僕從大為恐慌。
37. 關於第五〇九混合飛行大隊和「艾諾拉・蓋伊號」此趟航程，參見注33，頁210–27；Thomas and Witts, *Enola Gay*, 206–68; Coster-Mullen, *Atom Bombs*, chap. 4。提貝茲說帕森斯上校大喊「高射砲擊」，但大量證據表明大喊的人是提貝茲。見Coster-Mullen, *Atom Bombs*, 401n118.
38. "How Many Died at Hiroshima?" Atomicarchives.com.
39. Spaatz diary, entry for August 5, 1945, Spaatz Papers.
40. "How did it go, son?": Knebel and Bailey, *No High Ground*, 213.
41. 同前注。

7. 可怕的責任

史汀生的日記收錄在Stimson Papers。

1. Groves, *Now It Can Be Told*, 318–24; Knebel and Bailey, *No High Ground*, 217.
2. Groves, *Now It Can Be Told*, 324.
3. Knebel and Bailey, *No High Ground*, 218.
4. Kenny to Spaatz, August 8, 1945, Spaatz Papers。轟炸之後，格羅夫斯將詳細破壞報告呈給馬歇爾和史汀生。（Gen. L. R. Groves to chief of staff (memorandum), August 6, 1945, Top Secret, Doc. 63, NSA）
5. Charles Murphy, undated draft article, Spaatz Papers。在投下原子彈那天晚上，墨菲和史帕茨共進晚餐，在場還有《紐約時報》、《芝加哥新聞》和《明尼亞波利斯論壇報》三大家族的成員。（Spaatz diary, August 6, 1945, Spaatz Papers）
6. McCullough, *Truman*, 453.
7. Lifton and Mitchell, *Hiroshima in America*, 24。廣島市的製造、運輸和倉儲設施被摧毀者不到三分之一。
8. Wellerstein, "'Purely Military' Target," and Wellerstein,"Kyoto Misconception," 45–48。有關杜魯門對這條新聞的反應，見Walter Brown diary, entry for

14. Atkinson, *Guns at Last Light*, 353, 358.
15. Crane, *American Airpower Strategy*, 83.
16. “The Man Who Paved the Way,” *Time*, June 12, 1944.
17. 同前注。
18. Clodfelter, *Beneficial Bombing*, 182.
19. 簡述可見Atkinson, *Guns at Last Light*, 350–54。對於飛行員在歐洲作戰經驗最鮮活的全面描述，參見Miller, *Masters of the Air*.
20. Mets, *Master of Airpower*, 185.
21. Gresham, *General Tooey*.
22. 同前注。
23. 同前注，以及作者專訪凱瑟琳・格雷沙姆。
24. 同前注。
25. Gresham, *General Tooey*。史帕茨寫信給妻子說：「當我清醒且思維清晰時，我對於我們的轟炸行動沒有太多疑慮。然而，有時在夜裡醒來，我的心情就不太好。」（Spaatz to Ruth Spaatz, April 20, 1945, quoted in Gresham, General Tooey）史帕茨給家人寫的短信通常都是由助理Major Bagby打字，但這封信不尋常地長，而且是手寫的。這封信沒有收錄在Spaatz Papers at LOC.
26. 出自Katharine Gresham, *General Tooey*以及作者專訪。關於德勒斯登大轟炸的背景，見Addison and Crang, *Firestorm*；以及Biddle, “On the Crest of Fear” 和“Dresden 1945”.
27. Spaatz diary, July 29, 1945, Spaatz Papers.
28. Directive to commanding general, U.S. Army Strategic Air Forces, July 25, 1945, Spaatz Papers；see Frank, *Downfall*, 303–4; Ralph, “Improvised Destruction,” 515–16.
29. Crane, *American Airpower Strategy*, 182; Newman, *Truman and the Hiroshima Cult*, 16。在一九四五年七月三十一日洛維特給史汀生的備忘錄中，洛維特附上一份戰略轟炸研究部的研究報告，報告中說：「有足夠時間的話，結合封鎖、摧毀氮肥生產、用TN8（這種化學武器將於一九四六年投入使用）直接攻擊稻米生產等手段，日本的糧食狀況就會陷入絕境……只要縮短大規模饑荒到來的時間，日本長期抵抗的希望就會被徹底根除。」但這份報告結論說：「就目前的戰略來說，日本的稻米生產並不是合算的攻擊目標。當地食物的供應對於執行占領的指揮官來說可能非常重要。」洛維持的備忘錄上記載著：「史帕茨同意此點。」（“Memorandum for Secretary of War,” July 31, 1945, Stimson File, NA II）
30. Gresham, *General Tooey*.

(August 3, 1945), no. 1227 (August 4, 1945), no. 1228 (August 5, 1945), Top Secret Ultra, Docs. 53–56, NSA.

6. 一桶瀝青

1. 七月三十日，史汀生的助理哈里森打電報給杜魯門說，投彈的時間即將到來，總統必須趕快簽署要發給媒體的聲明。七月三十一日，杜魯門親筆寫道：「此議批准。準備好就發，但不早於八月二日。」（McCullough, *Truman*, 448）他指的是媒體聲明。
2. Knebel and Bailey, *No High Ground*, 95, 124–26; Gordin, *Five Days in August*, 50。漢迪和馬歇爾之間有一連串電報往來，然後才有史帕茨收到的命令，見“Framing the Directive for the Nuclear Strikes,” Docs. 60a–d, NSA.
3. Mets, *Master of Airpower*, 333.
4. Drew Middleton, “Boss of the Heavy-weights,” *Saturday Evening Post*, May 20, 1944.
5. Mets, *Master of Airpower*, 2.
6. Davis, *Spaatz and Air War*, 4.
7. Carl Spaatz oral history, September 27, 1968, USAF Oral History Program, Spaatz Papers.
8. Mets, *Master of Airpower*, 35.
9. Gladwell, *Bomber Mafia*, 49
10. Crane, *American Airpower Strategy*, 101.
11. Miller, *Masters of the Air*, 44–45.
12. Crane, *American Airpower Strategy*, 108。自一九四四年末開始使用雷達，但也只有百分之五的炸彈落在目標一點六公里範圍內。（Gresham, *General Tooey*）
13. Davis, *Spaatz and Air War*, 437。在一九六二年，史帕茨冷靜地談到他對精準轟炸的看法：「我們永遠只攻擊合法的軍事目標，唯一例外是敵國的首都。柏林是德國的行政和交通中心，所以當然成為軍事目標。除此之外，我們的目標永遠都只有軍事目標。我們的立場是我們只轟炸戰略目標——而非區域。我相信這種做法可以更快贏得戰爭。我之所以不對城市採取區域轟炸，並不是因為宗教或道德的理由。」（Spaatz, oral history by Gen. Noel Parrish and air force historian Alfred Goldberg, Spaatz Papers）
   這段話雖然廣被引用，卻並不完全是他真正的看法。例如在一九四四年夏天，他就以「人道」為由，否決了其情報官員所建議的「震懾行動」，也就是轟炸小型城鎮以摧毀德國士氣。（Gresham, *General Tooey*）

25. 杜魯門在一九五三年致函陸軍航空隊官方史學家James Cate表示，馬歇爾將軍曾在七月二十五日告訴他，進攻日本「至少會死傷二十五萬人，最多可達一百萬人。」（Craven and Cate, *Army Air Forces*, 5:712–13）但杜魯門在這封信中的說法對他自己有利，頗有疑問。
26. 關於艾森豪與史汀生，見Alperovitz, *Decision to Use the Bomb*, 353–58。關於懷疑論者，見Frank, *Downfall*, 332n以及Barton Bernstein, "Ike and Hiroshima: Did He Oppose It?" *Journal of Strategic Studies* 10 (Spring 1987): 377–89。艾森豪的訪問出自*Ike's Bluff*的作者。

5. 迅速且完全的毀滅

1. 關於《波茨坦宣言》，見Kort, *Columbia Guide*, 226.
2. Benedict, *Chrysanthemum and Sword*, 216.
3. Hotta, *Japan 1941*, 241.
4. 有關東鄉與珍珠港，見前注，頁269–71；Togo, *Cause of Japan*, 45–224. Minohara, " 'No Choice'"解釋了為什麼東鄉從反對偷襲珍珠港轉為支持。東鄉本來希望能達成妥協方案，延緩戰爭爆發，這就是所謂B計畫，撤回一些在東南亞的日軍部隊，換取美國暫停石油禁運三個月。在日本攔截到一些中國發出的電報後，東鄉錯以為美國會回應他的妥協方案。東鄉在一九四一年十一月對外交進展過於樂觀，就和他在一九四五年八月對俄國人會充當調人一樣幻想過頭。
5. Hotta, *Japan 1941*, 271.
6. 關於東鄉對《波茨坦宣言》的解讀，見Togo, "Bitter Struggle"; Togo, *Cause of Japan*, 311–12.
7. Frank, *Tower of Skulls*, 223.
8. Dower, *Embracing Defeat*, 290.
9. Butow, *Japan's Decision*, 142–47; Brooks, *Behind Japan's Surrender*, 160–64; Hasegawa, *Racing the Enemy*, 165–74。「默殺」一事通常被說成是悲劇性的錯誤、誤解和錯失機會。但在關西學院大學任教，研究日本投降歷史的沃許教授（他也是作者的口譯人員和分析人員）的主張相當可信，他認為「默殺」完全不是翻譯錯誤所致。除了東鄉之外，「六巨頭」中每一個都堅決不接受《波茨坦宣言》。就連東鄉也不那麼接受。
10. Togo, *Cause of Japan*, 312–14.
11. 他的徒勞之舉完全在美國解碼人員掌握之中。見"Magic"－Diplomatic Summary, War Department, Office of the Assistant Chief of Staff, G-2, no. 1221 (July 29, 1945), no. 1222 (July 30, 1945), no. 1225 (August 2, 1945), no. 1226

7. Bix, "Japan's Delayed Surrender," 199.
8. 雖然史汀生曾說他認為「日本人民」這個種族不值得信任，但他對一九二〇年代末和一九三〇年代初在和平會議上遇到的西化日本外交官印象深刻。他比杜魯門更相信日本人是可以變得值得信任的。（Stimson and Bundy, *On Active Service*, 224–25）
9. 杜魯門和史汀生觀點的比較，見Gallicchio, *Unconditional*, 208–13; Hamby, *Harry Truman*, 327, 331; Newman, "Hiroshima and Trashing Stimson," 22.
10. Stimson and Bundy, *On Active Service*, 638。關於史汀生對於信任俄國人的模糊態度，見Malloy, *Atomic Tragedy*, 35, 69–86, 102–3, 109–12, 131–34, 145–57, 163–66, 169–80.
11. Isaacson and Thomas, *Wise Men*, 300.
12. Stimson to Mabel, July 20, 1945, Stimson Papers.
13. Rhodes, *Making of Atomic Bomb*, 686。另見 Gen. L. R. Groves to secretary of war, "The Test" (memorandum), July 18, 1945, Top Secret, Doc. 46, NSA.
14. Harrison to Stimson, July 21, 1945, War 35987, Bundy File, NA II.
15. Malloy, " 'Rules of Civilized Warfare,' " 501.
16. Craven and Cate, *Army Air Forces*, 5:710.
17. Arnold diary, entries for July 22, 23, 24, 1945, Henry Arnold Papers, LOC; Arnold, Global Mission, 589。根據阿諾德的日記，史汀生對阿諾德施壓：「七月二十三日，與戰爭部長開會，討論轟炸的效果、對日本人求和的影響。周遭國家、其他國家、日本人的心理反應。天氣與地形的影響。與史帕茨通電。」他在第二天又寫道：「戰爭部長來找我討論超級炸彈的事。我告訴他先等我聽史帕茨報告再說。」

   史汀生過去當檢察官時就是這樣，深入穿透官僚體系。但這時問這些問題為時已晚。史汀生在第二天七月二十五日就簽署命令，叫史帕茨投下炸彈。
18. Dobbs, *Six Months*, 329–30.
19. Frank, *Downfall*, 220.
20. McCullough, *Truman*, 440.
21. Wellerstein, "Kyoto Misconception." Truman's Potsdam diary, entries for July 16, 17, 18, 20, 25, 26, and 30, are at Doc. 47, NSA.
22. Malloy, "'Rules of Civilized Warfare,'" 503; Marshall to Handy, July 22, 1945, Handy to Marshall, July 24, 1945, both in Bundy File, NA II; Jack Stone to Henry Arnold, "Groves Project," July 24, 1945, HSTL.
23. Bernstein, "Reconsidering the 'Atomic General,'" 905. Rich, *Downfall*, 287引用的數字更高，陣亡者有二萬人，多出四分之一以上。
24. McCullough, *Truman*, 440.

51. Shoji, "Japanese Termination," 66.
52. Togo, *Cause of Japan*, 297.
53. Butow, *Japan's Decision*, 119–20; Hasegawa, *Racing the Enemy*, 106; Hata, *Hirohito*, 57.
54. Butow, *Japan's Decision*, 121–23.
55. Hasegawa, *Racing the Enemy*, 121.
56. MAGIC Diplomatic Summary, no. 1204, July 12, 1945, in Kort, *Columbia Guide*, 279–80。這些MAGIC譯電（包括七月十三日與十七日）都收錄在NSA, Docs. 39B, 41, 42。美國解碼員也會破解同盟國和其他國家的電文，包括法國、葡萄牙、土耳其、沙烏地阿拉伯、捷克斯洛伐克、瑞士、義大利、秘魯等等。
57. Kort, *Columbia Guide*, 280–81.
58. 同前注，頁284–85。
59. Frank, *Downfall*, 85–86, 184–85.
60. Butow, *Japan's Decision*, 125–27.
61. Frank, *Downfall*, 85–86; 184–85.
62. 同前注，頁188。
63. Gallicchio, *Unconditional*, 25.
64. Frank, "Ketsu Go," 80.
65. Drea, *In the Service*, 246.

4. 病人進步迅速

史汀生的日記收錄在Stimson Papers。

1. Dobbs, *Six Months*, 286–95.
2. 關於韋克林檔案，見Frank, *Downfall*, 218–38; Drea, *In the Service*, 210; Gallicchio, *Unconditional*, 100.
3. Rhodes, *Making of Atomic Bomb*, 668–77.
4. Bird, *Chairman*, 251; John McCloy diary, entry for July 16, 1945, McCloy Papers. See Harrison to secretary of war, July 17, 1945, Telegram War [Department] 33556, Top Secret, Doc. 45, NSA; Gen. L. R. Groves to secretary of war, "The Test" (memorandum), July 18, 1945, HSTL。哈里森給史汀生的電報也收錄在Bundy File, NA II.
5. Stimson to Byrnes, "The Conduct of the War with Japan"（內附致總統的備忘錄）, July 16, 1945, Top Secret, Doc. 37, NSA.
6. Newman, *Truman and Hiroshima Cult*, 14.

長」，但日文其實是「陸軍大臣」。
22. Frank, *Tower of Skulls*, 212–13.
23. Butow, *Japan's Decision*, 75.
24. Togo, *Cause of Japan*, 304.
25. Hasegawa, *Racing the Enemy*, 72。東鄉將功勞歸於「其中一名將領」。（Togo, *Cause of Japan*, 283）
26. Butow, *Japan's Decision*, 79.
27. Toland, *Rising Sun*, 116, 838–39.
28. Barrett, *140 Days to Hiroshima*, 51– 60; Togo, *Cause of Japan*, 284–88. Koshiro, *Imperial Eclipse* 提出一個有趣的觀點，即多數歷史學者都高估了原子彈的震憾力，低估了在日本決策者心中，更重要的是和俄國合作在歐亞大陸抵擋盎格魯－撒克遜人的勢力才是。
29. Toland, *Rising Sun*, 749.
30. Kazuhiko Togo, "Foreign Minister Togo's Bitter Struggle," 摘引自 Togo diary for June 6, 1945。
31. Bix, *Hirohito*, 39, 171, 349.
32. Wetzler, *Imperial Japan*, 73.
33. Bix, *Hirohito*, 372.
34. Kawamura, *Emperor Hirohito*, 116.
35. Bix, *Hirohito*, 464; Wetzler, *Imperial Japan*, 25–26.
36. Kawamura, *Emperor Hirohito*, 128.
37. Bix, *Hirohito*, 453.
38. Bix, "Japan's Delayed Surrender," 214.
39. Bix, *Hirohito*, 271.
40. Kawamura, *Emperor Hirohito*, 63.
41. 出自作者訪問毛赫。毛赫博士是日本現代史學者，西雪梨大學資深講師。
42. Coox, *Japan: Final Agony*, 24–35.
43. Drea, *In the Service*, 286; Tamon, "Hirohito's 'Sacred Decision,'" 261.
44. Mauch, " 'Our Islands,'" 76.
45. Kawamura, *Emperor Hirohito*, 101–2; Drea, *In the Service*, 178.
46. Kido, Diary, entry for June 8, 1945.
47. Hastings, *Retribution*, 45.
48. Hasegawa, *Racing the Enemy*, 101; Kawamura, *Emperor Hirohito*, 158; Butow, *Japan's Decision*, 113.
49. Butow, *Japan's Decision*, 72.
50. Togo, *Cause of Japan*, 293.

主義者：「根據資料顯示，他的主要特點是『辯才無礙、好鬥，除了自己絕不接受別人的觀點』。格魯先生形容東鄉『嚴肅、不苟言笑、極為矜持』。『他英語說得不錯，』這位前大使觀察到，『但他說話聲音太低，少有人能聽懂。』另一位觀察者稱他為『相貌醜陋，儀表不佳』，但『能力不可否認』。」（Records of General Headquarters, Far East Command, Supreme Commander Allied Powers, Central Command, 8132nd Army Unit, Sugamo Prison, NA II）

3. Togo, *Cause of Japan*, 11, 14.
4. Brooks, *Behind Japan's Surrender*, 38.
5. Togo, *Cause of Japan*, 35。東鄉在一九四〇年八月就被從莫斯科召回國，條約直到一九四一年四月才簽署，但功勞是東鄉的。莫洛托夫舉杯致敬東鄉固執的個性：「在我多年公職生涯中，從未見過像東鄉先生這麼擇善固執的人。」
6. Minohara, " 'No Choice,' " 258–71.
7. Frank, *Downfall*, 5.
8. Brooks, *Behind Japan's Surrender*, 38.
9. Tamon, "Hirohito's 'Sacred Decision,'" 259.
10. Brooks, *Behind Japan's Surrender*, 30–33.
11. Togo, *Cause of Japan*, 269.
12. Butow, *Japan's Decision*, 71; Drea, *In the Service*, 202; Giovannitti, *Decision to Drop the Bomb*, 43; Sigal, *Fighting to Finish*, 47.
13. Benedict, *Chrysanthemum and Sword*, 43, 99, 101, 137, 167, 193, 199–205.
14. Drea, *Japan's Imperial Army*, 174.
15. Butow, *Japan's Decision*, 179; Drea, *In the Service*, 186. 這個詞源於Hugh Byas, *Government by Assassination* (New York: Knopf, 1942).
16. Newman, *Truman and Hiroshima Cult*, 138，摘引自歷史學者Gavin Daws。另見Drea, *In the Service*, 214。中國人稱日本的和平方案為「三光：殺光、燒光、搶光」。關於種族仇恨和戰爭罪行，見知名日本歷史學者Ienaga, *Pacific War*.
17. Walker, *Shockwave*, 159.
18. Drea, *In the Service*, 195.
19. 關於米內光政和豐田副武，見Brooks, *Behind Japan's Surrender*, 50–54。米內光政在六月初躋身為六巨頭之一。
20. Stimson and Bundy, *On Active Service*, 220–81.
21. Drea, *Japan's Imperial Army*, 219; Hastings, *Retribution*, 453; Brooks, *Behind Japan's Surrender*, 49。美國媒體把阿南惟幾的職稱翻譯成美式的「戰爭部

41. 萊希不只提議要進攻，他也反對動用原子彈。他在日後寫道：「我自己的感覺是，一旦我們率先動用，我們就採取了黑暗時代野蠻人的道德標準。」（Leahy, I Was There, 513）萊希是羅斯福的主要軍事顧問，但他的角色在杜魯門時期有所減弱，因為杜魯門更重視伯恩斯、史汀生和馬歇爾。我們可以猜想如果羅斯福還在世，比杜魯門更重視萊希意見的話會是怎樣。有關萊希角色的大膽討論，見O'Brien, *Second Most Powerful Man*, 334–59。另見Leahy, *I Was There*，以及Walter Borneman在*Admirals*對萊希的深刻討論。
42. Giangreco, "'Score of Bloody Okinawas,'" 104, 107.
43. 關於麥克洛伊的角色，參見Bird, *Chairman*, 246；以及 "McCloy on the A-Bomb," in Reston, *Deadline*, 494–502。關於麥克洛伊的誇大其詞，見Isaacson and Thomas, *Wise Men*, 295n775; Gallicchio, *Unconditional*, 58.
44. 史汀生有聽進格魯的話，但馬歇爾和參謀總部說服他說，如果在日本投降前就對天皇問題讓步，只會鼓勵日本軍國主義者戰到最後一兵一卒，如同在沖繩和硫磺島那樣。（Newman, "Hiroshima and Trashing Stimson," 22.）
45. Stimson, "Memorandum for the President: Proposed Program for Japan," July 2, 1945, Stimson Papers。史汀生關於無條件投降問題的文件（收錄在"Japan" in Stimson File, NA II）顯示，他相當注意保留天皇的問題，以及他對時機點的掙扎。在其「給總統的備忘錄：關於日本的建議方案」打字稿中，他在建議若不投降就發出最後通牒的章節後面插入一段手寫文字（有很多塗抹的痕跡）：「我個人認為我們應該加上說，我們並不排除在現有王朝結束後留下憲政君主，這樣會大幅增加被接受的可能性。」這篇備忘錄以幾近痛苦的文風繼續討論對日本威脅和行動的時機，包括投放原子彈。他還古怪地提到：「當然，成功將取決於我們發出的警告是否強而有力。日本有非常敏感的民族自尊心，正如我們每天所看到的，當與敵人真正惡戰時，他們會打到最後一刻。因此，警告必須在實際進攻發動前就提出，而即將來臨的毀滅雖然已經清晰無疑，卻尚未使他們淪入絕望。如果俄國是威脅的一部分，則俄國的進攻不應過速。我們的轟炸應盡可能限於軍事目標。」

3. 腹藝

1. Coox, Japan: *Final Agony*, 28.
2. 出自作者訪問東鄉的孫子東鄉和彥及東鄉茂彥。東鄉的紀錄完整保留於他在東京審判時的戰犯檔案中，收錄於Records of the Supreme Commander for the Allied Powers, Legal Section, Administration Division, POW 201 File, 1945–52, NA II。國務院研究與情報部門的研究分析局有一份關於東鄉的報告，說他的脾氣很大，但正是這種個性才讓他敢於對抗政府中的軍國

研究，他是前美國空軍軍官，曾任教於麥克斯韋空軍基地的空軍指揮參謀學院。阿爾伯特森研究過第二十航空隊的機密轟炸檔案，結論是李梅的轟炸目標是日本經濟，不是日本平民。我自己對國家檔案館史汀生檔案的研究也支持阿爾伯特森的觀點。阿諾德將軍在六月一日與史汀生開會後，就呈給史汀生一份簡報，詳列出這些轟炸目標城市有各種工業活動。"Memo from Arnold to Stimson, Subject: Incendiary Attacks by the 20th Air Force" ("further to our discussion on the subject of incendiary attacks"), June 2, 1945, in three tabs: "Chart showing the disposition of Japanese industry; a map showing the location of the principal cities subject to incendiary attack; a statement of the 33 industrial targets and general description on their industrial content."
史汀生唯一的回應是把京都從目標清單移除，不管是常規轟炸還是原子彈轟炸。（Eaker to Stimson, June 11, 1945, Stimson File, NA II）

29. "Memorandum of Conference with the President," June 6, 1945, Top Secret, Doc. 21, NSA.
30. Lifton and Mitchell, *Hiroshima in America*, 133.
31. McCullough, *Truman*, 185, 221; Hamby, *Harry Truman*, 158–59; Miller, *Truman*, 164, 223, 239, 245, 255.
32. Stimson and Bundy, *On Active Service*, 35.
33. McCullough, *Truman*, 359.
34. Heinrichs and Gallicchio, *Implacable Foes*, 505.
35. Frank, *Downfall*, 35.
36. Heinrichs, *American Ambassador*, 3–19。在當大使時，格魯和一些自由派的日本官員走得很近。美國以燃燒彈轟炸東京山手地區的高級住宅區時，由於格魯有很多朋友就住在這一區，他疾呼道：「我們不能再浪費時間了。」（Iokibe, "American Policy," 46）
37. 這是艾奇遜給格魯取的綽號，見 *Unconditional*, 34。艾奇遜是國務院中的新政改革派，主張日本要重新來過，要去除天皇制度，擁抱民主。他這種狂熱忽略了格魯所正確理解的事情，那就是對日本人來說，如果不能至少保留憲政君主制度，就根本不可能討論投降。日本人頭腦僵硬到不可能訴諸理性。不過正如一些歷史學都所說，從事後看來，美國至少也該嘗試一下。
38. Giangreco, *Soldier from Independence*.
39. Feis, *Japan Subdued*, 11；另見Giangreco, "'Score of Bloody Okinawas'"。學者對估計傷亡人數爭論不休。見Newman, "Hiroshima and Trashing Stimson," 26–2.
40. Heinrichs and Gallicchio, *Implacable Foes*, 5, 24, 430, 476–507; "Minutes of Meeting Held at the White House," June 18, 1945, Top Secret, Doc. 26, NSA.

16. 史汀生被原子科學家奧斯華・布魯斯特（Oswald Brewster）的來信所影響（「一位正派人士的來信。」史汀生寫道），這封信提出嚴重的道德問題。參見O. C. Brewster to President Truman, May 24, 1945，附件是Stimson to Marshall, May 30, 1945, attached, Secret, Doc. 14, NSA.
17. John McCloy, "Memorandum of Conversation with General Marshall," May 29, 1945, Top Secret, Doc. 17, NSA.
18. "Tokyo Erased," *New York Times*, May 30, 1945。木戶孝允的日記有記載損傷之慘烈，見Kido, *Diary*, entry for May 25, 1945.
19. Malloy, *Atomic Tragedy*, 106。另參見Malloy, "'Rules of Civilized Warfare'"；以及 "Minutes of Third Target Committee Meeting," May 28, 1945, Top Secret, Doc. 15, NSA.
20. Giovannitti and Fried, *Decision to Drop the Bomb*, 40。另參見Groves, *Now It Can Be Told*, 271–76.
21. 關於史汀生與京都，見Cary, "Sparing of Kyoto"。史汀生在一九二〇年代末至少三次前往京都，曾不好意思地問麥克洛伊：「如果我把京都從轟炸目標城市移除，你會認為我是感情用事的老頭嗎？」（頁340）但Kelly, "Why Did Stimson Spare Kyoto"則認為，史汀生放過京都是出於更現實的考量，要降低日本人對美國的恨意以便在戰後對抗蘇聯。
22. Malloy, *Atomic Tragedy*, 109.
23. 關於臨時委員會的會議，見Rhodes, *Making of Atomic Bomb*, 642–51; Compton, *Atomic Quest*, 238–39; "Notes of the Interim Committee Meeting," May 31, 1945, Doc. 18, NSA.
24. Robertson, *Sly and Able*, 396–99。傑出原子科學家西拉德前往南卡羅來納州拜訪伯恩斯，遊說不要動用原子彈，但伯恩斯說，他要用原子彈來作為對付俄國人的籌碼。
25. "Stimson and the Atomic Bomb," *Andover Bulletin*, Spring 1961.
26. Ham, *Hiroshima and Nagasaki*, 155–60; Hodgson, *Colonel*, 322。臨時委員會已跨過道德的盧比孔河，但卻不想承認。Bernstein, "Atomic Bombings Reconsid ered"：「在史汀生指示下，委員會實際上批准了恐怖轟炸，但有點不大自在。他們不想如馬歇爾所建議的只針對軍事目標（舊的道德標準），但也不想完全針對平民（新的道德標準）。他們實際達到了恐怖轟炸的目的，卻又不大膽承認。所有人都知道在白天轟炸時，『工人』的住宅區裡有婦女、兒童，還有一些工人在家。」（頁144）
27. Malloy, *Atomic Tragedy*, 117; Malloy, "'Rules of Civilized Warfare,'" 500.
28. Frank, *Downfall*, 67。另見Crane, *American Airpower Strategy*, 175–77，以及Sherry, *Rise of American Air Power*。克萊恩指引我去看阿爾伯特森最近的

有一位科學家，他是芝加哥米特實驗室的負責人，真正直接面對道德問題。諾貝爾獎得主亞瑟・康普頓（Arthur Compton）在五月二十八日寫道，投放原子彈「首次在歷史上引起大規模屠殺的問題。它還帶來被轟炸區域可能的放射性毒素問題。從本質上講，使用這種新武器比使用毒氣的後果更嚴重。」然而，康普頓的擔憂似乎並未引起臨時委員會的科學諮詢小組的重視。（Bernstein, "Atomic Bombs Reconsidered," 143）芝加哥大學實驗室的諾貝爾獎得主詹姆斯・弗蘭克（James Franck）領導的一組科學家從人道主義反對投放炸彈，他們建議只要進行一次非戰鬥性質的威力展示。（Arthur B. Compton to secretary of war (memorandum), enclosing "Memorandum on Political and Social Problems," from Members of the Metallurgical Laboratory of the University of Chicago, June 12, 1945, Secret, Doc.22, NSA）著名物理學家尼爾斯・玻爾（Niels Bohr）試圖在六月底將這種觀點轉達給史汀生，但史汀生拒絕見他。此時為時已晚，決策已經下達。（Harvey Bundy oral history, Columbia University; Compton, Atomic Quest, 234–35; Hodgson, Colonel, 326）關於輻射問題的精采分析，可參見Malloy, "'Very Pleasant Way to Die'"。馬洛伊將很大一部分責任歸咎於奧本海默，認為他根本不想處理輻射毒性的問題。

9. Gen. Leslie Groves, interview, pt. 4, Voices of the Manhattan Project, National Museum of Nuclear Science & History, AHF.
10. Jordan, *Robert Lovett*, 97.
11. LeMay, *Missions*, 368.
12. Crane, *American Airpower Strategy*, 97–99.
13. 關於不轟炸集中營的決策，參見Beschloss, *Conquerors*, 63–67, 88–89。Bird, *Chairman*證明史汀生的意見在相關通信中被重覆引述（頁215）。
14. Malloy, *Atomic Tragedy*, 54; Stimson diary, entries for September 7, 1942, and October 15, 1943; Stimson to Spaatz, February 13, 1945, Stimson File, NA II。在航空隊於二月三日首次對柏林進行英國式的都會區域轟炸兩天後，史帕茨把照片集寄給史汀生。（Spaatz to Stimson, February 5, 1945, Stimson File, NA II）轟炸柏林時天氣晴朗，其目標大致是位於柏林市中心的政府機關大樓，但造成幾千人死亡。Clodfelter, *Beneficial Bombing*, 175認為死亡人數多達二萬五千人，但比較精確地說，美國航空隊推估有二萬五千人或死或傷，而德國方面的數字比較小，聲稱有二千八百九十五人死亡，另有十二萬人無家可歸（出自作者訪問比爾德和克萊恩）。
15. Malloy, *Atomic Tragedy*, 106; John McCloy diary, entry for May 21, 1945, McCloy Papers. Barton Bernstein則認為馬歇爾將軍錯失了向杜魯門表達其憂慮的機會。（Bernstein, "Looking Back"）

報來往，這些電報列出了李梅轟炸機要襲擊的工業目標。第二十航空隊由航空隊司令阿諾德將軍直接指揮。由於阿諾德當時正在調養心臟病，因此洛維特實際上是諾斯塔德的上司（出自作者採訪阿爾伯特森）。

49. Stimson and Bundy, *On Active Service*, xxii; Stimson, *My Vacations*, 170。在*My Vacations*中有一段完全是史汀生的風格，他把海霍德莊園的相對簡樸歸功於管理員John Culleton，一位愛爾蘭移民：「海霍德反映了約翰這個人的個性。」史汀生沒意識到自己所描述的關係其實遠超過雇用一名建築師或設計師。他接著回憶道：「約翰發現我喜歡騎馬，做律師工作時也很想騎馬，他會在晚上牽著兩匹備好鞍的馬在車站等我，手裡抱著皮革馬褲讓我變成騎士，然後我們一起騎馬穿過林間小道和農田，令我感到無比歡暢。約翰對『莊園』或官式花園這種當時的富人在長島投資的東西毫無概念。」
50. Stimson and Bundy, *On Active Service*, 632.

2. 目標選擇

史汀生的日記收錄在Stimson Papers。

1. McCullough, *Truman*, 346–53.
2. Bernstein, "Roosevelt, Truman," 36.
3. Hamby, *Harry Truman*, 14, 221, 306.
4. McCullough, *Truman*, 291.
5. 關於格羅夫斯將軍，參見Norris, *Racing for the Bomb*, 2, 5, 11, 123, 196, 241–42；以及Bernstein, "Re-considering the 'Atomic General'".
6. Malloy, *Atomic Tragedy*, 56–62; Notes on Initial Meeting of Target Committee, May 2, 1945, Top Secret, Doc. 9, NSA; and Maj. J. A. Derry and Dr. N. F. Ramsey to Gen. L. R. Groves, "Summary of Target Committee Meetings on 10 and 11 May 1945" (memorandum), May 12, 1945, Top Secret, Doc. 11, NSA.
7. Gen. Leslie Groves, interview, pt. 9, Voices of the Manhattan Project, National Museum of Nuclear Science & History, AHF.
8. 同前注，頁51–52；Bernstein, "Atom Bombings Reconsidered" 寫道：「根據粗陋的紀錄顯示，目標委員會的成員似乎都沒有關注這個問題。他們可能認為，在輻射造成致命傷害之前，炸彈爆炸已奪去大部分受害者的生命。」（頁141）格羅夫斯將軍巧妙地將芝加哥大學米特實驗室的科學家與洛斯阿拉莫斯的科學家分開，前者擔心輻射的影響，而後者主要關心的是造出可投放的炸彈。當奧本海默就輻射影響提出警告時，他關心的是如何保護投放炸彈的飛行員。（J. R. Oppenheimer to Brigadier General Farrell (memorandum), May 11, 1945, Doc. 10, NSA）

眼睛並被綁住的戰俘照片。上有說明寫道：「當地居民證實，斬首美國飛行員是一種常規儀式。」（Memorandum for the Commanding General, Army Air Forces, May 23, 1944," Stimson File, NA II）

42. Biddle, "On the Crest of Fear"; Heinrichs and Gallicchio, *Implacable Foes*, 422–23.
43. Harvey Bundy, "Remembered Words," *Atlantic Monthly*, March 1957.
44. Stimson and Bundy, *On Active Service*, 613，後修正主義重要史學家Robert Maddox寫道：「沒有人討論過原子彈製成後要不要動用，問題只在如何動用。」（Maddox, *United States and World War II*, 305）Barton Bernstein指出，當邦迪在三月三日寫信給史汀生建議總統聲明的措詞時，只有談到何時動用，而不是是否要動用。（Bernstein, "Truman and the A-Bomb," 549, and Bernstein, "Atom Bomb Reconsidered," 138–39）
45. Hodgson, *Colonel*, 332。修正主義學派批評，投彈的決策是「根本未經思考的默認」，Robert Newman ("Hiroshima and Trashing Stimson," 21)則回應：「根據我的計算，從一九四五年三月五日到六月八日轟炸廣島這段期間，史汀生在日記中記錄了與以下人員面對面討論原子彈的天數：哈維．邦迪，戰爭部長助理，三十二天；喬治．哈里森，戰爭部長助理，二十六天；杜魯門總統，十四天；陸軍司令馬歇爾，十二天；約翰．麥克洛伊，戰爭部助理部長，八天。」
46. Craig McNamara在追憶其父親的*Because Our Fathers Lied*中描述了整個故事。相當好睡的格羅夫斯將軍從未對太太格雷絲提到過原子彈。但格雷絲後來出現「神經崩潰」，直接原因是她母親過世，但很可能因為精神病學家所說的「投射性認同」而惡化。參見Bernstein, "Reconsidering the 'Atomic General'"。另見John Burton, "Understanding Boundaries: What Is Projective Identification?" *Psychology Today*, June 24, 2021.
47. 關於李梅和燃燒彈轟炸日本城市，見Ralph, "Improvised Destruction"; Gladwell, *Bomber Mafia*; Crane, *American Airpower Strategy*, 167–86。對於燃燒彈轟炸的詳細討論，見Wellerstein, "Tokyo v. Hiroshima"。官方轟炸報告請見Headquarters XXI Bomber Command, "Tactical Mission Report, Mission no. 40 Flown 10 March 1945," n.d., Secret, Doc. 8, NSA.
48. 史汀生宣稱美國的政策不是要恐怖轟炸平民，見Malloy, *Atomic Tragedy*, 63。從字面來說，轟炸日本城市並不是恐怖轟炸，因為其動機並不是要殺害平民來製造恐怖。但由於轟炸是不精準的，空軍必須燒毀大片都會地區才能摧毀其中的工廠。這不只是李梅一個人的看法。曾在麥克斯韋空軍基地的空軍指揮與參謀學院任教的空軍歷史學家阿爾伯特森，研究了一九四五年春季第二十航空隊參謀長諾斯塔德將軍與李梅在華府與關島之間的電

36. Malloy, *Atomic Tragedy*, 57. Leslie R. Groves, "Policy Meeting" (memorandum), May 5, 1943, Top Secret, Doc. 3, Atomic Bomb and the End of World War II, NSA。但要記住，當提貝茲少校在一九四四年九月接掌第五〇九混合飛行大隊時，他被指示要準備好同時轟炸德國和日本。
37. Stimson and Bundy, *On Active Service*, 614.
38. 有關史汀生在三月五日與邦迪的談話，參見未標明日期的備忘錄：Bundy File, NA II。史汀生覺得這場戰爭已過於墮落和殘酷，必須求助於布魯克斯這種「持平和包容」的信仰復興運動者：「部長說就是需要這種人」，邦迪將「這種傳道者」改為「這種人」——「可以觸及人類的靈魂，帶來基督教教義的精神復興。部長說由於戰爭挑起的情緒，這個世界很難處理這項發明的影響。」在一九六〇年的哥倫比亞大學口述歷史中，哈維．邦迪為史汀生和原子彈辯護。他說史汀生被東京燃燒彈轟炸給「嚇壞了」，但美國已「沒有退路」，必須展現原子彈的「純粹破壞力」來避免發動進政，逼迫日本投降。（Harvey Bundy oral history, Oral History Program, Columbia University）
39. Dalton, *Theodore Roosevelt*, 18.
40. 關於在科學與道德之間權衡，參見Malloy, *Atomic Tragedy*, 39。史汀生在十九世紀末進哈佛大學讀法律，深受哲學家約翰．費斯克（John Fiske）吸引。費斯克主張人類的軌跡從專制走向自由，史汀生因此深信他所謂的「道德進步鐵律」。費斯克也主張「盎格魯－撒克遜民族」的優越性，認為有責任拉拔其他（較低劣的）的民族（此說雖然無稽，但當時的哈佛畢業生、後來成為總統的老羅斯福也深信不疑）。戰爭部長也自視為「老派廢奴主義者」，但他對軍隊內部的族群融合卻猶豫不決，認為國家還沒有準備好（事實上，他還拒絕與主張族群融合的民權運動領袖會面）。有關史汀生對種族問題的態度，見Hodgson, *Colonel*, 130–371, 134, 171–72, 249–50, 259–60, 372–73。「史汀生的信念屬於北方保守派的傳統廢奴主義。他信仰人類在政治上和經濟上的完全自由，不論膚色為何。但他並不認為現在搞族群融合對任何種族有好處。」（Stimson and Bundy, *On Active Service*, 461）一九四二年初，在珍珠港事件後的仇恨氛圍中，有超過十萬名西岸日裔美國人被強迫遷移，史汀生在此事件中的角色受到批評。他在一九四二年二月二十七日的日記中寫道，用來合理化大規模拘留的理由，「是因為他們的種族特性如此，以至於我們連日本公民都無法理解或信任。後者雖是一個事實，但我擔心這在憲法上大有漏洞。」對於一位曾任前美國檢察官的律師和一位自覺的基督徒來說，拘留日本人是道德上的失敗。戰時的不得不然是唯一的解釋，儘管這不是一個好的藉口。
41. 史汀生在自己的檔案中保存了兩張日本士兵舉刀，準備斬首跪在地上蒙著

19. 同前注，頁19。
20. 作者專訪史汀生的外甥女埃莉諾·帕金斯。
21. Stimson and Bundy, *On Active Service*, 442–43.
22. Jordan, *American Warlords*, 39.
23. Isaacson and Thomas, *Wise Men*, 192–95.
24. 關於史汀生和助理的溫暖關係，見Stimson and Bundy, *On Active Service*, 340–44; Malloy, *Atomic Tragedy*, 43.
25. 關於德勒斯登大轟炸，見Crane, *American Airpower Strategy*, 159; Miller, *Masters of Air*, 444。比德爾的"On the Crest of Fear"提供有用的事件脈絡。近來最好的德勒斯登研究彙編是Addison and Crang, *Firestorm*。Frederick Taylor的*Dresden* (reprint New York: HarperPerennial, 2005)是經典之作。比德爾的"Dresden 1945" 是精采的概述。
26. 關於史汀生施壓調查德勒斯登事件，參見Bland, Papers of Marshall, 5:79–80.
27. 「住家被摧毀對士氣打擊最甚」，邱吉爾的科學顧問切威爾勛爵Adolphus Lindemann醫生在一九四二年三月的「去住房化備忘錄」中寫道（Ham, *Hiroshima and Nagasaki*, 50），英國人是真的相信，轟炸平民會有巨大經濟影響，因為工人就算沒有當場死亡，也會流離失所（出自作者訪問比德爾）。
28. Stimson and Bundy, *On Active Service*, 453.
29. Wortman, *Millionaires' Unit*, 46.
30. Stimson and Bundy, *On Active Service*, 468。史汀生告訴洛維特：「下次有人問你是有什麼權限，你就說只要戰爭部長有的權限，你都有。」（Fanton, "Robert Lovett," 56）史汀生在戰後保薦洛維特受勳時寫道：「他一直是我的眼睛、耳朵、手腳，幫助我了解那令世界震驚的巨大空中力量的發展。」（"Decorations for Civilian Officers in the War Department," Stimson File, NA II）
31. 關於洛維特試圖摧毀德國人的士氣，參見Fanton, "Robert Lovett," 145; Isaacson and Thomas, *Wise Men*, 205–9; "Army's Lovett," *Time*, February 9, 1942。洛維特也愛講黑色笑話。在看到一組英國攻擊都會地區的照片後，洛維特寫信給一位聯合參謀部的英國空軍元帥說：「我饒富興味地研究了這些照片，以及昨晚我開玩笑提到的一些殘酷野蠻行為。」（Lovett to W. L. Welsh, June 30, 1943, Papers of the Assistant Secretary of War for Air, Secret File, NA II）
32. Jordan, *Robert Lovett*, 94.
33. Hyde Park Aide-Memoire, September 1944, AHF.
34. Malloy, *Atomic Tragedy*, 49; Lifton and Mitchell, *Hiroshima in America*, 118.
35. Stimson and Bundy, *On Active Service*, 612–13.

我，某些朝臣（如掌璽大臣木戶幸一）的證詞毫無意義。我不同意這種看法，但我會加以注意。

14. 東鄉茂德的回憶錄為*Cause of Japan*。他的孫子東鄉和彥和東鄉茂彥讓我讀到東鄉的部分日記和信件。東鄉和彥還送我他寫其祖父的專論，由日本關西學院大學助理教授布萊恩·沃許為我翻譯。

1. 輾轉難眠

史汀生的日記收錄在Stimson Papers。

1. Malloy, *Atomic Tragedy*, 5; Hodgson, *Colonel*, 17.
2. 關於史汀生的財務投資，參見Stimson and Bundy, *On Active Service*, 108; Conant, *Tuxedo Park*, 72.
3. Stimson and Bundy, *On Active Service*, 138.
4. 關於史汀生買下伍德利莊園，見Morison, *Turmoil and Tradition*, 254; Stimson and Bundy, *On Active Service*, 160.
5. 關於史汀生的失眠症，參見Morison, *Turmoil and Tradition*, 72.
6. Jordan, *American Warlords*, 4.
7. Stimson and Bundy, *On Active Service*, xii; Morison, *Turmoil and Tradition*, 21.
8. Frederick Allis, Jr., *Youth from Every Quarter: A Bicentennial History of Phillips Academy* (Andover, Mass.: Phillips Academy, 1979).
9. Morison, *Turmoil and Tradition*, 71; Stimson, *My Vacations*, 1.
10. Isaacson and Thomas, *Wise Men*, 181.
11. Stimson and Bundy, *On Active Service*, 188; Hodgson, *Colonel*, 203.
12. Frank, *Downfall*, 104–5.
13. Malloy, *Atomic Tragedy*, 13, 33.
14. 關於史汀生不欣賞羅斯福的狡詐，參見Stimson and Bundy, *On Active Service*, 376; Hodgson, *Colonel*, 231。羅斯福在一九四一年任命史汀生為戰爭部長不是為了聽他的建議，而是想利用史汀生這位受到敬重的共和黨人來應付國會議員的質詢。羅斯福自己決定政策，史汀生只是執行者。其中一項任務是防止國會干預機密的原子彈計畫。當羅斯福去世時，史汀生成為原子彈計畫的實際負責人，還負責緊急教育杜魯門總統。
15. Bird, *Chairman*, 120.
16. 梅寶對這段婚約拖得太久感到很難過。見Morison, *Turmoil and Tradition*, 45–49.
17. 同前注，頁84。
18. 同前注，頁25。

了首次針對軍事目標動用原子武器的行動。我做出了這個決定。我還指示史汀生，除非我通知他日本對我們最後通牒的回覆是可以接受的，否則這道命令將依然有效。』這一段中的三句話其實半真半假。原子彈並不是特別『針對軍事目標』的。這道命令也不僅是準備一枚『原子武器』，還包括『額外的炸彈』。最重要的一點是，杜魯門並沒有下令投彈。事實上，他並未參與這一決定，而是讓軍方自行進行，不做干預。」（頁152）

根據馬洛伊的*Atomic Tragedy*：「杜魯門後來對波茨坦討論原子彈的回憶充滿錯誤，幾乎毫無價值。」（頁216n54）。杜魯門需要展現出自己掌握全局，根據戈丁的*Five Days in August*：「杜魯門想要掌控全局，或被認為掌控全局，這一點是幾乎所有其傳記研究的主題。例如可參見Alonzo L. Hamby, "Harry S. Truman: Insecurity and Responsibility," in Fred I. Greenstein, ed., *Leadership in the Modern Presidency* (Cambridge, Mass.: Harvard University Press, 1988), 41–75, on 55; idem, "An American Democrat, A Re-Evalution of the Personality of Harry S. Truman," *Political Science Quarterly* 106 (1991): 33–55; Barton J. Bernstein, "Writing, Righting, or Wronging the Historical Record: President Truman's Letter on His Atomic-Bomb Decision," *Diplomatic History* 16 (1992): 163–73, on 172; and Sherwin, *A World Destroyed*, 147–48. (164n37)。」

另可參見Bernstein, "Truman and the A-Bomb," for an overview of Truman's role.

11. 史汀生的日記和文件存放在耶魯大學和國會圖書館（微縮膠卷）。馬洛伊（著有*Atomic Tragedy*）是最全面、最有見解的史汀生研究者。馬洛伊指出，史汀生錯失了在動用核武器之前就結束戰爭和實現軍備控制的機會。我同意年老力衰的史汀生確實無法時刻掌握局面，但我比較同情他的困難處境，因為他幾乎不可能和日本人與俄國人打交道。史汀生當時得迅速權衡局勢，而最終他得出正確的結論，唯有來一場真正的震撼才能讓日本領導人清醒過來。Chase的"Pragmatic Idealist"對史汀生的現實主義和理想主義有精闢的討論。
12. 史帕茨的文件包括他的戰時日記，存放在國會圖書館。我要感謝他的孫女凱瑟琳·「塔蒂」·格雷沙姆讓我讀她所寫的史帕茨將軍傳草稿，其中有些信件沒有收錄在國會圖書館。
13. 關於裕仁的角色，可以比較Bix, *Hirohito*的修正主義派觀點，以及為裕仁辯護的Kawamura, *Emperor Hirohito*。要批判性地檢視日本官員的證詞，可以參見Asada, "Shock of the Bomb"。在二〇一五年十月的普林斯頓大學研討會中，頂尖日本學者小代有希子（Yukiko Koshiro，著有*Imperial Eclipse: Japan's Strategic Thinking About Continental Asia Before August 1945*）告訴

(April 2005): 311–34。最經典的修正主義學者是Gar Alperovitz（參見其新修訂的*Decision to Use the Atom Bomb*）；後修正主義學者的領軍人物有撰寫過多篇學術論文的Barton Bernstein及長谷川毅（Tsuyoshi Hasegawa，著有*Racing the Enemy*），還有我認為最令人信服的弗蘭克（著有*Downfall*）。最近有一部比較全面的敘事作品，是David Dean Barrett的*140 Days to Hiroshima*，他借鑑了弗蘭克以及Lester Brooks（著有*Behind Japan's Surrender*）。Alex Wellerstein的Restricted Data blog（nuclearsecrecy.com）是非常棒的原子彈資料網站。有關原子彈的各種數據化文件收藏在國家安全檔案館（nsarchive.gwu.edu）、原子遺產基金會（atomicheritage.org）和杜魯門圖書館（Trumanlibrary.gov）。原子遺產基金會有一份關於“The Debate Over the Japanese Surrender”的總結，以及頂尖原子彈史學家 J. Samuel Walker的專訪。Miscamble的*Most Controversial Decision*平衡地探討了「複雜性、不確定性和決策過程的混亂性」，以及困難的道德抉擇。

5. 「心理麻木」這個概念來自Robert J. Lifton醫生。參見Lifton and Mitchell, *Hiroshima in America*。最佳範例是史達林的名言：「一個人死亡是悲劇；一百萬人死亡是統計數字。」Bernstein的“Making of the Atomic Admiral”對「艾諾拉．蓋伊號」的軍械士帕森斯上尉做了有趣的研究，他完全有理由壓抑自己的情緒。
6. Kozak, *LeMay*; LeMay, *Mission with LeMay*。最近一部作品有更生動描寫，見Gladwell, *Bomber Mafia*.
7. 在二次大戰末期，美國在太平洋地區有十五艘醫療船。（“Benevolence in Tokyo Bay: the USS Benevolence (AH-13),” National World War II Museum, nationalww2museum.org）
8. Heinrichs and Gallicchio, *Implacable Foes*, 478。在六月十八日與杜魯門總統的會議上，艾森豪將軍推算在進攻琉球（代號奧林匹克行動）的前三十天會有三萬一千人傷亡。今日有許多學者認為，這個數字被低估了十倍。Heinrichs and Gallicchio寫道：「總統顧問在預估傷亡時的回避甚至刻意誤導的態度，可說是令人不安的。我們最多只能說，對於提議中的進攻計畫給出這種數字，證明了馬歇爾是想調整數字來讓奧林匹克行動獲得批准。」
9. Bird and Sherwin, American Prometheus, 332。對於杜魯門沒能理解核技術的發展方向，奧本海默感到很沮喪。奧本海默的內心衝突是兩本普立茲獎作品的主題，參見Bird and Sherwin所寫的傳記，以及Rhodes的*Making of the Atomic Bomb*.
10. Newman, *Truman and the Hiroshima Cult*, 43。杜魯門極力為自己辯護，有時甚至誇大自己的作用。根據長谷川毅的*Racing the Enemy*：「對於這道命令（投放原子彈），杜魯門後來在他的回憶錄中提到：『透過這道命令，展開

注釋

導論

1. Paul Fussell, "Thank God for the Atomic Bomb," *New Republic*, August 1981.
2. 關於民眾態度的民調，參見Bruce Stokes, "70 Years After Hiroshima, Opinions Have Shifted on Use of Atomic Bomb," Pew Research Center, August 5, 2015.
3. 許多評論者認為動用原子彈的決策是出於道德錯亂和偽善。這種指控經常針對本書的主要人物史汀生。傳記作家Godfrey Hodgson認為史汀生「道德迷茫和心智混亂」（Hodgson, *Colonel*, 337）。另可參見Sherry, *Rise of American Air Power*, 269。比較同情且我認為更準確的分析則著重於史汀生的「戰鬥心態」，強調掌握主動權和絕不放鬆，見Bonnett, "Jekyll and Hyde"。Bonnett也敏銳地觀察到，「對他（史汀生）來說，道德模糊地帶本就是工作的一部分」（頁196）。另有許多評論家認為，種族主義可能影響了這些決策領導人，雖然並不是決定性因素。Bernstein在"Atomic Bomb Reconsidered"指出，「早期對非戰鬥人員豁免的道德堅持，在野蠻的戰爭中崩塌倒地」、「而在歐洲以外用這種新型態的戰爭來對付日本人會比較容易，因為對一般美國民眾和許多領導人來說，日本人是『黃色次等人種』」。（頁140）而另一方面，製造原子彈是在和德國的原子彈計畫比快，假如來得及用在德國身上，我毫不懷疑美國會動用。參與原子彈的科學家I. I. Rabi曾說，如果原子彈提早六個月造出來，「羅斯福絕對會用在柏林，不用的話是罪過。」（Newhouse, *War and Peace in the Nuclear Age*, 42）當提貝茲少校在一九四四年九月接掌負責投下原子彈的第五〇九混合飛行大隊時，他奉命要準備好對德國和日本同時投彈。（"General Paul Tibbets: Reflections on Hiroshima," Voices of the Manhattan Project, National Museum of Nuclear Science & History (1989)）
4. 歷史學者對動用原子彈的決策爭辯不休，甚至於有沒有「決策」都沒共識。尤其是在一九九五年廣島原爆五十週年時，歷史學者對美國為何動用原子彈展開激烈辯論。參見J. Samuel Walker, "Recent Literature on Truman's Atomic Bob Decision: A Search for the Middle Ground," *Diplomatic History* 29

26, 1990.

Wellerstein, Alex. "The Kyoto Misconception: What Truman Knew, and Didn't Know, About Hiroshima." In Michael Gordin and John Ikenberry, eds., *The Age of Hiroshima* (Princeton, N.J.: Princeton University Press, 2020).

———. "A 'Purely Military' Target? Truman's Changing Language About Hiroshima." *Restricted Data*, January 19, 2018, nuclearsecrecy . com.

———. "Tokyo v. Hiroshima." *Restricted Data*, September 22, 2014, nuclearsecrecy . com.

Werrell, Kenneth P. *Blankets of Fire: U.S. Bombers over Japan During World War II.* Washington, D.C.: Smithsonian, 1996.

Wetzler, Peter. *Imperial Japan and Defeat in the Second World War.* London: Bloomsbury Academic, 2020.

Wortman, Marc. *The Millionaires' Unit: The Aristocratic Flyboys Who Fought the Great War and Invented American Air Power.* New York: PublicAffairs, 2006.

Wyden, Peter. *Day One: Before Hiroshima and After.* New York: Simon & Schuster, 1984.

Yellen, Jeremy. "The Specter of Revolution: Reconsidering Japan's Decision to Surrender." *International History Review* 35, no. 1 (2013).

Yoshida, Shigeru. *Memoirs*. Boston: Houghton Mifflin, 1962.

Stimson, Henry. "The Challenge to Americans." *Foreign Affairs* 26, no. 1 (October 1946).

————. "The Decision to Use the Atomic Bomb." *Harper's Magazine,* February 1947.

————. *My Vacations.* Privately printed, 1949.

————. "The Nuremberg Trial: Landmark in the Law." *Foreign Affairs* 27, no. 2 (January 1947).

Stimson, Henry, and McGeorge Bundy. *On Active Service in Peace and War.* New York: Harper & Brothers, 1947.

Sweeney, Charles W. *War's End: An Eyewitness Account of America's Last Atomic Mission.* New York: Avon, 1997.

Tamon, Suzuki. "Emperor Hirohito's 'Sacred Decision' and the Political Process of Japan's Surrender." In Tsutsui Kiyotada, ed., *Fifteen Lectures on Showa Japan: Road to the Pacific War in Recent Historiography.* Tokyo: Japan Publishing Industry Foundation for Culture, 2016.

Thomas, Evan. *Sea of Thunder: Four Commanders and the Last Great Naval Campaign, 1941–1945.* New York: Simon & Schuster, 2006.

Thomas, Gordon, and Max Morgan Witts. *Enola Gay.* New York: Stein & Day, 1977.

Tibbets, Paul W. *The Tibbets Story.* New York: Day Books, 1981.

Togo, Kazuhiko. "Foreign Minister Togo's Bitter Struggle." Unpublished manuscript.

Togo, Shigenori. *The Cause of Japan.* New York: Simon & Schuster, 1952.

Toland, John. *The Rising Sun: The Decline and Fall of the Japanese Empire, 1936–1945.* New York: Modern Library, 1970.

Toll, Ian. *Twilight of the Gods: War in the Western Pacific, 1944–1945.* New York: W. W. Norton, 2020.

Truman, Margaret, ed. *Where the Buck Stops: The Personal and Private Writings of Harry S. Truman.* New York: Time Warner, 1989.

Walker, J. Samuel. *Prompt and Utter Destruction: Truman and the Use of Atomic Bombs Against Japan.* Chapel Hill: University of North Carolina Press, 1997.

Walker, Steven. *Shockwave: Countdown to Hiroshima.* New York: HarperPe rennial, 2005.

Walsh, Brian. "Japanese Foreign Ministry's Document Destruction Order of 7 August 1945." Research Note. *Journal of American–E ast Asian Relations* 26 (2019).

Weigley, Russell F. *Eisenhower's Lieutenants: The Campaign of France and Germany, 1944–1945.* Bloomington: University of Indiana Press, 1990.

Weisman, Steven R. "Japan's Imperial Present." *New York Times Magazine,* August

O'Reilly, Bill. *Killing the Rising Sun: How America Vanquished World War II Japan.* New York: Henry Holt, 2016.
Pacific War Research Society. *Japan's Longest Day.* Tokyo: Kodansha, 1965.
Pellegrino, Charles. *To Hell and Back: The Last Train from Hiroshima.* New York: Rowman & Littlefield, 2015.
Pringle, Henry. "The Laird of Woodley." *New Yorker,* October 4, 1930.
Ralph, William. "Improvised Destruction: Arnold, LeMay, and the Firebombing of Japan." *War in History* 13, no. 4 (2006).
Reston, James. *Deadline.* New York: Random House, 1991.
Rhodes, Richard. *The Making of the Atomic Bomb.* New York: Simon & Schuster, 1986.
Robertson, David. *Sly and Able: A Political Biography of James F. Byrnes.* New York: W. W. Norton, 1994.
Roll, David L. *George Marshall: Defender of the Republic.* New York: Dutton Caliber, 2019.
Rovere, Richard. "The American Establishment." *Esquire,* May 1962.
Reprinted in *Wilson Quarterly,* Summer 1978.
Ruoff, Kenneth J. *Japan's Imperial House in the Postwar Era, 1945–2019.* Cambridge, Mass.: Harvard University Asia Center, 2020.
Sayle, Murray. "Sex Saddens a Clever Princess." Japan Policy Research Institute Working Paper no. 66, April 2000.
Schmitz, David F. *Henry L. Stimson: The First Wise Man.* Wilmington, Del.: Scholarly Resources, 2001.
Sherry, Michael S. *The Rise of American Air Power: The Creation of Armageddon.* New Haven, Conn.: Yale University Press, 1987.
Sherwin, Martin J. *Gambling with Armageddon: Nuclear Roulette from Hiroshima to the Cuban Missile Crisis.* New York: Knopf, 2020.
————. *A World Destroyed: Hiroshima and the Origins of the Arms Race.* New York: Vintage, 1987.
Shoji, Junichiro. "The Japanese Termination of War in WWII: The Significance and Causal Factors of 'The End of War.' " *International Forum on War History: Proceedings* (2015).
Sigal, Leon V. *Fighting to the Finish: The Politics of War Termination in the United States and Japan, 1945.* Ithaca, N.Y.: Cornell University Press, 1988.
Spector, Ronald. *Eagle Against the Sun: The American War with Japan.* New York: Free Press, 1985.

Mauch, Peter. " 'Our Islands Are Being Violated One After the Other': Emperor Hirohito's Prayerful Reports to His Imperial Ancestors, October 1937–August 1945." *Japan Studies Review* 23 (2019).

————. "The Showa Political Crisis, July 1940: The Imperial Japanese Army Courts a Breach with Its Sovereign." *War in History* 27, no. 4 (2019).

McCullough, David. *Truman.* New York: Simon & Schuster, 1992.

McNamara, Craig. *Because Our Fathers Lied.* New York: Little, Brown, 2022.

Mets, David R. *Master of Airpower: General Carl A. Spaatz.* Novato, Calif.: Presidio Press, 1988.

Miles, Paul. "Marshall as a Grand Strategist." In Charles Brower, ed., *George C. Marshall: Servant of the American Nation.* New York: Palgrave Macmillan, 2011.

Miller, Donald L. *Masters of the Air: America's Bomber Boys Who Fought the Air War Against Nazi Germany.* New York: Simon & Schuster, 2006.

Miller, Richard Lawrence. *Truman: The Rise to Power.* New York: McGraw- Hill, 1986.

Minohara, Tosh. " 'No Choice But to Rise': Togo Shigenori and Japan's Decision for War." In Masato Kimura and Tosh Minohara, eds., *Tumultuous Decade: Empire, Society, and Diplomacy in 1930s Japan.* Toronto: University of Toronto Press, 2013.

Miscamble, Wilson D. *The Most Controversial Decision: Truman, the Atomic Bombs, and the Defeat of Japan.* New York: Cambridge University Press, 2011.

Morison, Elting E. *Turmoil and Tradition: A Study of the Life and Times of Henry L. Stimson.* New York: Atheneum, 1960.

Newman, Robert. "Hiroshima and the Trashing of Henry Stimson." *New England Quarterly* 71, no. 1 (March 1998).

————. *Truman and the Hiroshima Cult.* East Lansing: Michigan State University Press, 1995.

Nolan, James L., Jr. *Atomic Doctors: Conscience and Complicity at the Dawn of the Nuclear Age.* Cambridge, Mass.: Harvard University Press, 2020.

Norris, Robert S. *Racing for the Bomb: The True Story of General Leslie R. Groves, the Man Behind the Birth of the Atomic Age.* New York: Skyhorse, 2002.

O'Brien, Phillips Payson. *The Second Most Powerful Man in the World: The Life of Admiral William D. Leahy, Roosevelt's Chief of Staff.* New York: Dutton, 2019.

Oi, Mariko. "The Man Who Saved Kyoto from the Atomic Bomb." BBC News, August 9, 2015.

Tsutsui, ed. *Fifteen Lectures on Showa Japan: Road to the Pacific War in Recent Historiography.* Tokyo: Japan Publishing Industry Foundation for Culture, 2016.
Knebel, Fletcher, and Charles W. Bailey II. *No High Ground: The Complete Eye Opening True Story of the First Atomic Bomb.* New York: Harper & Brothers, 1960.
Kort, Michael. *The Columbia Guide to Hiroshima and the Atom Bomb.* New York: Columbia University Press, 2007.
Koshiro, Yukiko. *Imperial Eclipse: Japan's Strategic Thinking About Continental Asia Before August 1945.* Ithaca, N.Y.: Cornell University Press, 2013.
Kozak, Warren. *LeMay: The Life and Wars of General Curtis LeMay.* Washington, D.C.: Regnery, 2009.
Krauss, Robert, and Amelia Krauss, eds. *The 509th Remembered: A History of the 509th Composite Group as Told by the Veterans That Dropped the Atomic Bombs on Japan.* Privately printed, 2005.
Kunetka, James. *The General and the Genius: Groves and Oppenheimer: The Unlikely Partnership That Built the Bomb.* Washington, D.C.: Regnery, 2015.
Lanouette, William. *Genius in the Shadows: A Biography of Leo Szilard, the Man Behind the Bomb.* New York: Skyhorse, 2013.
Larrabee, Eric. *Commander in Chief: Franklin Delano Roosevelt, His Lieutenants, and Their War.* Annapolis, Md.: Naval Institute Press, 1987.
———. "Why We Dropped the Bomb." *Civilization,* January–February 1995.
Laurence, William L. *Dawn over Zero.* New York: Knopf, 1947.
Leahy, William D. *I Was There: The Personal Story of the Chief of Staff to Presidents Roosevelt and Truman.* New York: McGraw-H ill, 1950.
LeMay, Curtis, with MacKinlay Kantor. *Mission with LeMay: My Story.* New York: Doubleday, 1965.
Lifton, Robert Jay, and Greg Mitchell. *Hiroshima in America: A Half Century of Denial.* New York: Avon Books, 1995.
Maddox, Robert. *The United States and World War II.* New York: Routledge, 1992.
Malloy, Sean. *Atomic Tragedy: Henry L. Stimson and the Decision to Use the Bomb Against Japan.* Ithaca, N.Y.: Cornell University Press, 2008.
———. " 'A Very Pleasant Way to Die': Radiation Effects and the Decision to Use the Atomic Bomb Against Japan." *Diplomatic History* 36, no. 3 (June 2012).
———. " 'The Rules of Civilized Warfare': Scientists, Soldiers, Civilians, and American Nuclear Targeting, 1940–1945." *Journal of Strategic Studies* 30, no. 3 (June 2007).

Cambridge, Mass.: Harvard University Press, 2005.

Hastings, Max. *Retribution: The Battle for Japan, 1944–1945.* New York: Vintage, 2007.

Hata, Ikuhiko. *Hirohito: The Showa Emperor in War and Peace.* Kent, Conn.: Globe Oriental, 2007.

Heinrichs, Waldo. *American Ambassador: Joseph Grew and the Development of the United States Diplomatic Tradition.* New York: Oxford University Press, 1966.

Heinrichs, Waldo, and Marc Gallicchio. *Implacable Foes: War in the Pacific, 1944–1945.* New York: Oxford, 2017.

Hersey, John. *Hiroshima.* New York: Knopf, 1946.

Hershberg, James G. *James B. Conant: Harvard to Hiroshima and the Making of the Nuclear Age.* Stanford, Calif.: Stanford University Press, 1993.

Hodgson, Godfrey. *The Colonel: The Life and Wars of Henry Stimson, 1867–1950.* New York: Knopf, 1990.

Holloway, David. *Stalin and the Bomb.* New Haven, Conn.: Yale University Press, 1994.

Hotta, Eri. *Japan 1941.* New York: Vintage, 2014.

Ienaga, Saburo. *The Pacific War, 1931–1945: A Critical Perspective on Japan's Role in World War II.* New York: Pantheon, 1978.

Iokibe, Makato. "American Policy Towards Japan's 'Unconditional Surrender.' " *Japanese Journal of American Studies,* no. 1 (1981).

Isaacson, Walter, and Evan Thomas. *The Wise Men: Six Friends and the World They Made.* New York: Simon & Schuster, 1986.

Jordan, David M. *Robert A. Lovett and the Development of American Air Power.* Jefferson, N.C.: McFarland & Co., 2019.

Jordan, Jonathan W. *American Warlords: How Roosevelt's High Command Led America to Victory in World War II.* New York: New American Library, 2015.

Kawamura, Noriko. *Emperor Hirohito and the Pacific War.* Seattle: University of Washington Press, 2015.

Kelly, Cynthia, ed. *The Manhattan Project: The Birth of the Atomic Bomb in the Words of Its Creators, Eyewitnesses, and Historians.* New York: Black Dog, 2007.

Kelly, Jason. "Why Did Stimson Spare Kyoto from the Bomb? Confusion in Postwar Historiography." *Journal of American–E ast Asian Relations* 19 (2012).

Kido, Koichi. *The Diary of Marquis Kido, 1931–1945: Selected Translations into English.* Frederick, Md: University Publications of America, 1984. Kiyotada,

Strategic Bombing Survey's Evaluation of the American Air War Against Japan." *Journal of Military History* 64, no. 4 (October 2000).

Giangreco, D. M. " 'A Score of Bloody Okinawas and Iwo Jimas': President Truman and Casualty Estimates for the Invasion of Japan." *Pacific Historical Review* 72, no. 1 (February 2003): 93–132.

———. *The Soldier from Independence: A Military Biography of Harry Truman.* Minneapolis: Zenith, 2009.

Giovannitti, Len, and Fred Freed. *The Decision to Drop the Bomb.* New York: Coward- McCann, 1965.

Gladwell, Malcolm. *The Bomber Mafia: A Dream, A Temptation, and the Longest Night of the Second World War.* New York: Little, Brown, 2021.

Gordin, Michael D. *Five Days in August: How World War II Became a Nuclear War.* Princeton, N.J.: Princeton University Press, 2007.

Gordin, Michael D., and G. John Ikenberry. *The Age of Hiroshima.* Prince ton, N.J.: Princeton University Press, 2020.

Gordin, Michael D., et al. Roundtable on Tsuyoshi Hasegawa, *Racing the Enemy: Stalin, Truman, and the Surrender of Japan.* H- Diplo, January 16, 2006, https:// issforum . org / roundtables / PDF / Gordin - Hasegawa Roundtable . pdf.

Green, Bob. *Duty: A Father, His Son, and the Man Who Won the War.* New York: William Morrow, 2000.

Gresham, Katharine. *General Tooey.* Unpublished manuscript.

Groves, Leslie M. *Now It Can Be Told: The Story of the Manhattan Project.* New York: Harper & Brothers, 1962.

Hachiya, Michihiko. *Hiroshima Diary: The Journal of a Japanese Physician, August 6–September 30, 1945.* Chapel Hill: University of North Carolina Press, 1955.

Ham, Paul. *Hiroshima and Nagasaki: The Real Story of the Atomic Bombings and Their Aftermath.* New York: St. Martin's, 2014.

Hamby, Alonzo. "Harry S. Truman: Insecurity and Responsibility." In Fred Greenstein, ed., *Leadership in the Modern Presidency.* Cambridge, Mass.: Harvard University Press, 1988.

———. *Man of the People: A Life of Harry S. Truman.* New York: Oxford, 1995.

Hansell, Heywood S. *The Strategic Air War Against Germany and Japan: A Memoir.* Washington, D.C.: Office of Air Force Studies, 1986.

Hasegawa, Tsuyoshi, ed. *The End of the Pacific War: Reappraisals.* Stanford, Calif.: Stanford University Press, 2007.

———. *Racing the Enemy: Stalin, Truman, and the Surrender of Japan.*

W. W. Norton, 1999.

————. *War Without Mercy: Race and Power in the Pacific War.* New York: Pantheon, 1986.

Drea, Edward. *In the Service of the Emperor: Essays on the Imperial Japanese Army.* Lincoln: University of Nebraska Press, 1998.

————. *Japan's Imperial Army: Its Rise and Fall, 1853–1945.* Lawrence: University Press of Kansas, 2009.

————. *MacArthur's Ultra: Codebreaking and the War Against Japan, 1942–1945.* Lawrence: University Press of Kansas, 1992.

————. "Previews of Hell: Intelligence, the Bomb, and the Invasion of Japan." *American Intelligence Journal* 16, no. 1 (Spring–Summer 1995).

Fanton, Jonathan. "Robert Lovett: The War Years." Ph.D. diss., Yale University, 1978.

Feis, Herbert. *Japan Subdued: The Atomic Bomb and the End of the War in the Pacific.* Princeton, N.J.: Princeton University Press, 1961.

Ferrell, Robert H. *Dear Bess: The Letters from Harry to Bess Truman, 1910–1959.* New York: W. W. Norton, 1983.

————. *Harry S. Truman: A Life.* Columbia: University of Missouri Press, 1994.

————. *Harry S. Truman and the Cold War Revisionists.* Columbia: University of Missouri Press, 2006.

Forrest, Jerome. "The General Who Would Not Eat Grass." *Naval History* 9, no. 4 (July–A ugust 1995).

Frank, Richard. *Downfall: The End of the Imperial Japanese Empire.* New York: Penguin, 1999.

————. "Ketsu Go." In Tsuyoshi Hasegawa, ed., *The End of the Pacific War: Reappraisals.* Stanford, Calif.: Stanford University Press, 2007.

————. *Tower of Skulls: The History of the Asia- Pacific War, July 1937–May 1942.* New York: W. W. Norton, 2020.

Gallicchio, Marc. "After Nagasaki: General Marshall's Plan for Tactical Nuclear Weapons in Japan." *Prologue* (Winter 1991).

————. *Unconditional: The Japanese Surrender in World War II.* New York: Oxford University Press, 2020.

Gardner, Lloyd. "Unconditional Surrender: The Dawn of the Atomic Age." In Dale Carter and Robin Clifton, eds., *War and Cold War in American Foreign Policy, 1952–1962.* New York: Palgrave Macmillan, 2002.

Gentile, Gian. "Shaping the Past Battlefield 'For the Future': The United States

Times, October 21, 1990.

Christman, Al. *Target Hiroshima: Deak Parsons and the Creation of the Atomic Bomb.* Annapolis, Md.: Naval Institute Press, 1998.

Christopher, Robert C. *The Japanese Mind.* New York: Fawcett, 1983.

Clodfelter, Mark. *Beneficial Bombing: The Progressive Foundations of American Air Power, 1917–1945.* Lincoln: University of Nebraska Press, 2010.

Compton, Arthur Holly. *Atomic Quest: A Personal Narrative.* London: Oxford University Press, 1956.

Conant, Jennet. *Man of the Hour: James B. Conant, Warrior Scientist.* New York: Simon & Schuster, 2017.

————. *Tuxedo Park: A Wall Street Tycoon and the Secret Palace of Science That Changed the Course of World War II.* New York: Simon & Schuster, 2002.

Coox, Alvin. *Japan: The Final Agony.* New York: Ballantine Books, 1970.

Coster- Mullen, John. *Atom Bombs: The Top Secret Inside Story of Little Boy and Fat Man.* Privately published by the author, 2015.

Craig, Campbell, and Sergey Radchenko. *The Atomic Bomb and the Origins of the Cold War.* New Haven, Conn.: Yale University Press, 2008.

Craig, William. *The Fall of Japan.* New York: Galahad Books, 1967.

Crane, Conrad. *American Airpower Strategy in World War II: Bombs, Cities, Civilians, and Oil.* Lawrence: University Press of Kansas, 2016.

Craven, Wesley Frank, and James Lea Cate, eds. *The Army Air Forces in World War II,* vol. 5, *The Pacific: Matterhorn to Nagasaki, June 1944 to August 1945.* Chicago: University of Chicago Press, 1953.

Dalton, Kathleen. *Theodore Roosevelt: A Strenuous Life.* New York: Vintage, 2004.

Davis, Richard G. *Bombing the European Axis Powers: A Historical Digest of the Combined Bomber Offensive, 1939–1945.* Maxwell Air Force Base, Ala.: Air University Press, 2019.

————. *Carl A. Spaatz and the Air War in Europe.* Washington, D.C.: Center for Air Force History, 1993.

Dobbs, Michael. *Six Months in 1945: FDR, Stalin, Churchill, and Truman— From World War to Cold War.* New York: Knopf, 2012.

Donovan, Robert. *Conflict and Crisis: The Presidency of Harry S Truman, 1945–1948.* New York: W. W. Norton, 1977.

Doolittle, James H. *I Could Never Be So Lucky Again.* New York: Bantam Books, 1991.

Dower, John W. *Embracing Defeat: Japan in the Wake of World War II.* New York:

Bix, Herbert. *Hirohito and the Making of Modern Japan.* New York: HarperCollins, 2000.

————. "Japan's Delayed Surrender: A Reinterpretation." *Diplomatic History* 19, no. 2 (Spring 1995).

Bland, Larry, ed. *The Papers of George Catlett Marshall,* vol. 5. Baltimore: Johns Hopkins University Press, 2003.

Blume, Lesley M. M. *Fallout: The Hiroshima Cover-Up and the Reporter Who Revealed It to the World.* New York: Simon & Schuster, 2020.

Bonnett, John. "Jekyll and Hyde: Henry Stimson, '*Mentalité,*' and the Decision to Use the Atomic Bomb on Japan." *War in History* 4, no. 2 (April 1997).

Borneman, Walter. *The Admirals: The Five- Star Admirals Who Won the War at Sea.* New York: Little, Brown, 2012.

Brinkley, Alan. "The Good Old Days" (review of Hodgson's *The Colonel*). *New York Review of Books,* January 17, 1991.

Brooks, Lester. *Behind Japan's Surrender: The Secret Struggle That Ended an Empire.* New York: McGraw- Hill, 1968.

Brower, Charles. "Sophisticated Strategist: General George A. Lincoln and the Defeat of Japan, 1944–4 5." *Diplomatic History* 13, no. 3 (July 1991).

————. *Defeating Japan: The Joint Chiefs of Staff and Strategy in the Pacific War, 1943–1945.* New York: Palgrave Macmillan, 2012.

Brown, Daniel James. *Facing the Mountain: The True Story of Japanese American Heroes in World War II.* New York: Viking, 2021.

Brown, Roger. "Desiring to Inaugurate Great Peace: Yasuoka Masahiro, Kokutai Preservation, and Japan's Imperial Rescript of Surrender." Presentation to the Japanese History Study Group of the Institute of Social Sciences at Tokyo University, September 30, 2004, courtesy Roger Brown.

Bundy, McGeorge. *Danger and Survival: Choices About the Bomb in the First Fifty Years.* New York: Vintage Books, 1998.

Butcher, Harry C. *My Three Years with Eisenhower.* New York: Simon & Schuster, 1946.

Butow, Robert J. C. *Japan's Decision to Surrender*. Stanford, Calif.: Stanford University Press, 1954.

Byrnes, James F. *All in One Lifetime.* New York: Harper & Brothers, 1958.

Cary, Otis. "The Sparing of Mr. Stimson's 'Pet City.' " *Japan Quarterly* 22, no. 4 (October–December 1975).

Chase, James. "A Pragmatic Idealist" (review of Hodgson's *The Colonel*). *New York*

———. "The Atomic Bombings Reconsidered." *Foreign Affairs* 74, no. 1 (January–February, 1995).

———. "Looking Back: Gen. Marshall and the Atomic Bombing of Japanese Cities," Arms Control Association, January 28, 2004, armscontrol.org/act/2015-11/features/looking-back-gen-marshall-atomic-bombing-japanese-cities.

———. "The Making of the Atomic Admiral: 'Deak' Parsons and Modernizing the U.S. Navy," *Journal of Military History* 63, no. 2 (April 1999).

———. "The Perils and Politics of Surrender: Ending the War with Japan and Avoiding the Third Atomic Bomb." *Pacific Historical Review* 46, no. 1 (February 1977), 1–27.

———. "Roosevelt, Truman, and the Atomic Bomb, 1941–1945: A Reinterpretation." *Political Science Quarterly* 90, no. 1 (Spring 1975).

———. "Seizing the Contested Terrain of Early Nuclear History: Stimson, Conant, and Their Allies Explain the Decision to Use the Atomic Bomb." *Diplomatic History* 17, no. 1 (Winter 1993).

———. "Truman and the A- Bomb: Targeting Noncombatants, Using the Bomb, and Defending the 'Decision.' " *Journal of Military History* 62, no. 3 (July 1998).

———. "Writing, Righting, or Wronging the Historical Record: President Truman's Letter on His Atomic- Bomb Decision." *Diplomatic History* 16 (1992).

Beschloss, Michael. *The Conquerors: Roosevelt, Truman, and the Destruction of Hitler's Germany.* New York: Simon & Schuster, 2002.

Biddle, Tami Davis. "Dresden 1945: Reality, History, and Memory." *Journal of Military History* 72, no. 2 (April 2008).

———. "On the Crest of Fear: V- Weapons, the Battle of the Bulge, and the Last Stages of World War II in Europe." *Journal of Military History* 83, no. 1 (January 2019).

———. *Rhetoric and Reality in Air Warfare: The Evolution of British and American Ideas in Strategic Bombing, 1914–1945.* Princeton: Princeton University Press, 2002.

Bird, Kai. *The Chairman: John J. McCloy and the Making of the American Establishment.* New York: Simon & Schuster, 1992.

———. *Color of Truth: McGeorge Bundy and William Bundy, Brothers in Arms.* New York: Simon & Schuster, 2000.

Bird, Kai, and Martin Sherwin. *American Prometheus: The Triumph and Tragedy of J. Robert Oppenheimer.* New York: Vintage, 2005.

參考書目

Addison, Paul, and Jeremy A. Crang. *Firestorm: The Bombing of Dresden, 1945.* London: Pimlico, 2006.

Aldrich, Edward Farley. *The Partnership: George Marshall, Henry Stimson, and the Extraordinary Collaboration That Won World War II.* Lanham, Md.: Stackpole Books, 2022.

Alperovitz, Gar. *The Decision to Use the Atomic Bomb.* New York: Vintage Books, 1995.

————. "Was Harry Truman a Revisionist on Hiroshima?" *SHAFR Newsletter,* June 1998.

Alperovitz, Gar, Robert Messer, and Barton Bernstein. "Marshall, Truman, and the Decision to Drop the Bomb." *International Security* 16, no. 3 (Winter 1991–92).

Alvarez, Luis W. *Adventures of a Physicist.* New York: Basic Books, 1987.

Arnold, H. H. *Global Mission.* New York: Harper & Bros., 1949.

Asada, Sadao. "The Shock of the Atomic Bomb and Japan's Decision to Surrender: A Reconsideration." *Pacific Historical Review* 67, no. 4 (November 1998).

————. Review of Hasegawa's *Racing the Enemy,* Hasegawa's response, and Asada's response to Hasegawa. *Journal of Strategic Studies* 29, no. 1 (February 2006): 169–79.

Atkinson, Rick. *The Guns at Last Light: The War in Western Europe, 1944–1945.* New York: Henry Holt, 2013.

Baime, A. J. *The Accidental President: Harry S. Truman and the Four Months That Changed the World.* New York: Houghton Mifflin, 2017.

Barrett, David Dean. *140 Days to Hiroshima: The Story of Japan's Last Chance to Avoid Armageddon.* New York: Diversion Books, 2020.

Benedict, Ruth. *The Chrysanthemum and the Sword: Patterns of Japanese Culture.* New York: Houghton Mifflin, 1946.

Bernstein, Barton. "American Foreign Policy and the Origins of the Cold War." In *Politics and Policies of the Truman Administration,* ed. Barton Bernstein. Chicago: Quadrangle Books, 1971.

圖片來源

1. History/Universal Images Group/Getty Images.
2. Harry S. Truman Library & Museum.
3. Associated Press.
4. Sueddeutsche Zeitung Photo/Alamy Stock Photo.
5. Bettmann/Getty Images.
6. German Federal Archives/Wikimedia Commons.
7. CPA Media Ltd./Alamy Stock Photo.
8. Bettmann/Getty Images.
9. Thomas D. McAvoy/The LIFE Picture Collection/Shutterstock.
10. National Archives and Records Administration, College Park, Maryland, Identifier 77-MDH-12.3.
11. Ian Dagnall Computing/Alamy Stock Photo.
12. Photo 12/Alamy Stock Photo.
13. John Hassall/Wikimedia Commons.
14. Bettmann/Getty Images.
15. Wikimedia Commons.
16. Pictorial Press Ltd./Alamy Stock Photo.
17. Loree Riggs/Wikimedia Commons.
18. Wikimedia Commons.

另眼看歷史 Another History 47

通往投降之路：三個男人與二戰終結的倒數計時

Road to Surrender: Three Men and the Countdown to the End of World War II

作　　者　伊凡・湯瑪斯（Evan Thomas）
譯　　者　黎曉東
責任編輯　邱建智
特約編輯　陳建安
校　　對　魏秋綢
排　　版　張彩梅
封面設計　許晉維

副總編輯　邱建智
行銷總監　蔡慧華
出　　版　八旗文化／左岸文化事業有限公司
發　　行　遠足文化事業股份有限公司（讀書共和國出版集團）
地　　址　新北市新店區民權路108-3號8樓
電　　話　02-22181417
傳　　真　02-22188057
客服專線　0800-221029
信　　箱　gusa0601@gmail.com
Facebook　facebook.com/gusapublishing
Blog　gusapublishing.blogspot.com
法律顧問　華洋法律事務所／蘇文生律師

印　　刷　中原造像股份有限公司
定　　價　450元
初版一刷　2025年6月
ISBN　978-626-7509-42-5（紙本）、978-626-7509-45-6（PDF）、978-626-7509-44-9（EPUB）

國家圖書館出版品預行編目（CIP）資料

通往投降之路：三個男人與二戰終結的倒數計時／伊凡・湯瑪斯（Evan Thomas）著；黎曉東譯. -- 初版. -- 新北市：八旗文化, 左岸文化事業有限公司出版：遠足文化事業股份有限公司發行, 2025.06
面；　公分. --（另眼看歷史 Another History；47）
譯自：Road to surrender: three men and the countdown to the end of World War II
ISBN 978-626-7509-42-5（平裝）

1. CST: 東鄉茂德（Togo, Shigenori, 1882-1950.）　2. CST: 史汀生（Stimson, Henry L. (Henry Lewis), 1867-1950.）　3. CST: 史帕茨（Spaatz, Carl, 1891-1974.）　4. CST: 第二次世界大戰　5. CST: 戰役　6. CST: 核子武器　7. CST: 日本史

712.84　　114004352